사회학적으로 생각하기

사회학적으로 생각하기

Thinking Sociologically

지음 | 지그문트 바우만, 팀 메이
옮김 | 박창호

서울경제경영

| 지은이

지그문트 바우만 Zygmunt Bauman

폴란드 출신 유태인 사회학자로 영국 리즈 대학교 명예교수로 있다. *Modernity and the Holocaust*를 저술해서 1989년 최고의 사회학저서를 위한 상인 아말파이 상을 수상했으며 그 이후 근대성 탈근대성에 관한 주제로 끊임없이 저작들을 쏟아내고 있다. 런던 대학과 바르샤바 대학에서 공부하고 가르쳤으며, 지적 배경이 되는 자신의 역사적 경험 속에서 나온 근대성의 부침을 사회학저서에 고스란히 담아내고 있어 최고의 사회학자로 평가받고 있다. 영어로 된 저서로 *Intimations of Postmodernity* (1992), *Liquid Modernity* (2000), *Consuming Life* (2007) 등 다양한 주제를 최근까지 지치지 않고 출간하는 세계적인 명성의 사회학자이다.

팀 메이 Tim May

영국 서레이 대학과 플라이머스 대학에서 학위를 한 팀 메이는 영국 살포드 대학 교수로 있다. 플라이머스, 두람 대학을 거쳐 1999년 살포드 대학에서 가르치고 있으며 지식의 실천과 방법에 대한 관심을 사회학적으로 이으려고 노력하는 학자이다. 영어로 된 저서로 *Social Research* (1997), *Situating Social Theory* (1996)가 있으며, 공저로 최근에 *Social Research and Reflexivity* (2011)가 있다. 영국 개방 대학의 Issues in Society의 시리즈 편집자이기도 하다.

| 옮긴이

박창호

영국 헐 대학에서 사회학 박사학위를 받았으며 현재 숭실대학교 정보사회학과 교수로 재직 중이다. 미국 플로리다 주립대학 방문교수를 지냈으며, 사이버공간에서의 인간 삶의 활동을 문화적으로 이해하는 것에 관심을 두고 사회학과 인터넷 미디어의 사회성에 대한 연구를 주제로 삼고 있다. 논문으로 "소비주의 사회와 인터넷 소비문화의 지형", "뒤르케임 사회인식론과 사이버공간의 이해" 등이 있으며, 역서와 저서로 『사회학적 방법의 규칙들』, 『지식논쟁』, 『사이버공간의 사회학』 등이 있다.

옮긴이 머리말

고정된 것을 다르게 보려는 자세가 출발선이다

사랑하는 사람에게 반지를 선물하고 그 사랑을 확인하는 것을 사회학적으로 설명하는 것이 가능할까? 파란 색깔이 빨간 색깔보다 더 좋은 이유를 사회학적으로 설명할 수 있을까? 이성적인 인간의 역사를 만들고자 했던 근대성의 사회에서 인종청소라는 대학살의 잔혹함에도 동요되지 않는 가해자들과 저항하지 않는 피해자들을 사회학적으로 설명할 수 있을까? 수많은 개별적 경험에서 나온 것을 과학의 이름으로 해석하고 범주화하고 이론을 세워 그것을 학문이라고 한다면 너무 자의적이지 않을까? 이 책은 바로 이러한 것들에 대한 궁극적인 질문을 잔잔하게 풀어가는 책이다. 그래서 다른 사회학 책과 다르다. 학문하는 학자적 논리에 따르는 것이 아니라 일상생활의 논리에 따라 구성된 책이다. 어떤 면에서는 전문적인 사회학자들의 주제를 아예 생략하거나 간단히 언급한 면도 없잖아 있다. 그렇지만 이 책은 우리가 갖고 있는 지식을 수정하는 것이 아니라 무비판적으로 가졌던 신념에 대해 비판적 관찰을 갖게끔 도와주는 책이다. 그런 점에서 일상경험에 대한 설명을 한 책이기에 체계적이라기보다 경험 그 자체일 수 있다.

사회학적으로 생각한다는 것은 주변에 대해 우리를 더욱 예민하게 만드는 것일 수 있다. 감각을 날카롭게 해서 지금까지 보지 못한 것을 탐색하고, 지금까지 생각지 못한 것을 파고들어 이해하는 것이다. 어쩌면 '사회학적으로 생각하기'란 제목에서 암시하듯이 고정된 생각을 버리고 세계를 유동적으로 바라보는 것이다. 여기에서 나오는 사회학의 힘은 외부로부터의 억압과 통제에 저항할 수 없다고 하는 주장을 반박하는 것이다. 사회구조와 사회체계에 의해 고정된 환경에 탄력적으로 대응하고 저항하게 만들어 우리의 자유 범위를 확대하고 대담하게 하는 실천효과를 갖게 한다. 고정된 것에 대해 다르게 보려는 자세가 이 책의 중요한 출발점이다. 우리의 일상생활에는 직접적인 경험으로 접근할 수 없는 것들이 많이 있다. 그리고 고정관념으로 상식적인 지식에 포함된 것들도 있다. 이런 환경은 우리의 자유를 구속하고 때로는 불편하게 한다. 경험하지 못해서 일방적으로 따라야 하는 부분들이 있으며 상식이란 이름으로 반증되지 못한 상태에서 받아들여야 하는 부분들이 있다.

일상성에 대해 의문을 갖는 것과 간섭을 하는 것은 모든 사람들이 좋아하는 것이 아닐 수 있다. 사물과 현상에 대해 합리적인 판단을 요구하게 될 때, 늘 하던 대로 하는 것은 편할 수 있다. 그러나 익숙한 것에 따르면 호기심과 비판은 일어날 수 없다. 익숙함은 호기심과 비판의 가장 놀라운 적이다. 그리고 변화를 일으키는 혁신과 용기를 불러올 수 없다. 사회학의 임무는 신념과 습관에 의해 익숙해져버린 세계를 만나게 될 때 간섭하고 비판해서 익숙한 것을 익숙지 않게 만드는 것이다. 사물이 사물 그 자체이고, 사람이 사람 그 자체이며, 그것에 대해 어떤 것도 할 수 없다는 것은 익숙한 것에 물들어 있는 것이며 비판적 자세에 대한 포기를 강요하는 것이다. 어떤 것이 충분히 반복되면 그것에 익숙해지고, 익숙하게 되면 일상적인 구속을 당연시 받아들이게 된다. 푸코의 판놉티콘은 바로 수용자들의 일상을 스스로가 당연시 받아들이도록 하는 제도이며 시설인 것이다. 이에 대해 우리가 비판적으로 보는 이유는 바로 익숙한 것을 더 이상 익숙하지 않게 느끼도록 하기 위함이다. 이 책 역시 생활의 일상적인 방식을 세밀하게 조사해서 익숙한 방식의 이해를 자의식을 통해 분석하고 해명하고자 하는 것이다.

익숙한 것을 익숙하지 않게 보는 것은 나름의 장점이 있다. 개인이 살아가는 삶을 새롭게 만들고 예상치 못한 가능성을 열어줄 수 있다. 더 많은 자기 인식과 이해력으로 더 많은 자유를 가져다줄 수 있는 희망을 갖게 한다. 사회학의 이러한 인식적 태도는 자유와 연결되는 것이다. 자유는 지배하는 능력으로 권력을 얻으려는 노력에서 나타난다. 판에 박힌 행동을 하는 사람들은 규범적으로 속박되어 있어서 쉽게 예측할 수 있는 방식에 놓여 그들이 하는 상호작용이 무시되는 경우가 있다. 반복적이고 단조로운 행동은 상황방정식에서 '미지수'를 만들지 않아 가정된 안정영역에서 벗어나지 않는다. 인간행동은 얼마나 변화무쌍한가? 인간행동을 둘러싼 변수들이 얼마나 많은가? 다양한 인간행동을 판에 박힌 행동유형으로 보려고 애쓴 파슨즈식의 사회학은 그래서 실패했는지도 모른다. 그러나 아이러니하게도 우리는 질서의 영역에서 여전히 그런 사회학을 꿈꾸고 있다는 사실에 또한 놀라게 된다. 사회질서의 공장으로써의 판놉티콘이 성공하기 위한 조건은 자유의 배제였다. 완전히 타율적이고 기계와 같은 수용자의 실존은 자유를 잃어버렸지만, 구속받지 않고 간섭받지 않은 관리자 역시 반대의 극단에서 자유로운 것은 아니었다. 이상적 지평으로써 완전한 자유를 위한 사회학을 구가하는 것은 지금까지 사회학이 지향한 것에 대한 반성이면서 동시에 인간현실을 제대로 보고자 하는 것이다.

인간현실을 제대로 이해하는 것은 어떤 속박으로부터도 영향을 받지 않는 자유 속에서 가능하다. 그러나 그 자유에는 책임이 동반되어야 한다. 즉 자유롭게 인간현실을 보는 데에는 책임이 따른다. 개별적인 것에서 사회적인 것을 보는 것, 특수한 것에서 일반적인 것을 보는 것은 정확히 책임 있는 사회학적 눈을 가질 때 가능한 것이다. 사회현상 그 어떤 경우에서도 이전에 의미가 주어지지 않은 아주 깨끗하고 사용된 적이 없는 그런 현상은 없다. 인간행위와 상호작용은 비록 빈약하고 덜 정교화된 형태이긴 하지만 늘 누군가에 의해 이름이 붙여지고 이론이 만들어져 왔다. 사회학자들이 연구하기 이전에 그런 것은 상식이든 과학이든 지식의 대상이 되었던 것이다. 그런 현상에 대한 이해를 비판적으로 바라보기 위해서는 속박되지 않는 자유가 필요하며, 그 자유의 실천에는 자의적인 것이 작용하지 않는 도덕률의 원리 속에서 책임감이 필요한 것이다. 그래서 상식과 달리 사회학은 **책임**이라는 것이 중요하게 되고 과학과 달리 사회학은 **자유**가 중요하게 된다.

사회학은 인간이 만든 세계에 대한 탐구이다. 인간의 행위에 의존하는 인간활동의 모습 속에서 지식의 실체를 알고자 하는 것이다. 인간이 만든 세계를 지식의 실체로써 접근하는 것에는 사회학뿐만 아니라 다른 이름으로 붙여진 많은 학문들이 있다. 역사학, 정치학, 법학, 경제학 등과 같은 수많은 인간과학은 인간이 만든 세계와 관계가 있다. 사회학과 이웃하는 지식의 실체들은 공통점이 많이 있다. 이들은 인간행위와 관련한 인간활동의 모습을 담고 있는 세계에 관한 학문이다. 인간행위와 인간 활동과 관련한 학문이 많음에도 불구하고 이들이 서로 구분되는 것은 지식 실체 사이의 구분에서 나온다. 학문이 지식의 실체로써 각각의 영역을 차지하고 있고 그 차이로 인해 학문의 영역이 생겨났다면 사회학은 이들 학문과 어떤 차이가 있는가? 이러한 질문에 이 책은 자유로운 생각과 책임 있는 방법을 보여주기 위한 노력에서 사회학의 주제가 더 드러나게 된다고 본다. 우리가 실제로 아는 것은 사회 그 자체가 아니라 사회를 다루는 방법이다. 다시 말해 우리는 사회에 대해 우리 이미지를 실행하고 있는 것이다. 이것은 언어와 우리의 훈련으로 얻은 건물블록을 합쳐서 만든 모델인 것이다. 따라서 사회학은 인간세계에 대한 사고방법에서 다른 인접 학문과 차이를 두게 된다.

따라서 '사회학적으로 생각하기'는 인간이 만든 세계에 대한 상대적 자율분야로써 독특한 영역을 이루는 구성원리로 작용하게 된다. 그 구성원리는 네 가지 방식으로 작동하고 있다. 첫째, 책임 있는 말로 엄격한 규칙에 따르는 것이다. 사회학의 관심 내용들이 상식과 같으면서도 사회학이 사회학인 이유는 이용 가능한 증거로 확인할 수 있는 주장을 하기 때문이다. 즉 검증되지 않고 일시적인 추측의 상태만을 말하는 명제들을 가려내고자 하는 것이다. 둘째, 영역의 크기와 관련이 있다. 우리 자신의 생활세계에 국한해서 관심을 둔다는 것이다. 우리가 관심을 두는 사람과 사물에서 좀처럼 벗어나지 않으려고 하며, 우리 삶의 경험의 지평선을 확대하는 것도 상호작용성과 의존성의 연결선에서 보는 것이다. 셋째, 인간현실의 이해에 관한 방식에 관한 것으로 설명이 만족스러워야 한다.

특정현상에 대한 사실적 설명은 이유나 결과에 대해 원하는 방식으로 인식되어야 한다. 개인과 집단이 가지고 있는 세계관과 일치하지 않고 그 구성원들을 만족시켜주지 못한다면 신뢰성을 잃게 된다. 인간행위는 의도, 희망, 목적의 결과이기 때문에 설명을 통한 이해도 만족감에서 비롯되는 것이다. 다시 말해 '우리를 위한' 해석이 필요한 것이다. 마지막으로 익숙한 것을 더 익숙하게 보지 않는 이화(異化, defamiliarity)의 방법이다. 사회학은 습관적인 것, 일상적인 것에 대한 간섭에서 시작된다. 호기심과 쟁점을 갖게 하는 것은 익숙한 것을 더 이상 익숙하게 보지 않으려는 자세에서 나오는 것이다. 바우만과 메이는 일상적이면서도 주변적인 얘기들을 위와 같은 구성원리를 토대로 다루고 있는 듯하다. 따라서 이 책은 쉬우면서도 평범한 내용을 다른 각도에서 보게 되는 즐거움을 갖게 해준다.

단일한 행위자의 단일한 역할의 사회는 이제 찾아보기 어렵게 되었다. 사회는 네트워크 속에서 다양한 관계적 맥락으로 구성되어 있으며 거기엔 시간과 공간의 변수들이 자리하고 있다. 시간과 공간의 변수가 과거와 달리 더 크게 작용하는 것은 기술의 놀라운 발전 때문이다. 더구나 21세기 들어 기술의 발달은 대부분 미디어와 관련한 기술이다. 지금 우리는 인터넷 시대에 살고 있다. 트위터, 페이스북, 블로그를 통해 사랑을 하고 미움을 키우고, 동류집단을 만들어 상호작용한다. 기술의 발달은 의사소통의 수단을 다양하게 만들었지만, 그 내용은 인간 삶의 본질적인 부분에서 달라지지 않고 있다. 하드웨어가 달라졌다고 인간 삶의 소프트웨어가 달라지는 것은 아니다. 여전히 기술환경 속에서 사람들은 사랑하고 미워하면서 상호작용을 하게 되고, '좋다' '나쁘다'라는 취향 속에 선택을 하게 되며, 자기판단의 이해를 구하기 위해 정당성의 논리를 세우려고 안간힘을 쓰게 된다.

『사회학적으로 생각하기』는 지그문트 바우만에 의해 1990년에 초판이 나왔다. 오랜 세월을 지나도 이 책이 인기를 끌고 주목을 받는 이유는 인간 삶의 환경이 변해도 인간 삶의 내용은 언제나 같기 때문이다. 기술적인 하드웨어가 크게 앞서더라도 그 하드웨어를 담고 있는 소프트웨어는 인간들의 삶에서 늘 같은 콘텐츠를 담고 있는 것이다. 집단생활, 상호작용, 그리고 사랑과 미움의 작용과 반작용은 변하지 않는 인간 삶의 내용인 것이다. 급성장한 기술이 인간 삶의 질을 개선시키고 인간의 환경을 변화시키지만 인간 삶의 내용들은 시대가 변해도 달라지지 않고 있다. 우리는 모여 살아야 하고, 서로 상호작용하면서 편익을 따지고 혹은 희생을 하면서 자기의 역할에 따라 거래를 하게 되며, 사랑과 증오의 굴레 속에서 살아가고 있다. 이 책이 시대가 변했음에도 여전히 읽히고 있는 이유는 달라지지 않는 인간 삶의 콘텐츠 때문이다. 2001년 팀 메이가 공동저자로 참여하면서 『사회학적으로 생각하기』 2판이 나왔다. 이 책은 2판의 내용을 번역한 것이다.

『사회학적으로 생각하기』 2판은 서문과 세 개의 파트로 된 10개의 장으로 구성되어 있다. 서문은 사회학의 방법론에 대한 글로써 사회를 어떻게 이해하고 사회학이 무엇인가에 대한 이해를 정리하기 위해 쓴 부분이다. 먼저 1~3장까지의 파트 1에서는 타인과 함께 살아가는 우리의 삶에 대해 기술한 것으로 우리의 자존감이 갖는 이유와, 타자와의 관계, 그리고 선택과 자유의 문제를 일상적인 삶의 과정에서 전개하고 있다. 사회적 거리를 통해 나의 위치를 파악하게 되고, 경계를 설정해서 이방인과 주변인을 가르고, 거기서 지역적인 배타성도 함께 그려지는 것이다. 그렇게 되면서 우리는 우리들이라는 공동체를 어떻게 인식해야 하는지 보여주면서 연대감에 대해 생각하게 된다.

인간은 과연 합리적인 동물인가? 사랑을 하고 선물을 주는 행위가 교환관계에서 합리적으로 작동하는 것이 아니라면 사회학적 의미는 무엇인가? 거기에 따르는 긴장은 왜 생기는가? 이런 문제를 시간과 공간의 환경 속에서 살피고, 소비로까지 이어가는 것이 파트 2이다. 이 부분은 사실상 이 책의 중요한 부분으로 대부분의 주요 개념과 내용들을 담고 있다. 사랑받는다는 것에 대한 사회학적 이해, 건강과 몸매 가꾸기의 사회학적 이해, 소비에 대한 사회학적 이해가 이 장에서 이루어지고, 근대성에서 갖는 위험의 의미도 함께 다루어지고 있다. 또한 거시적으로 국가와 민족의 의미를 사회학적으로 진단하고 글로벌 시대의 경계설정을 새롭게 보고자 하는 노력들이 이 부분에서 이루어진다. 21세기의 질서는 근대성에 묻힌 개인들의 개별성이 두드러지는 방향으로 전개되는데 그 행위유형은 바로 소비에서 나타나게 된다. 소비의 의미와 시간과 공간 그리고 질서와 무질서의 사회학적 의미와 해석을 이어가고 있다. 마지막 파트인 10장에서는 책에서 바라는 희망적인 내용을 담고 마무리한다.

각 장은 일상의 풍부한 경험을 예로 들고 있으며, 기존 학자의 이론들을 놓치지 않으면서 함께 소개하려는 노력을 보인다. 여기서 각 장 마지막에는 '생각해 볼 문제'와 '읽어 볼 거리'가 있다. 원저에서는 따로 뒷부분에 정리된 것을 번역서에서는 각 장 말미에 붙였다. 이 책이 가진 가치 중의 하나로 생각된다. 이 부분을 통해 우리가 무엇을 생각해야 하고 어떻게 봐야 하는지 정리할 기회를 갖게 되고 또한 각 장에 대한 참고나 부족한 부분은 '읽어 볼 거리'에서 찾아보면 도움이 될 것이다.

영국에서 박사공부를 하던 때 1990년 출간된 지그문트 바우만의 초판을 보고 번역을 결심하고 시작한 것이 이제야 결실을 보게 된 듯하다. 초판의 번역에 몰두하다 귀국 후 2판이 나온 것을 보고 포기했었다. 이 책은 팀 메이가 나중에 공동저자로 함께 참여한 2판 *Thinking Sociologically* (Oxford: Blackwell, 2001)를 번역한 것이다. 팀 메이와 공저로 펴낸 2판은 지그문트 바우만의 초판과는 또 다른 내용과 느낌을 주었다. 미국 사회학의 계량적 방법 속에서 유럽 사회학이 갖고 있는 깊이와 사유를 갈망하는 한국 사회학의 독자들에게 이 책이 도움을 줄 것으로 믿는다. 특히 어려운 이론에 쉽게 접근하려는 일상의 사회학을 도모한다는 점에서 사회학을 전공하지 않는 일반 독자들에게도 쉽게 다가갈 것이라 생각되며, 각 장 마지막 부분에 제시한 질문들은 평이하고 익숙한 것들을 다시 생각하게 만드는 단초가 될 것으로 믿는다. 더구나 각 장의 주제에 맞게 권유한 '읽어 볼 거리'는 사유에 깊이를 더하려는 전공자뿐만 아니라 사회와 사회세계에 관심을 갖는 독자들에게도 큰 도움을 줄 것으로 본다. 폴란드 출신의 유태인이면서 영국에서 학문활동을 한 바우만 특유의 지적 배경과 그 배경에서 보이는 언어적 유희는 영어 문장을 짧지 않게 기술하는 특징이 있다. 이번 번역에도 이러한 것은 어려움이었다. 긴 문장의 영국 영어를 쉽게 우리말로 번역하는데 지루함과 고단함이 2년 이상의 시간을 끌었다. 긴 시간 동안 기다려준 서울경제경영 김은중 사장님께 고마움을 전한다. 또한 이 책의 교정을 위해 수고해준 숭실대 대학원생 한지민과 이혜인에게도 고마움을 전한다. 독자의 입장에서 원문의 내용을 가급적 살리면서도 최대한 읽기 편한 문장으로 고치려고 하다 보니 다소 오역의 두려움이 있기도 하다. 이에 대한 책임은 전적으로 역자에게 있으며 보다 나은 '사회학적으로 생각하기'를 위해서 여러분의 질정을 바란다. 끝으로 이 책의 발간에 에너지가 된 아들 진욱에게도 파이팅을 외치며 고마움을 전한다.

2011년 10월

박창호

2판 지은이 머리말

지그문트 바우먼이 원래 저술했던 책을 2판으로 다시 꾸민다는 것은 나에게 공포스러운 과제였다. 먼저 초판은 독특한 스타일의 책으로 여러 언어로 번역되어 수많은 독자들에게 주목을 끌었다. 마침내 새롭게 최신의 판을 준비하면서 나의 글을 넣는 것이 도움이 될 수 있다고 지그문트는 생각했다. 이런 과정에서 내가 갖고 있는 내용들을 추가하면서 이 책의 독창성을 얼마나 잘 지켜낼 수 있을까 하는 것은 내가 조심스러워 해야 할 부분이었다.

결과적으로 책은 완전히 바뀌어졌고 더 확대된 편집이 되고 말았다. 초판의 장들은 달라졌고 새로운 것들이 추가되었다. 여기에는 전반적인 책의 내용에 다양한 소재들이 들어가게 되었는데, 예를 들어 건강과 몸매 가꾸기, 친밀성, 시간, 공간과 무질서, 위험, 글로벌리제이션, 조직과 새로운 테크놀로지이다. 결국 초판의 가장 중요한 부분을 유지하는 책을 만들고자 하면서도 상당히 중요한 곳에 대해서는 개선할 부분을 넣었다고 우리 둘은 믿고 있다.

『사회학적으로 생각하기』가 폭넓은 독자에게 관심을 끄는 책이 되기를 우리 둘은 원하고 있다. 사회학을 공부하고 있는 사람들을 위해 커리큘럼에서 배우는 것과 다른 주제를 찾으려고 노력했으며, 동시에 우리가 원하는 방법대로 글을 쓰는 것은 사회과학자들이 일반적으로 실천하는 것을 보여주는 것이기도 했다. 또한 사회와 사회관계 속에서 이 책이 제공하는 통찰력에 더 큰 관심을 가지고 학문을 배우는 폭넓은 독자층에게 다가가는 책이 되도록 신경을 썼다. 우리에게 있어서 이것에 대한 명분은 확실하다. 즉 사회학은 21세기 우리 모두가 직면한 가치 있지만 흔히 무시되는 관점을 제시하는 것이다.

두 사회학자가가 세대 간에 차이는 있지만, 우리 둘은 우리가 살고 있는 사회환경 내에서 경험한 것을 이해하기 위한 주제를 제시하는 데 노력했다. 사회학적으로 생각하기는 우리 각자 자신의 이해 속에서 우리에게 도움을 줄 뿐만 아니라 일반적으로 사회와 사회관계의 역동성에 대한 중요한 설명을 제공한다. 그래서 우리가 바라는 것은 이 책을 읽으면서 여러분들이 분명하게 느끼고 우리의 뜻에 다음과 같이 동의하는 것이다. 즉 사회학은 예시적이고, 열광적이며, 실천적이고 도전적인 학문이라는 것에 대해서 말이다.

생각해 볼 문제와 읽어 볼 거리에 대하여

이 부분은 세미나와 독서그룹을 위한 것이다. 또한 책을 읽고 우리가 제기한 문제에 대해 더 많은 탐색을 원하는 개인들을 위한 것이다. 이러한 목적에 맞도록 각 장마다 생각해 볼 문제를 제시하고 읽어 볼 거리를 함께 제공하고 있다. 상당히 많은 저서들이 관심영역에 있지만 여기서는 선택적이라고 할 수 있다. 우선 사회학은 늘 새로운 연구를 던져주는 역동적으로 발전하는 학문이다. 이러한 것은 우리의 삶이 다양한 방식으로 바뀌기 때문에 놀라운 것이 아니다. 각 장에 제시한 주제와 쟁점에 맞춰 책들을 선택했다. 따라서 이런 책들이 아주 편한 책이라고 할 수는 없다. 그러나 핵심적인 사회쟁점에 대해 더 많은 사고를 할 수 있도록 충분한 관심을 불러오게 하는 역할을 할 것이다.

이러한 책들을 여러분들이 받아들이고 읽을 때, 좌절감을 갖거나 포기할 생각을 하지 않도록 해야 한다. 사회학적 지식은 부담이 될 수도 있지만, 여러분들의 능력범위를 벗어나지 않는 노력을 한다면 분명히 보상이 뒤따르게 될 것이다. 더구나 사회학적 지식의 중요한 실체에 여러분들과 다른 사람들이 뛰어들도록 하는 도움이 되는 출판물들이 있다. 독자는 원문의 수용자이지만, 비판하고 분석하고 비교하고 그리고 이전에 배운 것과 경험을 문헌에 적용하는 그런 적극성을 보이지 않는다는 점에서 독서가 수동적인 운동이라는 것을 알게 된다. 이러한 이유로 여러분들은 독서의 목표를 문헌과 '연관'해서 끊임없이 던지는 '질문 형식'을 통해 읽어야 한다. 이러한 과정에 도움이 되는 문제들을 만들었지만, 여러분들의 질문 능력은 여러분들의 지식의 깊이와 넓이가 계속 확대되는 것에 따라 분명히 발전할 것이다. 우리는 여전히 여러분들이 사회학의 여정을 계속 즐기기를 바란다고 말하는 것이다.

차례

서문: 사회학이라는 학문

이 장에서 우리는 '사회학적으로 생각하기'가 무엇인지를 알아보고자 하며, 우리 자신과 서로 간의 관계, 그리고 우리가 살고 있는 사회환경을 이해하는 데 그것이 얼마나 중요한지 살펴보려고 한다. 이러한 목적을 위해 우리는 사회와 사회관계에 대해 연구하면서 갖게 되는 사회학 자체의 의문과 더불어 규율적인 실천으로써의 사회학을 살피고자 한다.

차이에 대한 탐색

사회학은 일련의 규율적인 실천을 포함하고 있을 뿐 아니라, 사회학의 역사과정을 통해 축적되어온 중요한 지식의 형태를 드러내고 있다. 도서관에서 '사회학'이라고 붙여진 서가를 언뜻 보면 사회학은 하나의 통합된 모습으로 자리하고 있음을 보게 된다. 이러한 책들은 사회학자가 되려고 힘쓰는 사람들에게, 혹은 단순히 자신이 살고 있는 세계를 폭넓게 이해하려고 사회학을 처음 접하는 사람들에게 그 분야에 대해 많은 정보를 제공한다. 이곳은 바로 독자들이 사회학이 제공하는 것을 이용하는 곳이며 그 지식의 형태를 소비하고, 터득하고, 확대하는 장소인 것이다. 이처럼 사회생활에 대한 새로운 개념과 연구들을 동일한 서가에 축적함으로써 사회학은 새로이 접하는 사람들에게 있어서 끊임없는 지식의 유입통로가 되고 있다. 이러한 의미에서 사회학은 새로운 경험을 인증된 지혜로 검증하여 지식에 포함시키며, 그 과정에서 학문의 형태와 내용을 끊임없이 변화시키는 활동의 장소가 된다.

위의 말들은 이치에 닿는 것처럼 보일 것이다. 우선 우리가 우리 자신에게 '사회학이 무엇인가?'를 묻게 될 때, 우리는 학문의 결과를 보여주는 것으로 당연히 도서관의 책들을 언급하게 될 것이다. 사회학에 대해 생각하는 이런 방식은 당연하게 보인다. 만약 '사자가 어떻게 생겼는가?'를 묻게 되면 우리는 동물책을 찾아서 그림을 가리키게 될 것이다. 이러한 방식에서 우리는 특정한 단어(word)와 대상(object)을 연결시킨다. 여기서 단어는 대상을 가리킨다. 대상들은 단어의 지시물이 되고 특수한 조건에서 우리는 단어와 대상을 연결한다. 이와 같은 이해과정이 없다면 우리가 당연히 받아들이는 일상의 커뮤니케이션은 불가능할 것이다. 그러나 이러한 연결을 보다 완전하게 하는 사회학적 이해는 이것만으로 부족하다.

위의 설명은 대상 자체에 대한 지식을 우리에게 주지 못하고 있다. 이제 우리는 보충적인 질문을 하지 않을 수 없다. 예를 들어 이 대상은 어떤 면에서 특이한가? 어떤 면에서 다른 대상과 차이가 나는가? 그래서 그 고유의 이름으로 지칭하는 것이 정당한가? 만약 이 동물을 사자라고 지칭하는 것이 옳고 호랑이라고 지칭하는 것이 틀렸다면 호랑이가 가지고 있지 않은 것을 사자는 가지고 있어야 한다. 그 둘 사이에 분명한 차이가 있어야 한다. 이러한 차이를 발견함으로써 우리는 '사자'라는 단어가 나타내는 대상이 무엇인지를 이해하면서 사자의 특징을 알 수 있다. 마찬가지로 우리가 사회학적이라고 하는 것도 생각(thinking)의 방식에 대한 특성을 밝히기 위해 노력하는 것이다.

'사회학'이라는 단어가 축적된 지식을 이용한 특정한 형태를 나타내고 특정한 실천을 가리키고 있다는 데 우리는 만족하고 있다. 그러나 '사회학적'이라고 할 수 있는 지식과 실천은 무엇인가? 사회학적 지식과 실천이 다른 지식의 형태나 그 자체의 실천을 보이는 학문과 어떻게 다른가? 우리가 이 질문에 대답하기 위해 앞서 예를 든 사자로 되돌아 가보면 사회학을 다른 학문과 구분할 수 있을지 모른다. 대부분의 도서관 서고에는 사회학 분야와 가장 가까운 곳에 '역사학', '인류학', '정치학', '법학', '사회정책학', '회계학', '심리학', '경영학', '경제학', '범죄학', '철학', '언어학', '문학', '인문지리'가 있다. 서고를 정리하는 사서들은 사회학 분야를 찾는 독자들이 가끔 이러한 분야들에서도 책을 찾을 것이라고 생각할 것이다. 다시 말해 사회학이라는 분야의 주제는 다른 학문 분야의 주제보다 위와 같은 지식의 형태에 보다 더 가까이 있다고 가정할 수 있다. 아마도 사회학 책들과 인접한 책들 사이의 차이는 소위 사회학과 유기화학 같은 학문의 차이보다는 현저히 덜 하지 않겠는가?

사서가 이러한 방법으로 분류하는 것은 일리가 있다. 인접한 지식의 형태들은 공통점이 많다. 모두 인간세계에 관한 학문, 즉 인간의 행위를 통해 나온 학문이다. 이러한 주제들은 각각의 방식에 있어서 인간행위와 그 결과에 연관된 학문이다. 그러나 만약 이러한 학문들이 똑같은 영역을 다룬다면 어떻게 구분하겠는가? 각 학문이 서로 다른 이름을 갖게 되도록 하는 근거는 무엇인가?

이러한 질문에 대해 단순한 해답을 주어야 한다. 지식 형태의 구분은 각 학문이 연구하는 서로 다른 영역의 세계를 반영해야 한다. 인간행위(혹은 인간행위의 측면들)는 서로 다르며, 지식 형태 사이의 구분도 따른다는 사실을 단순하게 고려해야 하는 것이다. 그래서 역사는 과거에 발생한 행위에 관한 학문인 반면, 사회학은 현재의 행위에 초점을 맞추고 있는 학문이다. 마찬가지로 인류학은 우리 자신의 발전단계와 다른 발전단계에 있다고 가정되는 인간사회(어쩌면 이렇게 정의될 수도 있는 사회)를 보여주는 학문이다. 사회학과 다른 인접한 학문의 경우에 정치학은 권력과 통치에 관한 행위를 논의하는 것이고, 경제학은 재화의 생산과 분배뿐만 아니라 아주 특수한 의미에서 '합리적'이라고 간주되는 개인의 효용 극대화를 위한 자원의 이용과 관련한 행위를 다룬다. 법학과 범죄학은 인간행위를 통제하는 법과 규범의 해석 및 적용에 관심을 두고 있다. 그러한 규범이 정교화되는 방식이 강제적이고 강요적이라면 어떤 결과를 가져올까? 그러나 우리가 이러한 방법으로 학문 사이의 경계를 정당화하는 순간 쟁점이 발생한다. 왜냐하면 인간세계가 확실히 구분되어 특수한 연구조사가 되고 있음을 가정해야 하기 때문이다. 우리는 여기서 중요한 문제에 도달한다. 자명하게 보이는 대부분의 신념처럼 학문들이 강조하는 가정들에 대한 조사를 포기하게 될 때 더욱 명확하게 된다는 것이다.

인간행위를 특정한 범주로 나눌 수 있다고 하는 생각은 어디에서 찾아야 하는가? 인간행위가 특정한 방식으로 구분되어 왔다는 사실부터인가, 아니면 이러한 구분을 통해 각 목록에 붙여진 특수한 이름에서부터 찾아야 하는가? 식견을 가진 신뢰할 만한 사람들이 사회의 여러 측면에 대해 연구할 독점적인 권리를 주장하며 그들의 유식한 견해를 우리에게 제공하는 전문가 집단이 있다는 사실부터인가? 그런데 우리의 경험으로 볼 때 사회를 경제학, 정치학, 혹은 사회정책학으로 나눌 수 있다고 하는 것이 이치에 맞는가? 우리는 정치학으로 구분된 영역에 사는 것이 아니며 마찬가지로 경제학이라는 영역에 사는 것도 아니다. 또한 우리는 잉글랜드에서 남미의 한 지역으로 여행간다고 할 때 사회학에서 인류학으로 움직이는 것도 아니며 나이를 한 살 더 먹는다고 할 때 역사학에서 사회학으로 옮겨가는 것도 아니다.

만약 우리가 경험하는 활동영역을 구분해서 어떤 순간에는 정치적 영역에서 우리 활동을 범주화하고, 또 다른 순간에는 경제적 영역으로 우리 행위를 범주화한다면, 그것은 우리가 먼저 그러한 구분을 하도록 배워왔기 때문이 아닌가? 그래서 우리가 알고 있는 것은 세계 그 자체가 아니라 그 세계의 이미지에 의해 알게 된 방법에 따라 세계 속에서 실천하는 우리의 행동이다. 그것은 건축용 블록을 짜 맞추는 것과 같이 언어와 경험 사이의 관계를 짜 맞추는 하나의 모델과 같다. 그래서 서로 다른 학문적 영역을 나타내는 인간세계의 자연스런 구분은 없다. 오히려 인간행위를 연구하는 학자들 간의 분업만이 있다. 이것은 각 전문가 집단들이 그들의 영역에 속하거나 속하지 않는 것을 결정하는 독점적인 권리와 더불어 각각 전문가들의 상호분리에 의해 재강화되고 있다.

'차이를 나게 하는 차이'를 발견하고자 하는 탐색에서 이러한 연구 분야들의 실천이 서로 어떻게 다른가? 연구의 대상으로 선택된 것이 무엇이든 간에 연구자들의 태도에는 유사성이 있다. 무엇보다도 연구대상을 다룰 때 똑같은 행동규칙에 복종할 것을 주장한다. 모든 학자들은 관련 사실들을 수집해서 타당한지를 확인하려 하고, 그 사실에 대한 정보에 신뢰를 갖기 위해 사실들을 점검하고 재점검한다. 더구나 사실들이 가진 증거에 대해 명확하게 이해되고 검증되는 형태로 학자들은 사실들을 서술하려고 한다. 간단히 말해 학자들 모두는 학문의 체계적인 개념을 세우려고 노력하고 책임 있는 방법으로 그들이 발견한 것들을 제시하려고 한다.

여기서 우리는 전문가의 임무나 그 명성, 즉 학자적 책임감이 어떻게 이해되고 실천되는가 하는 데에는 차이가 없다고 말할 수 있다. 학문적으로 전문가임을 주장하는 사람들은 사실들을 수집해서 처리하는 거의 동일한 전략을 이용하고 있는 듯하다. 그들은 인간행위를 관찰하거나 혹은 역사적 증거를 이용한다. 그리고 그러한 것들을 인간행위를 이해하기 위한 분석의 형태 내에서 해석하려고 한다. 그러므로 우리가 차이를 발견하려고 하는 궁극적인 바람은 각 학문에 동기를 부여하는 문제의 특성 속에 있는 것 같다. 즉 그것은 관점(인지적 관점)을 결정하는 문제로 인간행위가 각각의 다른 학문의 영역에 속하는 학자들에 의해 관찰되고, 탐색되고, 기술되고 그리고 설명된다는 점이다.

경제학자들을 동기화시키는 문제들을 생각해보자. 여기서 생각해야 할 것은 인간행위의 비용과 편익 사이의 관계에 초점을 두는 것이다. 경제학자들은 인간행위를 부족한 자원의 통제라는 측면에서 다루게 되고, 그 자원들이 어떻게 가장 효율적으로 이용되는가에 따라 인간행위를 생각하게 될 것이다. 또한 행위자들 사이의 관계는 재화와 서비스의 생산과 교환이라는 측면에서 연구되고, 이러한 모든 것들은 시장의 수요와 공급

관계에 의해 통제된다고 가정할 것이다. 그리고 행위자의 욕구라는 것도 합리적 행위모델에 따라서 그들이 선호하는 것을 선택하게 된다는 것이다. 그래서 자원은 여러 수요에 따라 확보되고, 만들어지고, 할당되는 과정을 거치게 되는데 이러한 과정의 형태를 통해 학문이 만들어진다. 한편 정치학은 권력과 영향력을 매개로 인간행위가 다른 행위자의 실제행위 혹은 기대행위를 변화시키거나 혹은 다른 행위자들로부터 영향을 받는가 하는데 관심을 두고 있는 것 같다. 이러한 의미에서 행위는 권력과 영향력 사이의 불균형으로 간주될 수 있으며, 일부 행위자들은 다른 사람들과의 상호작용에서 보다 더욱 의미 있게 수정된 행동으로 상호작용하면서 부각된다. 정치학 역시 권력, 지배, 국가, 권위 등과 같은 개념을 중심으로 학문이 형성된다.

경제학과 정치학의 관심이 결코 사회학과 이질적이지는 않다. 이는 자신을 역사학자, 정치학자, 인류학자, 지리학자로 밝히는 학자들에 의해 쓰여진 사회학 내의 연구들에서 쉽게 알 수 있다. 그런데 사회학은 사회연구의 다른 분야와 마찬가지로 자체의 해석원리뿐만 아니라 인간행위의 연구를 위한 일련의 문제를 이해하도록 하는 고유한 인식관점을 가지고 있다. 이러한 측면에서 본다면 사회학은 인간행위가 광범위한 모습들로 이루어져 있음을 인정하게 되면서 다른 학문과 구분된다고 말할 수 있다. 즉 인간행위의 광범위한 모습이라는 것은 상호의존성(의존성은 다른 행위자가 행위를 하거나, 행위를 하려고 하는 것에 따라 행위가 발생할 수 있는 개연성과 그 행위의 성공기회가 변화하는 상태를 말한다)의 그물망 속에 묶여져 있는 인간행위자의 일정한 집합을 말한다. 사회학자들은 이러한 것이 인간행위자들에게 어떤 결과를 가져올지를 묻게 된다.

그리고 우리가 맺는 관계에 대해 그리고 우리가 속한 사회에 대해 묻게 된다. 바꾸어 말해 이것은 사회학적 질문을 만들어내게 되는데 여기에는 사회학의 모습, 상호의존성의 그물망, 행위의 상호호혜적인 조건 그리고 행위자의 자유의 확대와 제한이라는 사회학에서 가장 관심 있는 문제들이 포함되어 있다.

개별 행위자들은 상호의존 네트워크의 회원으로서 혹은 상대자로서 참가하면서 사회학적 연구의 중심에 들어가 있다. 우리가 무엇을 하건 관계없이 타인에게 의존하게 되어 있다면 사회학의 핵심 질문은 다음과 같다고 할 수 있다. 우리가 살고 있는 사회와 사회관계의 유형이 어떻게 연결되어 서로에 대해, 자신에 대해, 그리고 우리 지식, 행동과 그 결과에 대해 알게 되는가? 이러한 질문의 특징은—일상생활의 현실적인 실천적 부분으로써—사회학적 논의의 특수한 영역이면서 사회학을 상대적으로 자율적인 인간과학과 사회과학의 분야로 정의하게 된다. 그러므로 '사회학적으로 생각하기'란 똑같은 세계를 다른 방식으로 생각할 가능성을 열어놓은 인간세계의 이해 방식으로 결론 내릴 수 있다.

사회학과 상식

사회학적으로 생각하기는 소위 '상식'과의 관계를 통해 드러나기도 한다. 어쩌면 다른 학문 분야와 달리 사회학은 사회학의 입장과 실천의 중요한 쟁점으로 생각되는 상식과 관련 있음을 발견하게 된다. 물리과학과 생물과학은 상식과 연관해서 설명하지는 않는다. 대부분의 과학은 다른 학문과 구분되는 경계에 의해 그 학문을 규정하는 것에 만족한다. 이들 과학은 무질서하고 비체계적인 그리고 세련되지 못하고 거창하지 않은 지식, 즉 우리가 상식이라고 부르는 것과 경계를 두거나 혹은 연결을 위한 토대를 충분히 공유하지 못하고 있다.

그러한 무관심은 어느 정도 정당성을 가진다. 무엇보다도 상식은 물리학자, 화학자, 천문학자들을 열중케 한 문제와는 무관하게 보인다. 그들이 다루는 주제는 보통의 남녀들이 겪는 일상의 경험과 광경 속에 있는 것이 아니다. 그래서 비전문가들은 과학자들의 도움 없이 그런 문제에 대해 스스로 의견을 내놓지는 못하고 있다. 예를 들어 물리과학이 연구하는 대상은 거대한 망원경의 렌즈를 통한 특수한 환경에서만 나타난다. 이러한 조건에서는 과학자들만이 그 대상을 볼 수 있고 연구할 수 있다. 그래서 과학자들은 과학의 기존 분야 속에서 독점적 소유를 주장할 수 있다. 과학자들은 그들 연구의 원소재의 유일한 소유자이기 때문에 소재의 처리, 분석, 해석이 그들의 통제하에 있다. 그래서 그러한 과정의 결과는 다른 과학자들의 비판적인 조사에 저항하지 않을 수 없다. 과학자들은 상식과 경쟁할 필요가 없다. 왜냐하면 과학자들이 말하는 문제 속에는 상식적인 관점이 없다는 간단한 이유 때문이다.

우리는 이제 더욱 더 사회학적인 질문을 던져야 한다. 우선 위에서 설명한 것과 같은 특성을 묘사하는 것이 간단한가? 과학적 지식의 생산은 지식의 실천을 이해하고 모양 짓는 사회적 요소를 담고 있으며, 동시에 과학적 결과들은 어떤 민주사회에서도 과학자들이 결론 내리지 못하는 사회적, 정치적, 경제적 의미를 담고 있을 수 있다. 달리 말해 우리는 과학적 연구가 갖는 목표에서 쉽게 과학적 연구의 수단을 분리할 수 없으며, 과학 그 자체로부터도 실천적 이성을 분리하지도 못한다. 결국 연구가 어떤 기금으로 이루어지고 누가 연구하는가 하는 것은 일부 경우에 연구결과에 영향을 미칠 수 있다. 우리가 먹는 음식의 질, 살고 있는 환경, 유전공학의 역할과 대기업 직원들의 유전정보의 특허에 관한 관심들은 과학 그 자체만으로 결정할 수 없는 문제들이다. 왜냐하면 그러한 것은 지식의 정당성뿐만 아니라 우리가 이끄는 생명을 위한 지식의 적용과 의미에 관한 것이기 때문이다. 이러한 문제는 우리 자신의 경험과 그 경험이 맺는 일상적인 실천과의 관계에 관한 문제임과 동시에 우리의 생명에 대한 통제에 관한 문제이며, 우리 사회가 펼쳐가야 할 방향의 문제이다.

이러한 쟁점들은 사회학적 연구를 위한 자료가 된다. 우리 모두는 다른 사람과 더불어 살아가며 서로 상호작용하며 살아간다. 그 과정에서 우리는 일상생활의 업무를 지속하게 하는 **암묵적 지식**(*tacit knowledge*)이 엄청나게 많이 있음을 보여주게 된다. 우리 각자는 숙련된 행위자이다. 그러나 우리가 무엇을 가지고 있으며, 우리가 누구인가 하는 것은 다른 사람들이 하는 것에 달려 있다. 결국 우리 모두는 친구들이나 생면부지의 사람과의 커뮤니케이션이 단절됨으로써 갖는 고통을 경험하면서 살아간다. 이러한 관점에서 사회학의 주제는 이미 우리의 일상생활에 새겨져 있다. 이러한 사실을 인정하지 않는다면 우리는 다른 사람들과 함께 우리의 삶을 이끌 수 없다.

비록 우리가 상호작용하는 사회적 환경에 맞추어진 실천적인 지식에 의해 일상에 깊이 몰입되어 있더라도, 경험의 의미에 대해 생각하는 것을 멈추지 않는다. 그리 자주는 아니지만 텔레비전 대담 쇼에서 드러나는 사회문제에 대해 개인적으로 반응하는 것 말고는 대개 우리는 사적 경험을 다른 사람의 운명과 비교하지 않는다. 그러나 여기서 사회적 쟁점은 개인화되어 재강화되고 개인의 반응으로 간주되면서 사회관계의 역동성을 보는 부담을 덜게 된다.

이것이 정확히 사회학적으로 생각하기가 우리를 위해 할 수 있는 것이다. 사회학적 생각은 사고의 양식으로서 다음과 같은 질문을 던질 수 있다. '우리의 개별 생애는 다른 인간과 공유하는 역사 속에서 어떻게 얽혀 있는가?' 동시에 사회학자들은 그런 경험의 부분이 되고 그래서 아무리 그들이 연구대상으로부터 벗어나려고 애쓰더라도—'멀리 떨어진'(out there) 대상으로써의 생활경험—사회학자들은 자신들이 파악하려고 하는 지식으로부터 완전히 관계를 끊지 못한다. 그럼에도 불구하고 이것은 사회학자들이 파악하려는 경험의 내부적 · 외부적 시각을 동시에 갖게 됨으로써 장점이 된다.

사회학과 상식은 보다 특별한 관계가 있다. 천문학의 대상들은 이름 붙여지고, 정돈된 전체 질서에 자리를 잡고, 다른 유사한 현상과 비교하기 하기 위해 대기하고 있다. 사회학자들이 설문지를 가지고 나타나서 노트북에 기록하거나 관련 자료를 조사하기 이전에 명확하고 새로운 현상이지만 의미를 갖지 않았던 그런 사회학적 대상들이 있다. 사회학자들이 연구하는 인간행위와 상호작용은 행위자 자신들이 이름을 붙이고 관심을 보여왔던 것이며, 그러한 것들이 상식적인 지식의 대상이 된다. 일상적인 상호작용에 의해 결합된 가족, 조직, 친족구조, 이웃, 도시와 마을, 국가와 교회 그리고 다른 여러 집단들은 이미 행위자들에 의해 의미와 중요성이 부여되어 왔다. 각각의 사회학적 용어는 이미 상식적인 지식에 의해 의미를 담고 있다.

이러한 이유로 사회학은 상식과 밀접하게 연관되어 있다. 사회학적 사고와 상식 간의 유연한 경계로 인해 학문의 경계를 미리 확보할 수는 없다. 사회적 삶을 위해 유전과학자들이 발견한 것들과 그 의미의 적용에서 보는 것처럼, 사회적 지식에 대해 사회학임을 주장하는 것은 논쟁이 될 것 같다. 이것은 사회학적 지식과 상식 간의 경계를 설정하는 것이 지식의 일관된 실체로써 사회학의 정체성을 위한 중요한 문제이기 때문이다. 놀라운 것도 아니지만 사회학은 이러한 쟁점에 관심을 기울이고 있으며 우리는 이러한 차이를 네 가지 방법으로 생각할 수 있다.

첫째, 상식과 달리 사회학은 그 자체를 엄격하게 책임 있는 언어규칙에 종속시키려고 노력하고 있다. 이것은 다른 지식의 형태, 즉 외형상 느슨하고 자기 통제적인 산만한 형태의 지식과는 구분되는 과학의 특성이다. 사회학자들은 실천적인 면에서 명확하고 가시적인 형태로 증거에 의해 입증된 진술과, 임시적이고 검증되지 않은 개념 상태의 전제들을 엄격히 구분하고 있다. 책임 있는 언어의 규칙은 한 개인의 '연구작업'—최종 결론을 이끌어내고 그 결과를 신뢰할 수 있는 전체과정—을 면밀히 조사하기 위해 개방할 것을 요구한다. 책임 있는 언어는 또한 그 주제가 만들어낸 다른 진술과 관련이 있어야 한다. 그래서 논증하는 것이 불편하다고 하더라도, 아무런 지적 없이 다른 견해를 놓치거나 간과하는 경우는 없어야 한다. 이런 측면에서 추구하는 전제들의 가치, 신뢰 그리고 궁극적인 실천적 유용성을 크게 높일 수 있을 것이다. 결국 과학의 신뢰에 대한 우리의 신념은 과학자들이 엄격한 언어규칙을 따르는가 하는 희망 속에 있다. 과학자의 경우 그들은 책임 있는 언어의 가치를 자신들이 만들어낸 지식의 타당성과 신뢰성을 위한 주장으로써 나타낸다.

둘째, 사회학적 생각을 위한 재료들이 나오는 영역의 크기이다. 우리의 일상에서 대부분 이러한 영역은 우리 자신의 생활세계에 국한되어 있다. 즉 우리가 일상적으로 상호작용하는 시간과 공간뿐만 아니라 우리가 하는 것들, 우리가 만나는 사람들, 우리가 우리 자신을 위해 설정하고 다른 사람들이 그들 자신들을 위해 정해 놓은 목적들에 국한되어 있다. 우리는 우리 경험의 지평선을 확대하기 위해 일상 관심의 수준 위로 우리 자신을 끌어올릴 필요는 없을 것 같다. 왜냐하면 이러한 것은 많은 사람들이 가질 수 없고 투자할 수 없는 시간과 자원이 필요하기 때문이다. 그런데 세계 속에는 생활조건과 경험이 놀랍도록 다양하게 주어져 있어서 개별 경험은 필시 부분적이며 아마 일면적일 수도 있다. 이러한 문제는 우리가 많은 생활세계로부터 나온 경험을 취합하고 비교하게 되면서 해결될 수 있다. 그렇게 되면 개인 경험의 제한된 현실이 드러나게 될 것이며, 마찬가지로 서로 얽혀져 있는 상호의존과 연결의 복잡한 네트워크—한 개인의 수준에서 접근할 수 있는 영역을 훨씬 뛰어넘는 네트워크—도 드러나게 될 것이다. 그러한 지평선의 전반적인 확대의 결과는 개인의 생애와 광범위한 사회적 과정 간의 친밀한 관계의 발견이 될 것이다. 이러한 이유로 인해 사회학자들이 추구하는 광범위한 관점은 양적인 면뿐만 아니라 지식의 질적인 면이나 지식의 이용에 있어서 커다란 차이를 보인다. 우리와 같은 사람들에게 사회학적 지식은 상식이 갖는 풍부한 지식에도 불구하고 상식 그 자체가 제공하지 못하는 것을 주고 있다.

셋째, 사회학과 상식은 사건과 환경을 이해하고 설명하는 방법에 의해 각기 인간현실을 이해하는 방식에 있어서 차이가 난다. 우리는 경험을 통해 우리가 우리 행위의 창조자임을 안다. 다시 말해 우리가 의도한 대로 결과가 나오지 않더라도 우리가 한 것은 우리 목적의 결과임을 안다. 통상적으로 우리는 대상을 소유하기 위해, 칭찬을 받기 위해, 혹은 우리가 좋아하지 않는 것을 막거나 친구를 돕기 위해 행동을 한다. 아주 자연스럽게도 우리가 우리 행동을 생각하는 방법은 다른 행위를 이해하기 위한 모델 역할을 한다. 이런 측면에서 우리를 둘러싸고 있는 인간세계를 이해하는 유일한 방법은 각각의 **생활세계**로부터 설명 도구를 끄집어내는 것이다. 우리는 대개 세계에서 일어나는 모든 것을 개인의 의도된 행위의 결과로 인식하는 경향이 있다. 그래서 그런 것을 일으킨 책임 있는 사람을 찾게 되고 그런 사람을 찾았을 때, 우리의 연구가 완전하게 되었다고 믿게 된다. 우리는 우호적인 경향이 있는 사건들 이면엔 선의가 있으며, 싫어하는 사람들 이면엔 나쁜 의도가 있다고 가정한다. 일반적으로 어떤 상황은 신분이 드러난 사람의 의도된 행위의 결과가 아니었음을 받아들이기가 어렵다는 것을 안다.

공공영역 내에서 현실을 앞세워 말하는 사람들—정치가, 저널리스트, 시장조사자, 상업광고인—은 앞의 경향에 맞추어 '국가의 필요'나 '경제의 수요'를 말한다. 이것은 마치 국가나 경제가 우리 자신과 같은 개인들의 특수한 필요나 요구에 맞는 조치에 의해 이루어진 것처럼 들린다. 마찬가지로 우리는 민족, 국가 그리고 경제체계의 복잡한 문제를 사진도 찍고 인터뷰도 할 수 있는 선택된 개별 집단의 사고와 행동의 결과로 이해하고 받아들인다. 또한 정부는 통제의 바깥에 있음으로써, 혹은 주요집단이나 여론조사를 통해 '공공의 요구'가 무엇인지를 보여줌으로써 이따금 자신들의 책임감에서 벗어난다.

사회학은 일상적인 상태라는 이름으로 문제없는 것처럼 말하는 세계관의 특성과 다른 입장에 있다. 사회학은 역사적인 변동이나 그것이 출현한 사회적 입장에서 단순히 구분되는 사건을 자연스런 방법으로 설명하고 있지만, 당연한 이해방법으로 인정하지는 않는다. 개인행위자나 단순한 행동보다는 사회모습(의존성의 네트워크)을 통해 연구를 시작하기 때문에, 인간세계—철저하게 개인적이고 사적인 우리 자신의 사고와 행동을 포함한 세계—를 이해하기 위한 열쇠로써 동기화된 개인의 공통된 비유를 우리 자신과 다른 사람을 이해하는 정확한 방식으로 보지 않는다. 사회학적으로 생각하기는 인간 상호의존성의 여러 그물망의 분석을 통해 인간조건을 '이해하는 것'이다. 그것은 우리가 우리의 동기와 동기촉진의 결과를 설명하기 위해 주장하는 현실의 가장 힘든 부분이다.

마지막으로 상식의 힘은 상식이 지닌 자명한 성격에 달려 있다. 즉 그것은 상식이 가진 가르침에 의문을 제기하는 것이 아니며 현실에서 스스로 증명하는 것이다. 달리 말해 그것은 우리의 상식을 알게 하고 동시에 상식을 통해 배우는 일상생활의 통상적이고 습관적인 성격에 달려 있다. 우리는 우리 생활을 잘 이끌어가기 위해 이러한 것이 필요하다. 무엇이 반복적으로 발생할 때 우리는 그것에 익숙하게 되고, 그렇게 익숙하게 되면 그것을 따로 설명할 필요는 없다. 즉 그것은 문제를 나타내지도 않으며 호기심도 일으키지 않는다. 사람들이 '사물 그 자체'라는 것에 만족하게 된다면 자세하게 알지 못한다는 이유로 질문하지는 않는다. 운명주의는 행동하는 조건을 우리가 변화시킬 수 없다는 신념을 통해 나타난다.

이러한 관점에서 우리는 익숙함이라고 하는 것이 호기심과 경쟁관계에 놓일 수 있다고 말할 수 있으며, 이것은 또한 혁신과 변화를 위한 자극이 된다. 신념의 힘을 가진 일상에 의해 지배되는 익숙한 세계와 마주치게 될 때 사회학은 간섭하고 참견을 즐기는 이방인처럼 보일 수 있다. 어떤 것이 당연한 것인가를 조사함으로써 사회학은 누가 물었는지 기억할 수도 없고 심지어 기득권을 가진 사람조차도 묻지 않는 질문을 함으로써 안락한 생활의 보장을 흩트리게 하는 잠재력을 가지고 있다. 이러한 질문은 분명히 퍼즐이 되고 익숙한 것을 익숙하지 않게 만들 수 있다. 면밀한 조사를 통해 나타나는 질문들이 일상의 생활방식과 사회조건임에도 불구하고, 그러한 질문들은 우리 생활을 잘 이끌고 우리들의 관계를 조직하는 유일한 방법이 아닌, 가능한 방법 중의 하나로 나타난다.

물론 모든 사람들이 이러한 것을 좋아하는 것은 아니다. 특히 현재의 업무에서 이득을 보는 사람들은 말할 것도 없다. 공평하게도 일상적인 일(routine)은 의미가 있을 수 있다. 여기서 우리는 아첨꾼이 뛰어난 기억력을 칭찬할 때까지 의식 없이 수백 개의 다리를 가지고 걷는 키플링의 지네를 회상해 볼 수 있다. 이 기억력은 서른일곱 번째 다리에 앞서 여든다섯 번째 다리를 내려놓지 못하도록 하거나 열아홉 번째 다리 이전에 쉰두 번째 다리를 내려놓지 못하게 하고 있다. 지네는 자의식이 있었지만 더 이상 걷지 못했다. 다른 다리들은 자신들이 자부심을 가졌던 것을 문제로 받아들임으로써 가치가 떨어졌다는 것에 모욕감을 느끼고, 심지어 분개했을 수도 있다. 그러나 분개를 이해한다고 하더라도 **익숙함에서 벗어난다는 것**(*defamiliarization*)은 분명히 이득이 될 수 있다. 아주 중요한 것은 그것이 자의식을 가지고 위대한 자아와 사회지식으로 우리 환경을 더욱 이해하게 한다는 점이다. 또한 더 많은 자유와 통제를 가지고 다른 사람들과 삶을 공유하는 이전에 경험하지 못했던 새로운 가능성을 열어 놓고 있다.

아주 의식적인 방법으로 삶을 살아가는 것이 노력할 만한 가치가 있는 것이라고 생각하는 사람들에게 사회학은 환영할 만한 가이드가 된다. 상식과 끊임없이 친밀한 대화를 하더라도 사회학은 아주 쉽게 폐쇄될 수 있는 가능성을 개방함으로써 그 한계를 극복하는 것이 목표이다. 우리의 공유된 지식을 끄집어내어 도전하게 될 때, 사회학은 우리의 경험을 재평가하도록 재촉하고 용기를 주게 된다. 그것은 새로운 가능성을 발견하기 위해서이고, 깊은 이해를 목표로 하는 열광적이고 역동적인 과정보다는 우리 자신과 서로서로에 대해 배우는 것이 하나의 목표점이 된다는 생각에서 보다 개방적이면서 다소 타협적이 되기 위해서이다.

사회학적으로 생각하기는 우리를 더욱 예민하게 만들고 다양성을 받아들이도록 만든다. 그것은 우리의 감각을 날카롭게 만들 수 있고, 우리가 지금까지 상대적으로 볼 수 없었던 인간조건을 탐색할 수 있도록 하기 위해서 현재 경험을 초월한 새로운 지평선으로 우리 눈을 돌리게 한다. 우리 삶의 자연스럽고 불가피하고 변치 않는 영원한 측면이 어떻게 지내온 것인지를 인간권력과 자원의 사용을 통해 잘 이해하게 될 때, 우리는 우리 자신의 행동을 포함해서 앞으로의 행동에 그것이 근접할 수 없고 파고 들 수 없다는 것을 받아들이기는 어렵다는 것을 알게 될 것이다. 그러므로 사회학적 사고는 고정되지 않은 권력으로써 당연한 하나의 힘이다. 그것은 사회관계의 억압적인 불변성을 유연하게 만들고 그렇게 함으로써 가능성의 세계를 열어놓는다. 사회학적 사고의 기술은 자유의 영역과 실천적인 효과를 확대한다. 더 많은 사회학적 사고를 배우게 될 때, 개인들은 조종을 덜 받게 될 것이고 억압과 통제에 더 반발하게 될 것이다. 개인들은 또한 사회적 행위자로서 더욱 활발하게 활동하게 된다. 왜냐하면 그들의 행위가 사회적 조건과 연결되어 있음을 알기 때문이며, 고정성으로 인해 변동에 저항하지 못했던 것들이 어떻게 변화하는지 알기 때문이다.

또한 개별자로서 우리들 저편에 놓여 있는 것이 있다. 우리는 사회학이 사회관계의 네트워크 속에서 우리를 합리적으로 만든다고 말해 왔다. 그래서 사회학은 개인주의가 아닌 개인들을 고무시킨다. 따라서 사회학적으로 생각하기는 우리 주변의 사람들이 가진 희망, 욕구, 걱정, 근심이 무엇인지를 통해 그들을 좀 더 잘 이해하는 것을 의미한다. 이러한 방법으로 우리는 개인들을 더 잘 이해하고, 경우에 따라서는 모든 문명화된 사회가 유지되는 것에 대해서 존경하게 된다. 문명을 유지한다는 것은 그들의 권리이며 그들의 선호도에 맞추어 선택하고 실천하는 그들의 삶의 방식이다. 이것은 그들이 생활계획을 선택하는 것을 의미하며, 그들 스스로를 규정하는 것을 의미하고, 우리 모두가 여러 측면의 장애에 직면했을 때 우리를 방어하는 것과 같이 그들의 존엄성도 보호받고 있다는 것을 의미한다. 그래서 사회학적으로 생각하기는 우리들 사이의 연대감을 증진시키는 잠재력을 가진다. 즉 그것은 상호이해와 존경에 기초한 연대감이고, 고통에 대해 공동으로 저항하는 연대감이며, 잔인함에 대해서 함께 비난하는 연대감이다. 궁극적으로 이러한 것이 성공한다면 자유의 명분도 공동의 명분에서 높게 위치하게 될 것이다.

경직되게 보이는 것을 유연함으로 되돌아 본다면, 우리의 여러 생활형태의 내적 논리와 의미에 대한 사회학적 통찰력은 우리 자신과 타자 사이에 놓여 있는 경계를 다시 생각하게 한다. 이렇게 만들어진 새로운 이해는 상호동의를 보다 쉽게 이끌어낼 수 있는 '타자'와 우리의 커뮤니케이션을 가능하게 한다. 두려움과 반감은 인내로 대체할 수 있으며 개인의 자유보다는 우리 모두의 자유를 더 크게 보장한다.

개인의 자유와 집단의 자유 간의 연관성에 주목하는 것은 불가피하게 기존 권력관계 혹은 우리가 '사회질서'라고 부르는 것에 불안정한 영향을 미친다. 이러한 이유 때문에 사회질서를 통제하는 정부나 권력자는 '정치적 불신'의 책임을 흔히 사회학 탓으로 돌린다. 이러한 것은 현재의 형태를 마치 당연한 것처럼 아무런 문제 없이 보이도록 현실을 이끄는 정부에게서 분명하게 나타난다. 또한 모든 사람들이 사회 속에서 자신의 역할을 알았던 과거의 향수 어린 신비로운 시대를 그리면서 현재의 조건을 혹평하는 사람들에 의해서도 나타난다. 그러나 우리가 사회학의 '파괴적인 영향'에 반대하는 운동을 목격하게 될 때 우리는 삶의 강압적인 통제에 저항하기 위한 주체의 능력에 대한 또 다른 공격이 절대 명령으로 통제하려는 사람들에 의해 준비되어 있다고 생각할 수 있다. 그러한 운동은 종종 자기 통제의 현재 형태와 집단권리를 위한 자기 방어라는 현재의 형태를 목표로 하는 강력한 조치와 일치한다. 이러한 조치들은 달리 말해 개인자유의 집합적 토대에 목표를 두고 있다.

때때로 사회학은 무권력의 권력이라고 한다. 늘 그런 것은 아니지만 정부기대에 순응하기 위한 증가된 압력에 자신들이 놓여 있음을 발견하게 되는 것이 습관화된 곳에서는 더욱 그렇다. 사회학적 이해력을 가진다고 해서 삶의 '거친 현실'을 해결하거나 벗어나는 것은 아니다. 아주 간단히 생각해 보면 이해하는 힘은 지배적인 정치적, 경제적 조건 내에서 묵묵히 순응하고 상식을 동반한 강제적인 압력에 대해 경쟁하지 않게 한다. 그러나 그러한 이해가 없다면 개인 삶의 성공적인 통제의 기회와 공공의 생활조건의 집단적인 통제의 기회는 아예 정체될 것이다. 그것은 사고의 방식이다. 그 사고방식의 가치는 그것을 당연하게 여기지 않는 사람들에 의해서는 소중하게 여겨지지만 그것을 당연하게 여기는 사람에 의해서는 대개 과소평가 된다.

사회학적으로 생각하기의 내용

이 책은 타자를 통해서 또는 타자와 함께 경험하는 것을 사람들이 이해할 수 있도록 돕기 위해 쓰여졌다. 그렇게 함으로써 생활의 친숙한 면이 얼마나 분명하게 새롭고 다른 방법으로 해석될 수 있는가를 보여준다. 각 장은 우리의 생활 전면에 걸쳐 매일 나타나는 것은 아니지만 우리 일상생활의 부분을 이루는 쟁점들을 겨냥한다. 각 장들은 관점의 방향에 관심을 두고 우리가 일상적으로 만나기는 하지만 거기에 대해 생각할 시간이나 기회를 갖지 못하는 딜레마나 선택에 대한 내용을 다룬다. 그래서 우리의 목표는 이러한 의미에서 사고를 촉진시키는 것이지 지식을 '수정하는 것'(correct)이 아니다. 다시 말해 이해의 지평선을 확대하기를 바라는 것이지 잘못된 개념을 확실한 진리의 개념으로 대체하는 것이 아니다. 이러한 과정에서 우리가 바라는 것은 타자를 이해하는 것이 타자와의 관계를 더 잘 이해할 수 있다는 탐구적인 태도를 갖도록 하는 것이다.

이 책은 일상생활에서 드러나는 쟁점에 맞추어 구성되었기 때문에 많은 다른 책과 다르다. 전문가인 사회학자들이 간단하게 언급하거나 아예 생략해버리는 관행 때문에 간과된 주제들 속에서도 빠져들게 하는 주제들이 있다. 예를 들면 사회생활 연구를 위한 사회조사 방법이 그것이다.

이 책은 우리의 일상 경험을 직접 보여주는 문제에 대한 사회학적 설명서이며, 그것을 염두하면서 각 부분과 장을 나누었다. 이러한 지침 속에서 책 구석구석을 바꿀 수 있는 주제들이 있기 때문에 우리의 사회학적 담론이 하나의 방법으로는 발전할 수 없을 것이다. 예를 들어 사회학적 정체성에 관한 쟁점은 다음 장에서 여러 가지 다른 모습으로 나타날 것이다. 왜냐하면 이것은 실제적으로 이해의 노력이 어떻게 작용하는가에 달려 있기 때문이다. 결국 새로운 주제를 조사하게 될 때 그 주제들은 새로운 문제를 드러내게 되고 그래서 이전에 생각지 못했던 쟁점을 밝혀야 할 것이다. 앞서 말했던 것처럼 이것은 더 나은 이해를 위한 과정의 한 부분이다—즉 목표 없는 과업인 것이다.

■ 생각해 볼 문제

1. 상식의 과학 그리고/혹은 과학의 상식적 견해가 있을 수 있다고 보는가?
2. 사회학의 정의를 단지 두 문장으로 말하라고 한다면, 무엇이라고 하겠는가 그리고 그 이유는?
3. '익숙함에서 벗어나는 과정'(defamiliarization)에서 갖게 되는 좋은 점과 위험한 점은 무엇인가?
4. 감각은 '공유되는가?'

■ 읽어 볼 거리

Berger, P. L. and Kellner, H. (1982) *Sociology Reinterpreted: An Essay on Method and Vocation* (Harmondsworth: Penguin).

이 책은 처음에 *Invitation to Sociology* 이후에 나온 책으로 자유와 사회적 삶의 '과학화'와 같은 주제를 다룬다.

Giddens. A. (2001) *Sociology*, fourth edn (Cambridge: Polity). 사회학의 전반적인 일반적인 관점을 제시하고 있다.

May, T. (2001) *Social Research: Issues, Methods and Process*, third edn (Buckingham: Open University Press). 연구방법에 대해 살펴보지 않았지만, 이 책은 사회조사에 필요한 연구방법과 관점이 필요한 사람에 제공하기 위한 것이다.

Mills, C. W. (1970) *The Sociological Imagination* (Harmonsworth: Penguin; originally published in 1959). 오래된 책이긴 하지면 여전히 사회학의 고전으로써 마지막 장은 '양면성'이란 주제를 다룬다.

PART I

행위, 정체성, 일상생활의 이해

CHAPTER 1

타자와 함께 하는 우리 자신

우리가 통제하지 못한다고 생각하는 환경에 의해 억압을 느끼고 불쾌해하는 것은 우리 삶에 있어서 그리 드문 경험이 아니다. 더구나 다른 사람의 기대에 순응하기를 거부함으로써 그러한 통제로부터 우리 자유를 주장하는 때가 있고, 우리 자유에 대한 불필요한 침해라고 생각되는 것에 저항하는 때도 있으며, 그리고 역사를 통해서도 알 수 있고 오늘날에서도 분명히 알 수 있는 것처럼 억압에 대한 봉기가 일어나는 때도 있다. 그러므로 자유와 비자유에 대한 감정을 동시에 갖는다는 것은 우리의 일상 경험에서 흔한 부분이다. 그것은 또한 창의성과 혁신뿐만 아니라 애매성과 좌절이라는 감정을 불러일으키는 가장 혼란스런 쟁점 가운데 하나이다.

우리는 타자와의 관계 속에서 살아간다고 서문에서 언급했다. 이것이 사회 내에서 자유라는 개념과 어떻게 연관되는가 하는 것은 많은 사회학적 사고의 주제였다. 어떤 측면에서 우리는 자유롭게 선택을 하고 그 선택이 목적에 맞는지 확인을 한다. 우리는 이 장을 계속 읽기 전에 지금 일어나서 커피를 만들 수도 있다. 또한 사회학적으로 생각하는 프로젝트를 포기하고 다른 연구과정을 시작할 수 있으며, 아니면 연구를 포기할 수도 있다. 이 책을 계속 읽으려는 것은 현재 이용 가능한 여러 행위의 과정 가운데 한 선택을 한 것이다. 이러한 방법으로 의식적인 결정을 한 능력은 본인 자유의 실행이다.

선택, 자유 그리고 타자와 살아가기

물론 선택이 늘 의식적인 결정의 산물인 것은 아니다. 이미 말했던 것처럼, 많은 행위들은 **습관적인** 것이어서 심사숙고해서 나오거나 공개적으로 선택해서 나온 것들이 아니다. 그럼에도 불구하고 결정에는 책임이 따른다는 것을 타자들은 우리에게 자주 상기시켜준다. 우리는 다음과 같은 말을 듣곤 한다. '누구도 너에게 그렇게 하라고 하지 않았기 때문에, 너 스스로 책임을 져야 한다!' 마찬가지로 사람들이 만든 행동지침의 규칙을 어긴다면 처벌을 받을 것이다. 처벌행위는 우리가 한 행동에 책임을 지는 증거인 셈이다. 이러한 의미에서 규칙은 우리 행동의 방향을 결정할 뿐만 아니라 타자의 입장에서 우리가 어떻게 행동하는지를 기대할 수 있는 타자와의 조정을 정해준다. 이러한 것이 없다면 일상생활의 의사소통과 이해에 대해서는 생각할 수 없다.

우리는 가끔 자신들이 운명의 주체임을 생각하면서 그에 따라 행동을 결정하고 삶을 통제한다. 그래서 우리는 우리 행동을 주시하고 그 행동의 결과를 결정하는 힘을 가진다. 그러나 이것이 정말 삶이 작동하는 방법인가? 예를 들어 실업자가 된다는 것은 그가 열심히 노력하지 않아서 돈을 벌지 못하게 된 개인의 실패라고 주장할 수 있다. 사람들은 재교육을 받고 일자리를 찾지만, 그들이 살고 있는 지역은 실업률이 높아서 수단을 강구할 수 없으며 계속 취직하려고 노력해도 일자리가 없을 수 있다. 통제하지 못하는 환경에 의해서 우리가 하는 행동이 제한을 받는 경우는 많다. 어쩌면 그것은 한편에서 우리가 가진 재능을 변화시키고 수정하는 힘이고, 다른 한편에서 우리가 추구하는 목표에 도달하는 힘인 것이다. 이런 것이 어떻게 나타나는가?

첫째, 궁핍한 상황에서 우리가 타자에 의해 평가될 뿐만 아니라 우리의 능력이 제한받고 있음을 알 수 있다. 사람들은 똑같은 목표를 추구하지만 모두가 그 목표에 도달하지는 못한다. 왜냐하면 이용 가능한 대상물이 제한되어 있기 때문이다. 이러한 경우 우리는 서로 경쟁하고 그 결과 일부는 우리의 노력에 의해 좌우된다. 모든 대학에 지원할 수 있는 스무 명의 학생들이 있다고 했을 때 이들 모두가 대학이 요구하는 자격을 갖추고 있다면 한 대학을 선택할 수 있을 것이다. 그러나 대학은 특정한 사회적 배경을 가진 후보자를 더 좋아할 수도 있다. 그래서 우리의 행위는 제한된 통제를 행사하는 다른 사람들의 판단에 의해 좌우된다. 그 사람들은 게임의 규칙을 정할 수 있고, 동시에 심판자가 되기도 한다. 그러므로 그들은 자기 재량을 행사하는 제도 속에 '자리잡고' 있으며, 그렇게 함으로써 우리 자유의 한계를 설정한다. 우리가 갖고 있지 않은 혹은 통제하지 못하는 이러한 요인들은 노력의 결과에 심각하게 영향을 미칠 수 있다. 우리의 노력이 충분히 잘된 것인지 혹은 입학을 정당화하는 정확한 특성을 잘 보여주었는지는 그들이 판단하기 때문에 우리는 타자에 종속적이다.

둘째, 물질적인 요소는 우리의 목표에 도달하기 위한 능력이다. 결단성이 중요하긴 하지만 결정하기 위한 행동의 수단이 부족하면 어떻게 되는가? 일자리의 기회가 더 많은 곳으로 이사를 할 수 있다. 그렇지만 그런 곳은 집값이나 집세가 우리의 능력을 훨씬 넘어설 정도로 비싸다는 것을 발견하게 된다. 마찬가지로 우리는 건강에 좋은 곳으로 이사하기 위해서 과밀한 지역이나 오염된 지역을 피하려고 한다. 그렇지만 돈이 많은 사람들은 이미 그렇게 살고 있으며 그러기 위해서는 여유가 있어야 한다. 시간이 지남에 따라 부자들은 집값을 올리고, 그 지역에서 자랐지만 집을 살 형편이 못되는 사람들은 떠나야 했다. 교육이나 건강에 대해서도 똑같이 말할 수 있다. 어떤 지역이든지 시설이 좋은 학교나 병원이 있으며 그러한 사립학교나 병원을 선택한다는 것은 소득을 초과하는 것일 수 있다. 여기서 드러나는 것은 선택의 자유는 있지만 선택에 따라 행동하는 자유는 보장되지 않는다는 것이다. 또한 우리가 의도하는 결과를 얻을 수 있는 자유도 보장되지 않는다. 더구나 나의 자유의 실행은 다른 사람들의 자유를 제한할 수도 있다. 자유롭게 행동할 수 있도록 하기 위해서는 엄청난 **자유의지**가 필요하다.

일반적으로 돈의 양이 우리의 역량을 제한하고 있다고 생각하지만 상징적 자원에 대해서도 생각해야 한다. 이러한 경우 자유는 우리가 무엇을 하느냐에 달려 있는 것이 아니라, 우리가 누구인가에 달려 있다. 앞에서 대학의 예를 보았다. 그러나 우리는 특성 때문에, 예를 들어 인종, 성, 나이, 민족 혹은 장애 여부의 판단 때문에 클럽이나 직장에 들어가지 못하는 경우가 있다. 대신에 클럽에 들어갈 수 있는 방법은 과거의 경력에 좌우된다. 즉 획득한 기술, 자격, 봉사 정도 또는 말하는 기술이 그것이다. 과거의 선택으로 나타난 결과인 이러한 것들은 축적되면서 미래 행위에 영향을 미친다. 그래서 현재 행동하는 우리의 자유는 과거의 환경과 축적된 경험에 의해 나온 것이다.

우리는 축적된 경험을 통해 현재 처한 상황이 어떠한가를 알 수 있다. 대학의 예로 돌아가 보면, 대학은 우리에게 발표력을 기대하고 있지만 그것은 익숙하지 않은 것 중의 하나이다. 노동자 계급 출신은 중간 계급과 이웃을 한다는 것이 편하지 않을 수 있다. 또한 정통적인 가톨릭일 경우는 삶 자체에서 이혼이나 낙태를 받아들일 수 없다. 바로 이 같은 경우처럼 우리는 가장 편하게 느끼는 집단들 속에서 선택 범위를 제한하게 되고 이에 따라 우리의 자유도 제한한다. 공식적인 집단이나 비공식적인 집단들은 그들 성원들에게 부과한 기대에 의해 구성되어 있다(나중에 이 책에서 논의하게 될 것이다). 그렇기 때문에 그러한 요건에 맞지 않는 사람들을 배제할 수 있다. 이러한 이해의 차이가 집단들 사이에 발생했을 때, 흔히 판에 박힌 가정들을 동원한다. 그래서 집단 내부의 행위조건에 적응하지 못하게 되는 것이다. 바로 이 사실이 우리가 그 집단의 한계를 넘어 서툴게 계획된 생각지 못한 경험을 하지 못하도록 자유를 제한하는 것이라고 할 수 있다. 우리가 속한 집단들의 방법과 수단에 길들여짐으로써 우리는 자유를 누릴 수 있지만, 그 대가는 특정한 생각이나 영역의 제한이다.

우리는 일상의 자유를 누리기도 하고 제한하기도 한다. 어떤 측면에서 집단 내에서 받아들여야 하고 완수해야 하는 욕구의 유형이 있다는 것을 배운다. 적절하게 행동하고, 말하고, 옷 입고, 처신하는 방법은 일반적으로 우리가 속한 집단 내에서 살아가기 위해 필요한 적응이다. 그래서 우리는 이러한 기대에 따라 자신을 판단하며, 그에 맞추어 스스로의 존경심도 만들어 간다. 그럼에도 불구하고 이러한 이점들은 기대를 넘어서게 되거나 여러 다른 욕구들이 촉발되는 환경에 놓이게 될 때 쉽사리 문제로 돌변한다. 여기서 처신할 수 있는 대안적인 방법이 적절하게 생각나기도 하고, 다른 사람들의 행동과 의향이 익숙하지 않고 생소하게 보이기도 한다. 우리의 처신을 이전처럼 이해하는 것은 우리 이해의 지평선의 한계로 나타난다. 프랑스 사회학자 피에르 부르디외는 사회적 삶에 대한 폭넓은 연구에서 분절(disjuncture)에 대해 언급했다. 분절이란 자신의 감각과 행위영역 사이에 일어나는 것으로 우리 자신을 '돈키호테' 효과로 생각하게 하는 것이다.

경험과 기대 사이에 분절이 발생했을 때 우리는 자신이 속한 집단이 자유선택에 의한 집단이 아닐 가능성에 대해 생각하게 된다. 아주 간단히 말해 우리는 거기서 태어났기 때문에 그 집단에 소속되는 것이다. 우리를 통제하고, 행동의 방향을 정하도록 도움을 주고, 자유를 주는 집단은 우리가 의식적으로 선택하지 않았기 때문에 우리를 초대받지 않은 손님으로 생각할 수 있다. 우리가 처음에 참여했을 때 그것은 자유에서 나온 행위가 아니라 의존성의 표시였다. 프랑스인, 스페인인, 아프리칸 카리브인, 백인 혹은 중간 계급 중 어느 것도 우리가 선택한 것이 아니다. 그러므로 운명을 포기하고 차분히 받아들일 수 있다. 또한 그 운명을 집단 정체성 속에서 열정적으로 받아들임으로써 숙명으로 전환시킬 수 있다. 즉 그 결과 우리는 자신이 누구인가 하는 것과 우리에게 부과된 기대에 자부심을 갖게 된다. 만약 우리 자신이 변화하길 원한다면 아마 우리를 둘러싸고 있는 당연시되는 기대와는 다른 노력들이 필요할 것이다. 자기희생, 결단, 그리고 인내를 집단의 가치와 규범에 대한 순응과 맞바꾸어야 할 것이다. 이 비교는 시류에 따르는 것과 시류에 거스르는 것과 같은 대비이다. 이것은 늘 의식하는 것은 아니지만 다른 사람에게 의존하고 있다는 것이다. 다시 말해 우리가 시대에 거스르고 있다고 하더라도, 친숙한 집단의 외부에 있는 사람들의 기대나 행동에 따르고 있다고 할 수 있다.

우리가 어떻게 행동하고 어떻게 스스로를 바라보는가 하는 것은 우리가 속한 집단의 기대를 통해 알게 된다. 이것은 여러 가지 측면으로 나타난다. 첫째, 아주 특별한 의미가 있는 그래서 추구할 만한 가치가 있다고 여기는 **목적**이나 목표가 있다. 이것은 계급, 민족, 그리고 젠더와 같은 요소에 따라 달라진다. 예를 들어 타자를 돌보는 대부분의 일은 여성들이 하기 때문에 타자를 돌보면서 보수를 받는 특정한 직업 성향이 있다. 간호, 교육, 사회복지와 같은 것이다. 이것은 남녀 각자가 드러내는 성격유형에 의한 것으로 대체로 조사된 적이 없는 노동분업에 대한 가정이다.

둘째, 어떻게 이러한 목적을 달성할 수 있는가 하는 것은 집단 기대의 또 다른 표시에 의해 영향을 받는다. 그것은 목표를 위한 인정된 **수단**이다. 우리는 여기서 일상생활에 적절하다고 여겨지는 행동 형태에 관심을 갖는다. 어떻게 옷을 입고, 어떻게 신체를 이용하고, 어떻게 말하고, 어떻게 열정을 표현하고 그리고 심지어 식사할 때 어떻게 칼과 포크를 잡는가 하는 것은 집단이 목적에 맞게 알려주는 행동양식의 부분인 것이다.

셋째, 우리가 주목하는 것은 집단들이 공식적 · 비공식적 관계망에 있는 외부집단과 구분되는 행동을 통해서 자신들을 드러내고 있다는 것이다. 이러한 표시를 **준거기준**이라 한다. 여기서 우리는 삶의 계획(life-projects)에 따라 관련 있는 대상과 사람들, 그리고 관련 없는 대상과 사람들을 구별할 수 있도록 배운다. 귀를 기울이기도 하고 무시하기도 해야 하는 동료, 적, 경쟁자를 밝혀내는 과정의 한 부분이다. 그래서 추구하는 목적, 그것을 위한 수단, 그리고 그 과정에 도움을 줄 사람인지 아닌지를 구별하는 방법은 우리가 속한 집단의 도움을 받아 보는 것이다. 그래서 엄청난 양의 실천적인 지식은 일상적인 활동을 통해 그리고 특정한 삶의 계획에 방향을 맞춤으로써 얻어진다.

대부분의 경우 이것은 암묵적 지식이다. 왜냐하면 특정 방식으로 어떻게, 왜 그것이 작용하는지를 필연적으로 드러내지 않아도 우리의 행동을 지시하기 때문이다. 예를 들어 다른 사람들과 의사소통을 할 때 무슨 코드를 사용하는지 그리고 행동의 의미를 어떻게 해독하는지 묻는다면 질문의 의미를 이해하지 못할 것이다. 의사소통의 유창함과 의사소통의 능력을 당연하게 받아들이고 있을 때, 의사소통을 위한 문법과 같은 코드를 어떻게 설명할 것인가? 그런데 그러한 지식은 일상을 보여주는 데 필요하다. 비록 행동하는 규칙을 알지 못하더라도 우리는 통상 그러한 규칙을 통해 실천적인 기술을 일상적으로 나타낸다. 실제로 미국 사회학자 해럴드 가핀켈은 민속방법론이라는 사회학의 한 분야를 정립했다. 이러한 사회학의 형태는 일상생활에서 일어나는 상호작용의 세밀한 부분을 연구하고, 우리가 당연시하는 것들에 대해 놀라운 통찰력을 제공하고 있다. 예를 들어 대화에 있어서의 교환방식, 문장을 시작하고 끝맺는 방법, 그리고 옷 입는 방식에 따른 사람들의 성격, 일상의 신체적 행동과 제스처가 그것이다.

민속방법론자들은 배경지식을 통해 행동에서 확고하게 생각하는 것을 연구대상으로 삼는다. 우리를 가장 잘 이해할 수 있는 지식의 기원을 우리가 잊고 있다는 데 초점을 두고 있다. 그것은 **자연스러운 태도** 속에서 나오는 것으로 미시사회학자들이 연구대상으로 삼는 질문을 유보한 것이다. 사회지식과 일상생활에 관한 것을 사회학적 문헌에서 찾아 볼 때, 그곳은 우리가 서로 상호작용하고 있다는 것을 보다 잘 이해할 수 있도록 하는 흥미로운 영역을 열어놓고 있다. 이렇게 함으로써 분명하게 드러나는 것은 집단성격, 시간, 장소, 공간, 그리고 권력에 따라 신념들이 변화한다는 것이다. 이러한 통찰력은 다음 부분에서 우리가 어떻게 다른 사람들과 어울리는가를 통해서 알아보게 될 것이다.

타자와의 관계: 사회학적 관점

집단을 이해하는 데 통찰력을 제공한 중요한 인물 중의 하나는 미국의 사회심리학자이면서 철학자인 조지 허버트 미드이다. 미드는 우리, 즉 우리 '자신'이 누구인가 하는 것은 우리가 태어난 속성에서 나오는 것이 아니라 시간을 두고 다른 사람과 상호작용을 하면서 얻어지는 것이라 하였다. 이러한 것을 이해하기 위해 미드는 자아의 개념을 두 부분으로 나눈다. 즉 '주체적 자아'(I)와 '객체적 자아'(Me)이다. 미드는 우리의 마음은 우리 자신을 발견하는 세계와의 '조정관계'(adjustive relationships)를 요구하고 있다고 주장한다. 그러나(우리가 본 것처럼) 우리가 세계에 맞추어 행동할 수 있다고 해서 우리 집단의 기대를 단순히 반영하고 있다고 의미하는 것은 아니다. 이러한 과정을 이해하기 위해서 미드는 상징적 의사소통으로 타자를 통해 자신을 알게 된다고 주장한다.

언어는 말하는 수단일 뿐만 아니라 타자의 반응에 따라 우리 자신을 알고 자신의 행동과 언변을 평가하는 수단이다. 이런 측면에서 '주체적 자아'(I)는 우리 자신 내부에서 일어나는 '대화'로 생각할 수 있는데, 거기서 언어는 전체적으로 이러한 과정이 발생하는 그리고 우리 자신을 생각하게 하는 수단으로 작용한다. 한편 '객체적 자아'(Me)는 우리의 행위 속에서 집단의 기대를 어떻게 구성하는가와 관련 있다. 그래서 우리는 타자들이 우리 자신을 어떻게 보는가에 따라 반응하고, 그것은 일상적으로 살아가는 다양한 사회적 환경에 따라 끊임없이 변한다.

위의 과정은 성장에서 세 단계를 거치며 일어난다. 첫째, **준비단계**이다. 여기서 자아의 개념은 타자가 우리에게 보여주는 태도에 의해 형성되기 때문에 수동적이다. 그래서 의식(awareness)이 빠르게 형성되고 집단의 상징과 함께 타자에게 반응하며 환경에 적절하게 행동하면서 행동을 제한하게 된다. 달리 말해 자아의 형성은 타자의 반응에서 나온다. 이 단계에서는 자신이 직접 경험하기보다 타자의 반응에 의해 경험하는 경우가 더 많다. 그러나 이것은 타자와의 상호작용 속에서 우리 행동을 판단할 수 있는 과정의 시작이다.

둘째, **놀이단계**로써 어린이들은 다른 '타자'의 역할을 따라 하게 된다. 그러나 이러한 단계는 연결성이 있는 것이 아니고 전체적인 구성도 부족하다. 언어에 대한 학습과 특정한 역할에 대해 갖는 감정이 이 단계에서 중요하다. 타자의 반응은 적절한 놀이가 무엇인지 이해하는 데 중요하다. 셋째, **경기단계**로써 집단의 태도를 받아들이기 시작한다. 역할은 서로의 관계에 맞추어 터득하게 된다. 비록 여러 '분야'에서 놀이를 하더라도 경기를 통제하는 규칙은 더욱 분명하게 나타난다. 그래서 행동에 대한 타자의 반응에 따라 타자를 이해하는 것과 마찬가지로 성찰적 성격은 우리 자신을 행위 대상으로 취급하면서 만들어진다.

자아에 대한 미드의 개념은 수동적인 것이 아니다. 적극성과 창의성이라는 상호작용의 양 측면을 보여준다. 요컨대 아이들이 배우는 첫 번째 기술 중의 하나는 구별하고 선택하는 것이다. 이는 억압에 저항하거나 견디는 능력이 없다면 획득할 수 없다. 다시 말해 분명한 태도를 취하고 외부적 강압에 저항해서 행동하는 것이다. 중요한 타자들로부터 나온 모순된 신호 때문에 '객체적 자아'(Me) 속에 내면화된 외부적 압력을 바라보면서 '주체적 자아'(I)는 멀리 비켜 서 있어야 한다. '주체적 자아'가 강하면 강할수록, 아이들의 성격은 더 독립적이 된다. '주체적 자아'의 강도는 객체적 자아 속에 내면화한 사회적 압력을 테스트하는 개인의 능력과 준비성을 나타내는 것으로, 사회적 압력의 힘과 한계를 점검하고 거기에 도전하고 그 결과를 받아들이는 것이다.

이러한 자아의 형성과정에서 우리는 자신에 대해 질문하게 된다. 자아에 대한 첫 번째 성찰적 질문은 프랑스 철학자 뽈 리케르(Paul Ricoeur)가 한 것처럼, '나는 누구인가?'이다. 여기서 우리는 자유와 속박 사이의 모순을 경험한다. 그것은 중요한 타자의 출현과 우리에 대한 타자의 기대 때문에 우리가 바라는 것과 우리가 의무적으로 해야 하는 것 사이에서 갖는 내적 갈등과 같은 것이다. 그래서 우리의 성격에 맞는 행동의 이미지가 있다.

이 점에서 우리는 생물학적인 것과 사회적인 것 사이의 상호작용을 만난다. 인간행동의 여러 측면을 유전적 원리로 밝히는 데에는 많은 돈이 든다. 예를 들어 다윈의 진화론에 영향을 받은 학자들의 해석은 우리가 자연과 경쟁하느냐 아니면 협력하느냐에 따라 달라진다고 보고, 동시에 행위와 행위를 평가되는 방법도 문화에 따라 다르다고 본다. 유전학자인 스티브 존스가 지적한 것처럼 유전학에서 가장 미심쩍은 단어는 마치 유전인자를 발견한 것이 인간의 특정한 행동형태를 나타낸다는 것을 의미하는 것과 같은 '위해'(*for*)라는 단어이다.

이러한 주장과 함께 제약회사들이 미래의 이익을 위해 유전학 연구에 거대한 돈을 들임에도 불구하고, 대부분 학자들은 사회에서 받아들일 수 있는 행동기준을 만들거나 강화하는 주장을 지지하곤 한다. 사회와 집단은 시간이 지남에 따라 그 구성원들을 통제하는 방법을 개발한다. 정신분석학의 창시자인 지그문트 프로이드는 자아발전의 전과정과 인간집단의 사회조직은 성적 본능, 공격적 본능을 제어하면서 나타난 욕구 정도와 실천적 노력으로 이해할 수 있다고 주장한다. 그리고 프로이드는 이러한 본능은 결코 길들여지는 것이 아니라 의식하부에 '억압된' 상태로 있다고 주장한다. 그래서 그러한 본능들은 집단에서 실행하는 요구와 억압의 내면화된 지식처럼 초자아(superego)에 의해 망각의 장소(limbo)에 보관된다. 이러한 이유를 들어 프로이드는 초자아를 사회의 승리군이 정복한 '도시의 주둔군'으로 묘사했다. 그래서 자아(ego) 자체는 본능과 초자아의 힘 사이에서 영원히 떠돌게 된다. 즉 본능은 여전히 잠재력을 가지고 반항적인 의식하부에 머물러 있으며, 초자아는 충동을 의식하부에 묶어두고 거기서 이탈하지 못하도록 자아를 억압하는 것이다.

미국의 페미니스트 사회학자이자 정신분석학자인 낸시 초도로우는 감정적 집착이 젠더 간에 차이가 있는지 조사하기 위해 대상관계이론을 이용해 변화들을 찾아냈다. 아들이 어머니에게 드러내는 '일차적 사랑'에도 불구하고 그 욕망은 억압된다. 그 결과 아들은 어머니와의 관계에서 벗어나면서 어머니와의 관계에 틈이 생기고 사랑은 억압받는 영역으로 빠져든다. 그래서 아들은 '타자'가 되고 그의 자율성은 욕망의 억압을 통해 형성된다. 한편 딸은 일관된 태도를 갖고 있어서 어머니로부터 이탈되면서 자아를 형성하는 것이 아니다. 여기서 젠더에 감정이입이 강조되는 것을 발견할 수 있으며, 여성들은 자신의 기본적인 부분이 되는 세계로부터 자신을 구분하기 때문에 크게 관련이 없다는 것을 알 수 있다.

프로이드의 가설을 따르는 또 다른 사회학자가 있다. 광범위한 역사적 연구와 이러한 통찰력을 혼합시킨 노버트 엘리아스는 우리가 가진 자아의 경험은 우리 모두가 보여주는 이중적인 억압에서 나온다고 주장했다. 앞서 말한 자아의 양면적인 태도는 반대 방향으로 작용하는 두 가지 억압이 우리를 속박하는 양면적인 입장의 결과이다. 그래서 모든 사회가 그 사회성원들의 성격을 통제하고, 가능한 상호작용의 범위를 제한하려고 한다는 사실은 확실하다. 그러나 우리가 아는 한 인간이 굴레를 씌우고 길들여야 할 정도로 공격적이라는 결정적인 증거는 없다. 천성적인 공격의 폭발로 해석하려는 것은 대개 냉담과 증오의 결과이다. 두 태도는 유전적 기원이라기보다 사회적 기원에 따른 태도이다. 달리 말해 집단이 집단성원들의 행동을 훈련시키고 통제하는 것이 사실이라 하더라도 반드시 보다 인간적이고 도덕적으로 행동하도록 만들지는 않는다는 것이다. 이것이 의미하는 것은 감시와 징계의 결과로써 기존의 사회집단 내에서 받아들여질 수 있도록 인식되는 유형의 행동에 보다 잘 적응하도록 하는 것이다.

사회화, 의미 그리고 행위

자아가 어떻게 형성되고 본능이 어떻게 억압되는가 혹은 억압되지 않는가 하는 과정을 흔히 **사회화**라고 한다. 우리는 사회적 압력의 내면화를 통해 사회화된다. 즉 사회에서 살아갈 수 있는 능력을 갖도록 변화한다. 사회에서 받아들여지는 방법에 따라 행동하는 기술을 습득하고 행동에 대한 책임을 지게 될 때, 집단 내에서 살아가고 행동하기에 적합하게 된다. 그렇다면 이러한 방법으로 우리를 사회화시키고 상호작용하는 중요한 사람들은 누구인가? 자아의 발달에 작용하는 힘을 알기 위해 중요한 타자의 의도와 기대에 맞추려는 어린이에 대해 생각해 보았다. 사실 타자들의 기대 속에서 어린이들이 선택하는 자유는 불완전하다. 왜냐하면 어떤 사람들은 다른 사람들의 견해보다 그들의 견해가 어린이들의 인지에 더 효과적이라고 강요하는 경우가 있기 때문이다. 다른 사람들의 요구가 모순되고 동시에 응할 수 없다 하더라도, 어린이들은 선택행위를 거의 피할 수 없다. 결국 일부 사람들에 대해서는 다른 사람들보다 더 많은 관심을 두게 되면서 자신들의 삶에 더 큰 의미를 두게 된다.

기대에 대한 의미를 차별하는 것은 어린이들에게만 국한되는 것은 아니다. 이러한 것은 일상에서 얼마든지 경험할 수 있다. 아주 열렬히 좋아하는 타자를 위로하다가 소중하게 여기고 존경하는 친구들마저도 기분 나쁘게 만드는 위험을 초래할 때가 있다. 또 정치적인 견해를 말할 때 그 견해를 좋아하지 않거나 불평하는 사람들도 있을 것이다. 이것이 보여주는 의미는 다른 사람의 의견이 덜 중요하고 무관심하다는 것이다. 우리가 거주하는 환경이 얼마나 이질적인가에 따라 즉 견해, 가치 그리고 관심이 달라짐에 따라 위험 자체는 더 커질 것이다.

환경 내에서 선택한다는 것은 **준거집단**을 선택한다는 의미이다. 여기서 행동을 비교할 수 있는 집단도 있고, 바라는 기준을 제공하는 집단도 있음을 발견한다. 서로 다른 환경에서 어떻게 옷을 입고, 말하고, 느끼고, 행동하는가 하는 것은 모두 자신의 준거집단에 의해 영향을 받는다. 캐나다 출신 미국 사회학자 어빙 고프만은 일상적 삶에 대한 놀라운 관찰을 한 학자이다. 그의 책은 우리 행위에 대한 매혹적인 통찰력을 제공하는데, 그것은 '체면 작업'(face work)의 중요성에 관한 것이다. 체면은 사람들이 보여주는 특성으로 그들의 행위에 부과된 가치를 말한다. 바꾸어 말해 자신의 정체성을 추구하려는 사람들은 그 특성의 가치를 가지고 있는 것이다. 한 예로 집단 속에서 자기존중과 자기위치가 올라갈 수도 있는 개인의 훌륭한 '전문적인' 퍼포먼스가 그것이다.

이러한 과정은 늘 의식적인 것이 아니며 의도에 따라 행동의 결과가 나타나는 것도 아니다. 커뮤니케이션에 관해서는 의도하는 것과 실제로 일어나는 것이 일치하지 않을 수 있고, 이것은 좌절과 오해를 가져올 수도 있다. 대신에 집단들은 행동양식을 모방하려는 노력을 의식하지 못한다. 일부 집단들은 어떤 상호작용도 하지 않으면서 행동을 위한 규범을 제공한다는 점에서 규범적 준거집단이 된다. 특히 이러한 규범적 준거집단에 속하는 가장 대표적인 사람들로는 가족, 친구, 선생님, 직장의 사장 등이 있다. 그러나 이러한 사람들이 우리의 행동에 반응하는 위치에 있다고 해서 그들이 준거집단이 되는 것은 아니다. 그것은 우리가 그들에게 중요한 의미를 둘 때 가능하다. 직장의 사장으로부터 받는 규범적 억압을 무시하고 그들이 좋아하지 않는 기준을 따르고 선택하게 되면, 직장에서는 성실하지 못하게 되는 것이다. 집단이 깊은 개입과 열정을 요구하지만 우리는 '냉정한 태도'를 취하게 된다. 그래서 그러한 집단들이 영향력을 발휘하려면 동의를 이끌 수 있는 준거집단이 되어야 한다.

직접적인 상황이 아니면서 행동에 영향을 미치는 또 다른 예로는 비교준거집단이 있다. 이것은 우리가 속하지 않은 집단으로 우리는 그 집단에 힘을 미치지도 않고 그 집단도 우리에게 힘을 미치지 않는다. 그러므로 그 집단은 우리를 의식하지 않음에도 우리는 그 집단을 '관찰'한다. 이러한 경우에 의미를 둔다는 것은 일방적이다. 우리와 그 집단 사이에 거리가 있기 때문에 그 집단에서는 우리를 평가할 수 없으며 이탈을 수정해 주지도 못하고 아낌없이 격려해 주지도 않는다. 최근의 경우에는 다른 사람과의 대면(acquaintance)보다는 매스미디어를 통한 기술(description)로 많은 지식을 확보하는 방향으로 변화하고 있다. 그 결과 오늘날 자아 개념을 형성하는 데 비교준거집단의 역할은 더욱 확실하게 나타난다. 매스미디어는 보다 빠른 속도로 먼 거리에 있는 지역에까지 최근의 유행과 스타일에 관한 정보를 제공한다. 이 과정에서 그들이 실제로 접근 가능한 생활양식에 권위가 담겨져서 모방을 하게 되고 그 집단에 소속되기를 동경한다.

요약

사회화는 우리의 삶에서 끝이 없이 일어난다. 이러한 이유 때문에 사회학자들은 사회화의 단계(1차, 2차, 3차)를 구분한다. 각 단계들은 자유와 속박 간의 상호작용의 변화와 복잡한 형태를 동반한다. 어떤 경우 작은 농촌 공동체에서 자란 사람들은 낯선 도시에서 이방인에 대한 무관심으로 무력감을 갖게 되어 자아상실감을 일으킬 수 있으며 여기에 엄청난 교통, 혼잡한 사람과 건축물은 그것을 더욱 악화시키기도 한다. 그래서 위험과 신뢰는 혼재하며 사회학자인 앤서니 기든스가 말한 '존재상의 안전'(ontological security)이란 것이 상이한 수준에서 일어나거나 혹은 훼손되기도 한다. 마찬가지로 도시에 거주하는 사람들은 도시인들의 익명성으로 옮겨 다니기 쉬우며 도시인들의 다양성이 바로 도시 정체성의 근원이 되기도 한다. 그러나 또한 개인들이 통제하지 못하는 상황도 있다. 사회학자들이 거시구조 조건이라고 하는 것은 우리 모두에게 극적인 결과를 가져올 수 있다. 갑작스런 경제침체, 대량실업 발생, 전쟁의 발발, 급격한 인플레이션에 의한 생활저축의 손실, 곤경에 놓였을 때 혜택을 받는 권리의 상실로 인한 안전의 상실이 그러한 예들이다. 이러한 변화는 유형화된 사회화의 결과에 문제를 일으키고 심지어 손상시키는 잠재력이 된다. 그래서 우리의 행동이 재빨리 재구조화되기를 바라고 행동을 정해주는 규범도 요구하게 된다.

거창한 형태는 아니지만 우리 각자는 일상의 토대 위에서 재적응을 하면서 살아가고 기대와 다른 문제에 직면하기도 한다. 예를 들면 학교나 직장을 바꾸고, 대학에 진학하고, 결혼을 하게 되며, 집을 장만하고, 이사하고, 부모가 되고, 노인이 되었을 때 그렇다는 것이다. 그러므로 자유와 속박 사이의 관계는 태어나서 죽을 때까지 복잡하게 상호작용하는 연속적인 변화와 협상의 과정이라고 생각하는 것이 더 좋다.

또한 자유는 늘 완전하지 않다. 현재의 행위는 과거 행위에 의해 형성되고 심지어 구속된다. 아무리 좋아도 가질 수 없는 선택의 상황에 직면하는 경우가 있다. 자유는 환경에 따라 변하는 대가를 가진다. 우리는 새로운 기대와 상황을 찾게 되지만, '새로운 변화'의 실행성과 가능성은 점차 멀어지게 된다. 동시에 어떤 사람들에게 주어지는 자유가 다른 사람에게는 커다란 속박이라는 희생으로 나타날 수 있다. 우리는 물질적이고 상징적인 자원을 통해 선택을 실행 가능한 현실적인 제안으로 만들며, 이러한 자원은 모든 사람들에게 주어지는 것이 아니라고 말했다. 그래서 모든 사람들이 자유롭고 자유로워야 한다고 하지만—그들이 무엇을 하든 간에 거기에는 반드시 책임이 있지만—어떤 사람들의 경우에는 다른 사람보다 행동의 범위와 선택이 더 넓어서 다른 사람의 행동 범위를 제한할 수도 있다는 측면에서 더 자유로울 수가 있다.

자유와 속박의 비율은 사람들의 상대적 위치 혹은 사회에서 차지하는 사람들의 범주의 표시라고 할 수 있다. 특권이라고 하는 것을 자세히 보면 자유의 정도가 보다 높으면서 동시에 의존의 정도는 낮은 것이다. 이것은 다양한 측면에서 그리고 다양한 이유에서 드러나지만, 사회와 집단은 각각의 입장을 정당화하기 위해 이러한 형태를 정당화하려고 한다. 그럼에도 불구하고 다른 사람을 우리가 판단하는 것에 차이가 발생할 때, 우리는 흔히 그것을 편견이라고 한다. 사회학자들이 이러한 문제를 어떻게 볼 것인가 하는 것은 다음 장에서 볼 것이다.

■ 생각해 볼 문제

1. 여러분은 삶에 어떤 목표를 가지고 있는가? 그 목표를 획득하기 위해 어떤 수단을 가지고 있는가?
2. 여러분의 삶에서 준거집단은 누구인가? 그리고 여러분의 행동과 기대

사이에 어떤 관계가 있는가?

3. 자유와 속박 간의 관계를 어떻게 이해하는가?

4. 가족, 공동체, 조직 사이에는 어떤 관계가 있다고 생각할 수 있는가? 이러한 조직들은 우리 자신이 세운 목표에 어떤 영향을 미치는가? 그리고 그 목표를 획득할 수 있는가? 이러한 것을 '준거기준'과 비교해서 생각해보라.

■ 읽어 볼 거리

Bauman, Z. (1988) *Freedom* (Milton Keynes: Open University Press). 이 책은 이 장에서 우리가 말한 쟁점에 대해 살펴보고 있다.

Griffiths, M. (1995) *Feminisms and the Self: The Web of Identity* (London: Routledge). 자아와 관련한 개념들을 소속감, 진실성, 정치, 자서전과 관련해서 살펴본다.

Mead, G. H. (1964) *Selected Writings: George Herbert Mead*, edited by A. J. Reck (Chicago: University of Chicago Press). 미드의 원작을 편집한 것으로 이차적인 자료보다 일차적 자료로써 읽을 가치가 있다.

Skeggs, B. (1997) *Formations of Class and Gender: Becoming Respectable* (London: Sage). 여성의 삶을 추적한 사회학적 연구로 여성들의 사회적 정체성을 찾는 데 주안점을 두었다.

CHAPTER 2

우리 삶의 관찰과 지속

앞에서 집단소속에 대해 논의했으며 이러한 것이 타자와의 상호작용에서 갖는 자아의 개념과 어떻게 연관이 있는지 보았다. 집단이 우리의 행동에 어떻게 영향을 미치는가, 우리가 타자와 어떻게 상호작용하는가 그리고 우리는 어떤 집단에 소속되고 배제되는가 하는 것은 일상에서 겪는 부분들이다. 의도적이든 아니든 이러한 결과들은 우리 사회를 특징짓는 사회관계의 형태나 내용에 기여한다. 이 장에서는 이러한 쟁점을 보다 세밀하게 살펴보고, 타자와 우리 자신을 어떻게 볼 것인지 그 과정에서 나타나는 결과를 살펴볼 것이다.

우리 삶을 지속하기: 상호작용, 이해, 그리고 사회적 거리

일상의 삶에 중요한 일을 하는 사람들을 생각해보자. 누가 컵에 커피를 담아주는가? 누가 우리의 편의를 위해 전기, 가스, 물을 제공해주는가? 또한 한 국가의 번영과 발전에 영향을 미치는 지구촌 자금시장에서 매일

1조 5천억 달러의 유통이 언제 어디서 어떻게 이루어지며 누가 결정하는가? 사람을 고용하는 것보다 자동기계로 대체하는 것이 더 이득이 된다며 취업의 기회를 박탈하는 공장주처럼, 알게 모르게 우리 삶의 선택의 자유를 확대하거나 제한하는 많은 사람이 있다. 또한 자신들의 목적만 생각하고 우리 모두의 삶, 환경, 야생동물에게 장기간 해를 미칠 수 있는 오염된 공기와 산업폐기물을 배출하는 사람들도 있다.

이러한 사람들을 여러분이 알고 있는 이름을 아는 사람들과 비교해 보라. 우리가 어떻게 살아가고, 무엇을 선택할 수 있는가 하는 것에 영향을 미치는 사람들 가운데 실제로 알고 있는 사람들은 아주 적다. 심지어 삶에서 만나는 사람들은 우리와는 다른 능력을 가진 사람들이다. 자주 만나고 그들에게 기대할 수 있는 것이 무엇인지 알고 그래서 서로 이야기를 나누게 되는 사람들은 우리와 지식을 공유하고 공동의 관심을 논의하게 된다. 그외 다른 사람들은 우연히 만나게 되거나 특정한 경우에만 접촉하는 사람들이다. 어빙 고프만이 말한 '상호작용 질서'(interaction order)라고 하는 우리가 만나는 장소가 있다. 여기서 우리는 '개인적인' 상황이 아니라 다른 사람과 상호작용하는 지역과 사회적 상황인 '공간'에 관심을 갖는다. 이러한 장소에서의 상호작용의 내용은 기능적일 수 있다. 예를 들어 은행에서 돈을 인출하거나 치과에 가거나 상점에서 물건을 사는 때가 그렇다. 그래서 관계는 목적에 따라 발생한다. 우리는 그런 기능을 수행할 수 없는 사람과 만나는 것에는 관심이 없다. 또한 그런 상황을 자세히 연구하는 것은 적절하지 않다. 그것은 만남의 관계에서 프라이버시로써 부당한 간섭으로 간주되는 상황이기 때문이다. 간섭을 하게 되면 관계에 대한 불문의 기대를 위반하는 것으로 저항을 받게 될 것이다.

비록 근접성을 통해 사회적 상호작용이 일어난다고 하더라도 그것이 참가자들의 상호작용의 질적인 경험을 말하는 것은 아니다. 일부 사람들은 '네트 친구' 즉 인터넷을 통해 의사소통을 하는 친구들도 현실공간에서 만나는 '친구'와 같다고 주장할 것이다. 독일 출신 미국 사회학자 알프레드 슈츠는 개인적인 관점에서 모든 인간들은 상상의 선(imaginary line), 즉 사회적 거리에 의해 측정되는 연속체를 마음속에 가지고 있으며 사회적 교제의 양이나 강도가 줄어들 때 사회적 거리는 멀어진다고 주장했다. 사회적 거리의 범위는 개별적이지만 사람들의 유형 즉 부자, 축구 훌리건, 군인, 관료, 정치가, 저널리스트 등에 따라 다양하다. 자신으로부터 더욱 멀어질수록 우리가 접하는 사람뿐만 아니라 연속체의 한 지점에서 알고 지내는 사람은 더욱 정형화된다.

동시대 사람은 아니더라도 우리의 정신적인 그림 속에는 선대의 사람들이나 후대의 사람들도 있다. 그러한 사람들과의 커뮤니케이션은 일방적이고 불완전하다. 그러나 동시에 그런 커뮤니케이션은 대개 신화의 형태로 전해져서 우리의 정체성에 대한 현재의 모순을 해결하는 데 도움을 줄 수 있다. 사회인류학자들이 지적한 대로 우리는 이러한 방법으로 의례 형식 속에 있는 역사적 기억에 의한 특수한 전통이나 과거의 특수한 해석에 집착할 수 있다. 후대의 사람들의 경우는 다르다. 왜냐하면 우리는 그들을 위해 우리의 존재를 각인하지만 그들에게 대답을 듣길 기대하진 않기 때문이다. 우리는 상상의 미래를 계획하지만 그것을 '알 수는 없다.' 그러나 현대 과학자들이 미래의 가능성을 상상한 과학 소설의 장르나 당대의 행위에 의해 영향을 받고 있다는 것을 모르는 것은 아니다. 예를 들어 조직을 '재정비'하는 경영자의 아이디어는 기존 현실 위에서 미래를 구상하는 계획을 하게 된다. 이러한 것은 현재에 책임 있는 사람들을 안도하게 만들 가능성이 있다. 왜냐하면 그 결정의 효과는 미래에 나타나기 때문이다. 그러나 현재 시점에서 과거의 영향에 대해 말하거나 가능한 미래를 상상한다는 것이 시간의 흐름에 고정되었다는 것은 아니다. 사람들은 한 범주에서 다른 범주로, 연속체의 한 지점에서 다른 곳으로, 동시대인에서 선임자의 자리로 이동한다. 이러한 과정에서 감정이입—자신을 다른 사람의 위치에 놓을 수 있는 능력이나 의지—을 위한 우리의 능력 또한 변한다. 그래서 우리 자신의 정체성은 우리가 일상생활에서 만나는 타자들을 떠올릴 수 있는 사회적 상황과 반드시 연관이 있다.

■ '타자' 속의 '우리'

세계 속에서 구별하고 구분할 수 있는 능력에는 '우리'와 '그들' 사이를 구분하는 것도 포함되어 있다. 한 집단은 우리가 속하고 이해하는 집단이고, 반대로 다른 집단은 접하지도 못하고 소속되길 원하지도 않는 집단이다. 다른 집단에 대한 생각은 애매하고 단편적이며 이해가 부족하고 심지어 두렵기까지 하다. 또한 '그들'이 '우리'에 대해 똑같이 판단을 유보하고 두려움을 느끼고 있다고 믿고 있다.

'우리'와 '그들' 간의 구분은 사회학에서 가끔 내집단과 외집단의 구분으로 나타낸다. 이러한 대비는 분리할 수 없다. 왜냐하면 타자 없는 우리는 없기 때문이다. 예를 들어 우리 머리 속의 지도에서 적대적 관계에 있는 양 극에 두 집단을 놓고 이들 집단을 '실제'로 생각하고 집단성원들에게 자신들이 속한다고 가정하는 집단에 대해 내적 통일성과 일관성을 제공한다고 하자. 만약 우리의 자아정체성이 우리가 속한 집단과 연관 있다면 일부 학자들, 특히 프랑스 역사가이자 철학자인 미셸 푸코와 철학자인 자크 데리다가 주장하는 것처럼 우리는 반대 측의 배제, 즉 '그들'에게 속한다고 가정하는 성격들을 배제하면서 '기본 성격'을 갖게 된다. 자아의 정체성화는 환경에서 갖는 자원에 의해 가능하고, 정체성의 '중심'이 고정된 것은 아니다. 그래서 두 집단의 대조는 세계를 기술하는 도구이다. 이러한 과정에서 '가치 있고' 가난하지만 '존경할 만한' 사람과 모든 규칙을 무시하고 질서를 싫어하는 '하층민' 사이의 구분을 포함하게 된다. 각각의 경우에 감정의 개입이 있을 뿐 아니라 상호 적대주의를 드러낸다.

이러한 관찰에서 다음의 결론을 이끌어낼 수 있다. 외집단은 내집단이 집단의 정체성, 응집성, 연대감, 감정적 안정을 위해 필요한 것과는 반대로 가정하게 된다. 그래서 집단의 범위 안에서 한쪽에서는 지지하면서 협력할 준비를 하지만 적대적 집단과는 협력을 거부하는 것이다. 이것은 마치 안정을 위해 혼란의 두려움을 필요로 하는 것과 같다. 이러한 것을 유지하기 위한 이념은 연대감, 상호 신뢰감이며 프랑스 사회학자 에밀 뒤르케임이 이름 붙인 '통합', '공동 유대'가 바로 그것이다. 이것은 이상적인 가족성원들은 서로를 위해 행동하고, 부모는 아이를 사랑과 보호로 대한다는 기대와 같다.

만약 사람들로부터 상호충성이라는 과장된 말을 듣길 원한다면, 흔히 '자매애', '형제애', 그리고 모두가 한 '가족'이라는 은유로 말할 것이다. 민족의 연대감을 드러내고 보다 큰 선(善)을 위해 희생할 준비는 국가를 '모국', 혹은 '아버지의 나라'라고 비유하면서 나온다. 그래서 상호협력, 보호, 우정은 내집단 생활의 상상적인 규칙이고 이러한 것들 모두는 집단이익을 보호하기 위해 필요할 뿐만 아니라 충성심을 일으킬 상호감정과 감정적으로 따스한 잠재적인 그런 관계를 우리에게 인식시키는 것이다. 그래서 공동체를 모든 주장과 성찰에 선행하는 즐거운 장소로 느끼게 한다. 이러한 장소에서는 어려운 시기가 와도 결국 문제를 해결할 수 있다. 사람들이 거칠고 이기적으로 보일 수 있지만 만약에 필요하다면 그들이 도움이 될 수 있다. 결국 우리는 그들을 이해할 수 있고 그들에 의해 이해를 구하게 된다고 확신하게 된다.

앞서 논의한 것처럼 이러한 감정을 일으키고 활동을 연계하며 신념을 공유하기 위해 동일시하려는 사람과 반드시 물리적인 접촉을 해야 하는 것은 아니다. 대면적인 접촉의 집단도 있지만 우리가 관계할 수 있는 사람들은 광범위하다. 계급, 젠더, 민족은 내집단의 이차적 범주의 대표적인 예이다. 이런 집단이 익숙하고 작아서 친밀한 집단이라고 생각한다 하더라도 그 집단들은 상상의 공동체이다. 흔히 유사한 언어와 관습으로 성격 지어지는 집단도 있지만 신념이나 관행이 서로 다른 집단도 있다. 그러나 이러한 차이는 통일성이라는 감각에 호소하는 '우리'라는 이미지에 의해 가려져 있다. 실제로 민족주의 지도자들의 연설은 흔히 집단이 갖는 목표인 공동의 정신 속에 그 차이를 묻어버리도록 하고 있다.

계급, 젠더, 민족, 국가는 일상의 상호작용 속에서 집단의 결속을 확인하기 어렵기 때문에 자체적으로 내집단이 되기 위한 조치가 필요하다. 이 과정의 하나로 이상적인 이미지에 반대되는 잘못되거나 부적절한 증거를 차단하거나 없애버리는 것이 있다. 순수화의 과정은 훈련된 역량 있는 활동가를 필요로 하는데, 이들 활동가는 집단관심과 신념의 상상적인 통합의 가능성을 실천한다. 이처럼 단체들의 활동, 즉 정당, 무역협회, 국가정부의 활동은 거대 규모인 내집단의 형성에 앞서 나온다. 그래서 민족주의는 통일된 민족주의 집단의 출현에 선행한다.

통합의 이미지를 만드는 작업에도 불구하고 현실은 분열되어 있다. 왜 그럴까? 그것은 네트워크라는 일상의 상호작용에서 나올 수 있는 실체가 부족하기 때문이며, 외집단에 대한 적개심을 동반하지 않는다면 성공의 기회를 나타내는 대규모 집단에 대한 충성심도 이끌 수 없기 때문이다. 여기서 우리는 무섭고 두렵고 교활하며 책략적인 적의 이미지를 만든다. 경계(vigilance)는 편견에 의해 만들어진 이미지가 있는 곳에선 끊임없이 필요한 것이다. 편견—적이 가지고 있는 가치를 인정하길 거부하고 현실적이고 가상적인 악덕을 확대하려는 의도—은 의도가 정직할 수 있다는 가능성을 받아들이지 못하도록 한다. 가장 중요한 것은 외집단에 대한 우리 자신의 잔인함은 도덕적인 양심에 걸리지 않는 듯이 보이지만, 좀 더 온화한 행동이 적에 의해서 이뤄지는 경우에는 심각한 비난이 수반된다는 점이다. 그래서 편견은 사람들에게 자신의 명분을 증가시키는 수단으로 받아들여진다. 그리고 그 수단을 외집단이 자신들의 목적을 위해 이용한다면 결코 정당화되지 못한다. 그래서 똑같은 행동이지만 다르게 평가되는 것이다. 예를 들어 한 집단의 자유로운 공격자의 입장은 다른 집단에게는 테러리스트가 된다.

편견에 대한 태도는 일정하지 않다. 이는 인종차별주의자들의 태도나 행위 혹은 '외국의' 모든 것에 대해서 증오하는 외국혐오증

(xenophobia)에서 뚜렷하게 드러난다. 편견을 심각하게 갖고 있는 사람들은 엄격한 행동 규칙에 벗어나는 것에 견딜 준비가 잘 되어 있지 않아서 사람들이 '질서를 지키는' 능력에 대해 호의적이다. 독일 사회이론가이자 철학자이며 문화비평가인 데오도르 아도르노는 그러한 사람을 '권위주의적 성격'으로 나타낸다. 그것은 습관적인 조건 속에서 갑작스런 변화가 낳게 되는 불안정의 표현과 연관되어 있다. 즉 사람들이 일상의 삶을 살아가는데 실질적인 방법으로 배운 것을 갑작스레 믿을 수 없게 된 것이다. 그 결과 상황을 통제하지 못한다는 상실감을 갖게 되고, 그래서 변화에 분개하고 저항하게 된다.

이러한 사회조건의 변형은 '새로운 방법'을 가지고 등장하는 신출내기들을 억누르고 그들을 분개의 대상으로 보기도 하지만 '구습'을 옹호하는 요건이 되기도 한다. 이러한 과정을 사람들은 '정통성' 혹은 '이단성'으로 나타내는데, 피에르 부르디외는 이를 사회관계의 '영역'이라고 했다. 여기서 문제는 기존 관계의 보존이냐 전복이냐 하는 것이다. 그래서 일상의 행동에서 보여주는 예견된 혹은 당연시하는 가정은 외부의 침입이 있을 때 현 상태의 유지를 옹호하도록 한다.

노버트 엘리아스는 이러한 상황에 관한 이론을 '정착민'(the established)과 '이방인'(the outsiders)으로 나타냈다. 이방인의 유입은 새로 이주해 온 사람과 기존의 거주자 사이에 객관적인 차이가 무엇이든 간에 정착민들의 생활방식에 대한 하나의 도전이다. 그래서 새로 이주해 오는 사람들이 공간을 확보하면서 긴장이 발생하고 이 사람들을 인지하게 된다. 새로 오는 사람들에 대해 근심한다는 것은 적대적인 감정이 된다는 것이며 기존 거주자들은 편견에 따라 행동하게 되는 유리한 근거를 갖는 경향이 있다. 그들은 '이

땅은 우리 선조의 땅이다'라는 구호를 내걸면서 주거의 시간을 통해 가진 권리를 내세울 수 있다.

정착민과 이주민 사이의 복잡한 관계는 내집단과 외집단 사이의 여러 갈등을 설명하는 데 도움이 된다. 19세기 유럽에서 반유대주의의 출현을 수용하게 된 것은 급속한 산업사회의 변화와 함께 유대인의 해방에서 비롯된 우연의 일치에서 나온 결과이다. 유대인들은 게토지역이나 유대인 거처에서 빠져나오게 되었다. 유대인은 도시 내의 다른 사람들과 함께 섞여 '남들과 같은' 직업을 갖기 위해 그들의 공동체를 폐쇄했다. 마찬가지로 전후 영국의 산업현장의 변화는 카리브인이나 파키스탄인 이주자들 때문에 골칫거리였었고, 고용평등이나 사회적 경쟁에 대해 평등을 요구하는 여성들에 대한 남성들의 저항 또한 같은 이유이다. 평등을 위한 페미니스트들의 요구는 여전히 '당연한' 상황의 환상으로 가장된 편견을 가지고 있다. 이것을 강조하는 것은 남성들에게 특권을 주는 경향이 있다는 사회관계의 질서 속에서 여성들의 입장을 알아야 한다는 주장인 것이다.

미국의 인류학자 그레고리 베이트슨은 위의 과정에 대해 작용과 반작용의 연결로 '분리생성'(schismogenesis)이라는 용어를 주장했다. 각 행동은 강력한 반작용을 불러오고 그 상황에 대한 통제는 점차 상실된다. 그는 분리생성을 두 유형으로 구분했다. 첫째는 '대칭적 분리생성'으로 상대의 강도의 징후에 따라 반응하는 것이다. 상대가 권력과 결정권이 있음을 드러낼 때마다 자신도 강력한 권력과 결정을 할 수 있음을 반작용으로 추구하게 된다. 양측이 서로 두려워하는 것은 약하거나 주저하는 것처럼 보이는 것이다. '억제는 확실해야 한다' 그리고 '공격자는 공격이 대가를 지불하지 않는다는 것을 보여줘야 한다'는 슬로건을 생각해 보라. 대칭적 분리생성은 양측 모두가 자신만의 주장을 하고 합리적인 동의의 가능성을 파괴하도록 한다. 어느 측도 갈등 이유의 근원을 기억하지 못하며 대신 현재의 싸움에만 분노하게 된다.

두 번째 특성은 '보충적 분리생성'이다. 이것은 정반대 가정들에서 발달하지만 그 결과는 관계의 파괴라는 점에서 같다. 상대가 허약하다는 것을 알면 자신의 결정력이 강함을 드러내며, 반대측이 강함을 보이면 그 저항을 약하게 한다는 점에서 분리생성의 행위결과는 보상적이다. 전형적으로 이것은 지배자와 복종자 사이의 상호작용에서 나타나는 경향이다. 자신감과 자만심은 상대의 소심함과 복종의 모습에서 나오기 때문이다. 이러한 보충적 분리생성에는 여러 가지 형태가 있다.

하나의 극단적인 예로 모든 이웃을 무조건적 복종으로 몰아넣는 갱단의 테러를 생각해보자. 테러에 대한 저항이 없어서 갱단은 자신들이 전능하다고 생각하고 상대방의 능력에 벗어난 요구를 하게 된다. 그래서 피해자들은 절망하거나 반발하게 될 것이고, 혹은 갱들의 영역에서 벗어나려고 이사할지도 모른다. 또 다른 극단적인 예는 단골고객 관계이다. 지배적인 다수집단(민족, 인종, 문화, 그리고 종교집단)은 특정 조건에서 소수집단의 출현을 받아들이는데, 그 조건은 소수집단이 지배집단의 가치를 받아들이고 지배집단의 규칙에 따른다는 것을 열심히 보여주는 것이다. 소수집단은 이를 기꺼이 받아들이고 열심히 비위를 맞추지만, 지배집단이 큰 신뢰감을 보이면 소수집단의 양보도 더 커지는 경향이 있다. 또한 소수집단이 게토로 피하도록 몰아 붙이거나 대칭적 분리생성이라는 하나의 모델로 그 전략을 바꾸도록 할 수도 있다. 어떤 선택을 하든 간에 관계의 단절은 있음직한 결과이다.

고맙게도 상호작용이 발생하는 세 번째 틀의 유형이 있다. 이 형태는 호혜성으로, 대칭적 분리생성과 보충적 분리생성의 특징을 합해 자기 파괴적 경향을 중립화하는 방법이다. 호혜적 관계에서 상호작용의 일방은 비대칭적이지만, 오랜 시간을 거치면서 양측은 서로 균형을 이룬다. 왜냐하면 각각은 서로가 필요로 한 것을 제공하기 때문이다. 예를 들어 차별받아 분하게 느끼는 소수집단은 다른 사람들이 가지지 않는 기술을 가지게 될 것이다. 논쟁이 있는 부분이지만 호혜성의 형태는 대부분 상호작용의 모습을 나타낸다. 그러나 대칭적이거나 보상적인 관계로 빠져서 분리생성을 낳게 되는 위험에서 완전히 벗어나는 호혜적 관계는 없다는 것을 알아야 한다.

우리는 서로의 반대 입장에서 '그들'이 있는 한, 동시에 '우리'라고 하는 것이 가능하다는 것을 보았다. 더구나 그들 모두가 똑같은 성격을 가지게 된다는 이유만으로 그들은 함께 소속되어 한 집단을 형성한다. 그들에게 소속되지 않는 것은 '우리들에게 소속된다'. 양 개념들은 그들이 만든 구분에서 의미가 나온다. 그러나 구분 없이 '그들'과 우리 자신을 반대의 위치에 놓지 않는다면 우리는 자신의 정체성을 이해하기 어려울 것이다.

삶의 관찰과 삶의 영위: 경계와 이방인

'낯선 사람'은 위에서 설명한 구분을 무시한다. 사실 그들이 반대하는 것은 반대 그 자체이다. 즉 경계에 의해 낯선 사람을 구분하게 되고 그 실천을 통해 사회 세계는 명확하게 된다. 사회생활 속에서의 그들의 중요성, 그들의 의미, 그리고 그들의 역할이 있다. 이들이 기존의 범주에 쉽게 적응하지 못하게 됨으로써 낯선 사람의 등장, 즉 이들도 상대의 타당한 반대를 무시한다. 이들은 분명히 '자연스러운' 반대의 성격을 드러내고 취약함을 보인다. 그래서 구분을 통해 그들이 누구인가를 보여주는 것이다. 구분을 없애고 상상의 선을 다시 그을 수도 있다. 결국 그들은 초대받지 않았지만 우리의 시각 내에 들어와서 사회공간이라는 우리의 영역으로 들어온다. 우리가 원하든 원하지 않든 이러한 사람들은 우리가 차지하고 떠나지 않을 세계 내에 들어와 확실하게 자리를 잡는다. 우리는 단순히 그들의 출현을 무시할 수 없기 때문에 그들의 존재를 주시하고, 이 때문에 그들을 이해하기 어렵다는 것을 알게 된다. 말하자면 그들은 가깝지도 멀지도 않으며, 그들이 정확히 무엇을 기대하는지도 알지 못한다.

이러한 경우에서 가능한 한 정확하고 세밀하며 명확한 경계를 설정한다는 것은 인간이 만든 세계의 중요한 특징이다. 만약 특정한 맥락에서 무엇을 기대하고 어떻게 행동할 것인가에 대해 명확한 경계를 보여주지 않는다면 우리의 모든 필요한 기술과 지식은 의심을 받게 되거나 소용이 없게 되거나 해롭게 되거나 심지어 자멸할 수도 있다. 그러나 이러한 경계의 반대측 사람들도 우리가 잘못된 분리를 하지 못하게 한다는 점에서 크게 다르지 않다. 이 때문에 현실 속에서 예리하고 확실한 윤곽을 알게 해주는 구분을 유지하기 위해서는 끊임없는 노력이 필요하다.

이제 타자와 우리 자신에 대한 이해는 왜 이런 장벽이 존재하는가 그리고 어떻게 유지되는가를 알려는 노력이다. 인류학자 앤소니 코헨은 경계 개념의 핵심은 상징적 경계 구분의 바깥에 있는 사람들을 깨닫게 되면서 우리의 자의식이 가지는 한계를 이해하는 것이라고 주장했다. 여기서 우리는 만약 한 측면에서 사람들이 다르다면 다른 측면에서 어떻게 유사한지를 알 수 있다. 알프레드 슈츠의 연속적인 선에서 보듯 대부분의 특징들은 점진적이고 조용하고 미세하게 변하고 있음을 볼 수 있다. 여기서 중첩되어 사람들이 한 집단에 속하거나 다른 반대의 집단에 속하는 것을 직접적으로 인식하지 못하는 애매한 영역이 있다. 우리가 본 것처럼 어떤 경우에는 타자를 더 많이 앎으로써 우리 자신을 더 많이 알게 되는 기회를 갖기보다는 위협의 요인이 되기도 한다.

인간들의 선입견 속에는 인간의 질서를 '엄격하게' 만드는 과업을 끝없이 하려는 중요한 역할이 있다. 인류학자 메리 다글라스는 그녀의 저서 『순수와 위험』(*Purity and Danger*)에서 경계는 단지 부정적인 것이 아니라 긍정적이라고 했다. 왜냐하면 의례는 사람들에게 그들의 사회를 알게 하는 사회적 관계의 형태를 활발하게 하기 때문이다. 그렇지만 이러한 목적을 달성하기 위해 경계를 흐리게 하는 애매함은 없어질 필요가 있다. 이런 과정의 예를 생각해 보라. 우리가 약을 치고 김매기를 하는데도 '잡초밭'으로 변하는 것은 정원과 야생잡초밭 사이의 경계가 없어지는 무서운 변화이다. 잡초는 어떤 때는 보기 좋고 향기롭고 즐겁기까지도 하다. 비록 원하는 모습을 얻기 위해 많은 화학약품을 쓰긴 하지만 '결점'은 산뜻하게 되길 바라는 곳에 원하지 않은 모습으로 나타난다는 것이다. 집에서의 '더러움'도 이와 마찬가지이다. 어떤 화학제품 회사는 똑같은 세제를 담고 있으면서 다른 두 상표를 붙인다. 왜 그런가? 그것은 가정일을 열심히 하는 사람들이 화장실과 부엌에 똑같은 세제를 쓰지만 그 차이를 혼동하지 않으려고 하기 때문이다. 그러한 것은 지역환경을 순수하고 깨끗하게 하는 데 헌신적으로 집착하는 행위에도 나타날 수 있다.

이러한 생각 속에서 상품이 팔리고 그 결과는 병원전염을 막기도 하지만 면역체계 능력을 떨어뜨릴 수도 있다. 그래서 애매함과 무질서라는 영속적인 위협을 막기 위해 세계의 질서를 세우고자 하는 바람은 우리 자신뿐만 아니라 조화를 깨뜨리는 사람들과 사물들에게도 노력을 요구한다.

집단의 경계는 내부와 외부에서 위협을 받을 수 있다. 집단 내에는 이탈자, 가치비방자, 통합저지자, 그리고 배반자로 낙인찍힌 애매한 사람들이 있다. 또한 집단의 경계는 동등한 권리를 요구하는 사람들에 의해 그리고 쉽게 동화되지 못하면서 방황하는 사람들에 의해 외부로부터 공격을 받거나 침범당할 수 있다. 그렇게 함으로써 안전하다고 생각하는 경계는 허물어진다. 과거의 장소에서 탈출해서 우리의 장소로 들어온 사람들은 우리가 저항할 수 없는 그래서 우리가 자신감을 잃게 되는 힘을 그들이 가지고 있다고 생각하게 되면서 성공을 거두게 된다. 개종자(우리의 믿음으로 전향한 사람)와 졸부(어제 가난한 사람들이 갑자기 부를 가지면서 부자나 권력자가 된 사람), 그리고 벼락출세자(낮은 사회적 지위에 있던 자가 갑자기 권력의 위치에 오른 사람)는 이러한 상황에서 비난, 혐오, 경멸을 의미하는 용어이다.

이러한 사람들은 다른 이유 때문에 걱정한다. 그들은 우리가 어떻게 대답해야 할지 모르는 질문을 하게 되는데, 왜냐하면 우리는 그들에게 우리 자신에 대해 물을 이유도 없고 그런 경우도 없었기 때문이다. '왜 이런 방법으로 그것을 하는가?', '그게 이해되는가?', '그것을 다르게 시도해 보았는가?' 우리가 살아온 방법, 즉 안전하고 안락하다고 느껴온 생활은 이제 도전을 받게 되고 이에 따라 우리 행동을 설명하고 정당화해야 한다.

결과적으로 안전을 잃는다는 것을 쉽게 보아서는 안 된다. 그것은 흔히 위협으로 보이고 대체로 지나치지 않으려는 경향이 있다. 그래서 그러한 질문은 공격이고 전복으로 간주된다. 기존 생활방식을 위해 서열은 무시될 수 있다. 이전에 흩어진 사람들은 공동의 적을 위해 뭉친다. 그들은 우리 자신감에 위기를 몰고 오는 데 책임이 있는 이방인들이다. 불편함은 이제 '말썽꾼'인 사람들에 대한 분노로 이어질 수 있다.

비록 새로 온 사람들에게 어색한 질문은 하지 못하더라도, 그들이 생활하는 방법은 여전히 문제가 된다. 다른 곳에서 와서 정착하려는 사람들은 생활방식을 배우려고 하고, 모방하려고 하고, '우리와 같게' 되려고 한다. 그러나 열심히 따라 하려고 하더라도 처음에는 실수를 하지 않을 수 없다. 왜냐하면 생활방식을 터득하는 것은 시간이 지나야 하기 때문이다. 그래서 그들의 노력은 자신 없게 보이고 그들의 행동은 서툴고 어색하게 보이며, 우리 행동의 서투른 모방처럼 보여 '진정한 것'이 무엇인지 묻지 않을 수 없게 된다. 우리는 그들을 놀리고 위로하며 '모방을 모방한다'고 농담하면서 그들의 어색한 흉내를 인정치 않는다. 그러나 근심이 환희로 감추어져 있을 때 그 웃음 속에는 고통이 있다.

집단성원들은 새로 온 사람들로 인해 아이러니하게도 자신들의 습관과 기대를 살펴보지 않을 수 없게 된다. 비록 공개적으로 문제가 드러나진 않았지만 안락함은 방해를 받고 저항도 나타나게 될 것이다. 그러한 상황에 대한 반응으로써, 첫째는 균형상태로의 회복이다. 경계의 설정은 문제없이 완벽하게 보였던 것으로 되돌리게 한다. 비록 그러한 장소가 없다고 할지라도! 그들이 처음에 시작했다고 생각한 그런 곳으로 되돌아갈 수 있다. 그래서 유머는 어색하게 되고 기존 성원들에게 주어진 권리를 앞세워 그들을 인정하지 않음으로써 그들의 삶은 불안하게 된다. 그렇지만 집단이 그렇게 허약하게 될 때, 성원들이 떠날지라도 새로운 목표는 집단성원들 스스로를 위해 필요하게 될 것이다.

국가 수준에서 이러한 과정의 형태는 변하게 된다. 이민을 장려하거나 또한 삶을 아주 비참하게 만들어서 국외로의 집단탈출을 나쁘지 않게 보려는 노력들이 있게 된다. 만약 그러한 움직임에 대해 저항하게 된다면 위험이 발생하고 민족학살(genocide)이 일어날 수 있다. 그래서 잔인한 물리적 파멸은 물리적 제거의 실패에 따른 것이다. 물론 민족학살은 '질서회복'의 가장 극단적이고 혐오스런 방법이다. 그렇지만 최근의 역사는 엄청난 비난과 분개에도 불구하고 민족학살의 위험이 그렇게 쉽게 사라지지 않는 가장 잔인한 방법임을 증명했다.

민족학살이 극단적인 예이긴 하지만 덜 불쾌하고 덜 급진적인 해결방법으로 가장 일반적인 격리를 선택할 수도 있다. 이것은 지역적이거나 혹은 정신적인 것이 있으며 또한 이 둘의 혼합 형태도 있다. 지역적이라는 표현은 게토나 민족단위의 지역에서 발견될 수 있다. 즉 사람들이 가진 강력한 특정요소로 인해 혼합되기를 거부하는 사람들의 주거지역을 위한 도시의 한 지역이나 국가의 한 부분이 그것이다. 때때로 그렇게 정한 지역을 장벽이나 혹은 법적으로 강제한 제한구역으로 만들어 놓게 된다. 이러한 지역에의 출입은 처벌받지 않으며 통상 자유롭지만, 실제로 거주자들은 그들의 지역을 벗어날 수 없으며 벗어나려고 하지도 않는다. 왜냐하면 '외부'조건이 그들에게는 견디기 힘들기 때문이며 또한 자신의 소외된 지역에서의 삶의 기준만이 자신들이 감당할 수 있는 곳이기 때문이다.

지역적인 격리가 불완전하거나 실행 불가능한 곳이라면 정신적인 격리가 필요하다. 이방인과의 상호작용은 엄격하게 업무의 교환에 국한되어 사회계약은 회피하게 된다. 의식적이든 그렇지 않든, 물리적 근접성이 정신적인 근접성으로 변화하지 않도록 막거나 줄이는 데 모든 노력을 기울이게 된다. 분개심 혹은 공공연한 적개심은 그러한 방어적인 노력 가운데 가장 명백한 것이다. 편견의 장애는 벽의 두께보다 더 효과적임을 증명하고 있다. 적극적인 접촉의 회피는 '우리'와 같지 않지만 우리에게 '도움을 주는' 사람들로부터 오염되는 것을 두려워하면서 심화된다. 분개심은 이방인과 접촉할 수 있는 모든 것에서 나타난다. 그들과의 대화방법, 옷 입는 방식, 그들의 의례, 가족생활을 영위하는 방법, 심지어 그들이 먹는 음식냄새까지이다. 여기에 더해 그들은 사회관계의 자연적인 질서에 관여하는 것을 아주 확실히 거부하고 그래서 그들은 행동에 대해 책임을 지려고도 하지 않는다. 이는 이러한 사태를 낳은 질서가 문제되는 것이 아니라 외형적인 논리에 집착하는 '개인의' 실패이다.

■ 도시에서의 격리와 이동

지금까지 집단의 경계를 둘러싸고 있는 양면성과 애매성을 보면서 우리는 집단 사이의 격리를 가정해보았다. 각 집단에 누가 소속되었는가는 중요하지 않았다. 그러나 이러한 단순한 상황과 그 상황을 통해 나오는 과업들을 우리의 사회에서는 거의 접한 적이 없다. 우리 대부분이 살고 있는 사회는 도시이다. 즉 인구밀도가 높은 곳에서 사람들이 함께 살며, 쉴 새 없이 이동한다. 이러한 일상의 업무 속에서 우리는 다양한 사람들이 거주하는 다양한 곳으로 들어간다. 대부분의 경우에 우리가 만나는 사람들이 우리의 기준에 맞는지는 확신할 수 없다. 왜냐하면 우리는 우리가 완전히 이해하지 못하는 새로운 광경과 소리로 끊임없이 충격을 받지만, 불행히도 이러한 사람들과 장소에 대해 이해하려고 시간을 내어 성찰하거나 노력하지 않기 때문이다. 우리는 이방인들 사이에 살고 있으며, 그들 사이에서는 우리 자신이 이방인인 것이다. 이러한 세상에서 이방인들을 제한하거나 제지할 수 없다.

도시 내에서의 이런 상호작용에도 불구하고 앞서서 말한 실천들을 완전히 포기하지는 않는다. 예를 들어 격리(*segregation*)의 실천은 집단의 회원자격으로 남들과 다른 의상을 걸치는 데서 나타난다. 법은 그런 집단의 귀속적인 모습을 강요하기도 하며 그래서 '다른 사람들이 들어오는 것'을 처벌하기도 한다. 그럼에도 불구하고 법에 호소하지 않고도 격리가 이루지기도 한다. 다른 사람들보다 더 많은 수입을 갖는 사람들은 독특하게 옷을 입을 여유가 있으며, 이런 것들을 통해 그들 외모가 화려하거나 불행하게 혹은 이상하게 보이면서 사람들을 구분하는 기준으로 작용한다. 그러나 현재 상대적으로 좋게 보이는 값싼 복제품이 대량으로 생산되어 그러한 구분은 어려워지고 있다. 그 결과 그들이 소유하고 있는 것과 입고 있는 것으로는 지역의 출신과 이동이 드러나지 않고 감추어질 수 있다. 이것은 겉보기로 옷 입은 사람들을 구분한다는 의미는 아니다. 왜냐하면 준거집단에 따른 공공의 표식이기 때문이다. 마찬가지로 우리는 사회적으로 정한 구분을 파괴하거나 전복하기 위해 다른 방법으로 옷을 입으면서 우리의 출신을 꾸미기도 한다. 그것으로 볼 때 외모로 알 수 있는 정보적 가치는 사라질 수 있다.

만약 외모가 시간이 지남에 따라 더욱 문제가 된다고 하더라도, 이것은 공간에 의한 격리와는 다르다. 더불어 사는 도시 공간의 영토는 지역들을 나누게 되는데 일부 지역에는 다른 사람들과 달리 특정한 성향을 지닌 사람들이 있다는 것을 발견하게 된다. 우리 행동과 기대에 영향을 주는 격리된 지역이 제공하는 가치는 배타성이라는 일상적인 실천으로 획득된다. 사설 보안회사에 의해 보호를 받는 배타적인 주거지역은 이러한 현상의 한 예로써, 여기서 재산을 가진 사람들은 수입과 부에서 나오는 즐거움을 갖지 못하는 사람들을 배제한다.

배타적인 지역의 입구에 있는 보안요원뿐만 아니라 과시적 소비행동으로 시간을 쓰는—상대적으로 시계를 없애 교묘하게 쇼핑하도록 하는—쇼핑지역의 사람들도 배타성의 실천을 상징화한다. 또한 매표소와 접수대에서도 적용기준이 변할 것이다. 매표소의 경우 옷이나 피부색깔에 따라서 거부하기도 하지만 돈이 가장 중요한 기준이 된다. 입장자격의 확인은 이방인의 입장을 거부하는 상황을 만든다. 신분을 확인하는 이러한 의례적인 행동은 별다른 생각 없는 정체불명의 사람을 출입이 가능한 '구체적인 사람'으로 바꾸는 것이다. '확실한' 사람으로 밝혀지면 비록 부분적이고 일시적이긴 하지만 그러한 장소에서 자신을 밝히는 사람들에 대한 불확실성은 줄어든다.

입장을 거부하고 입장자들을 성격에 따라 구분하는 권력은 상대적으로 동질성을 확보하기 위한 것이다. 이러한 실천은 고밀도의 익명적인 도시 세계 내의 선택된 공간 속에서 애매성을 줄이기 위한 것이다. 이러한 권력은 사적인 공간을 통제하기 위해 주의를 기울일 때마다 소규모로 실천된다. 그러나 더 큰 규모로도 우리가 이동하는 것을 막는 데 다른 사람들이 권력을 사용할 것이라고 믿고 있다. 예를 들어 우리는 대체로 폐쇄된 보호구역에서 다른 곳으로 이동함으로써 임시장소에서의 시간소비를 줄이려고 한다. 또 다른 하나의 확실한 예는 용접밀폐된 구조의 자가용에 갇혀 꽉 막힌 도로를 불평하면서 여행하는 것이다.

이러한 지역을 지날 때마다 그리고 우리의 정체성을 혼란케 할 이방인의 응시가 있을 때마다 할 수 있는 것은 눈에 띄지 않는 것이거나 혹은 어쩌면 주의를 끌지 않도록 피하는 것이다. 어빙 고프만은 이러한 **시민적 무관심**(*civil inattention*)은 도시에서의 생활, 이방인들 사이에서의 생활을 가능하게 하는 기술 가운데 최고라고 주장했다. 주위에 있는 다른 사람들이 하는 것을 보지도 않고, 듣지도 않으려고 하거나 그런 태도를 취하는 것은 시민적 무관심을 일상화하는 것이다. 문화적으로 말해 이것은 이방인들과의 대화의 가능성으로 이끌 수 있는 눈마주침을 회피하는 데서 분명하게 나타난다. 그래서 익명성은 가장 세속적인 제스처로 포기하는 것을 말한다. 그러나 모든 회피가 가능한 것은 아니다. 왜냐하면 복잡한 거리에서 길을 걷는 것은 다른 사람과의 충돌을 피하기 위해 어느 정도 상대를 의식해야 하기 때문이다. 그래서 우리는 우리가 살피거나 보지 않아도 주의를 기울여야 한다.

도시라는 상황에 익숙하지 않은 신참자들은 흔히 그러한 일상에 자주 충돌한다. 그들의 경우 일부분의 사람들에게서 아주 냉담하고 차가운 무관심을 심각하게 받아들일 수 있다. 사람들은 물리적으로 아주 가깝지만 정신적으로는 서로 간에 거리가 있다. 군중 속에서의 상실, 거기에는 우리 자신의 수단에서 포기되는 느낌, 바꾸어 말해 고독감이 있다. 그래서 고독감이 프라이버시의 대가로 나타난다. 이방인과 더불어 산다는 것은 이방인들 자신들만큼이나 애매한 하나의 가치방식이다. 그러나 이러한 경험에는 또다른 측면이 있다.

익명성은 타자의 불쾌하고 귀찮은 감시와 간섭으로부터의 해방을 의미하는데, 타자들은 보다 작은 개인적인 상황에서 우리의 삶에 호기심을 가지고 간섭하고자 함을 느끼곤 한다. 도시는 프라이버시를 유지시키면서 공공의 장소로 남아 있을 가능성을 제공한다. 가능한 한 눈에 띄지 않는 시민적 무관심은 다른 조건에서는 생각할 수 없는 자유를 위한 영역을 제공한다. 이것은 지식인의 경우에는 비옥한 토양이며, 독일의 사회학자 게오르그 짐멜이 지적한 것처럼 도시생활과 추상적인 사고는 서로 의존적이며 함께 발전한다는 것이다. 결국 추상적인 사고는 모든 질적인 다양성에서 파악될 수 없는 놀라운 도시경험의 풍부함으로 증가하며, 동시에 일반적인 개념과 범주를 만드는 능력은 도시환경에서의 생존에 필요한 기술이다.

이러한 경험에는 두 가지 측면이 있는데 그것은 손실 없는 이득은 없다는 것이다. 타자의 성가신 호기심과 함께 남을 돕고자 하는 동정적 관심과 의지는 사라질 수 있다. 도시생활의 흥겨운 부산함과 함께 재화와 서비스의 교환이라는 수많은 상호작용이 가득하지만 냉정한 인간의 무관심도 있다. 이 과정에서 상실하는 것은 인간관계의 윤리성이다. 의미와 결론도 없는 폭넓은 인간의 상호작용이 가능하게 된다. 그 이유는 아주 많은 일상적인 행동이 일부 도덕성의 기준에 의한 평가와 판단에서 자유롭게 되기 때문이다.

'타자'를 위한 복지와 안녕을 위한 책임감이 생겨날 때 인간관계는 도덕적이 된다. 이것은 처벌의 두려움에서 나오는 것이 아니며 개인의 이득이라는 계산에서 나오는 것도 아니고 심지어 서명을 통해 법적으로 이행해야 하는 계약에 의한 의무에서 나오는 것도 아니다. 그것은 다른 사람이

하는 것에 따라 달라지거나 혹은 그 사람이 어떤 사람이냐에 따라 달라지는 조건적인 것도 아니다. 우리의 책임감은 완전히 이타적이며 무조건적인 한 도덕적이다. 그들도 사람이기 때문에 그래서 우리의 책임감을 일으키기 때문에 우리는 다른 사람을 위해 책임을 지는 것이다. 또한 책임감을 우리 자신의 것으로 보는 한 도덕적이다. 그래서 그것은 협상거리도 아니고 다른 사람에게 전가할 것도 아니다. 다른 사람을 책임진다는 것은 단순히 그들이 인간이기 때문이고 도움을 주어야 한다는 자극 때문이며, 그에 따른 논쟁이나 정당성은 필요 없고 증명할 이유도 없다.

우리가 본 것처럼 물리적 근접성은 도덕적 측면을 제거할 수도 있다. 서로 가깝게 살고 다른 사람의 조건이나 행복에 영향을 미치는 사람들이 도덕적 근접성을 경험하지 못하는 것은 당연할 수도 있다. 이러한 면에서 그들은 그들 행동의 도덕적 의미를 망각한다. 뒤이어 도덕적 책임감이 일어나는 행동을 억제할 수도 있으며 도덕적 책임감을 막는 행동에 관여할 수도 있다. 시민적 무관심이라는 규칙 덕분에 이방인들을 적으로 간주하지 않으며 대부분 적이 될 수 있는 운명을 피하게 된다. 이방인들은 적개심과 공격의 대상이 되지 않는다. 그러나 우리 모두가 때로는 일부가 적과 같이 이방인으로서 도덕적 근접성이 제공하는 보호를 받지 못하고 있다. 그래서 시민적 무관심에서 도덕적 무관심, 무정함 그리고 타자의 요구에 대한 무시라는 변화를 겪는다.

요약

우리는 사회적 거리, 경계, 그리고 우리의 일상생활의 공간이 갖는 역할에 대해 보았다. 이러한 경계들은 상징적이고 물리적이지만 서로 복잡한 방법으로 상호작용한다. 우리 모두는 우리 행동을 통제할 뿐만 아니라 행동할 능력을 갖게 하는 지식과 조건을 제공하는 상투적인 일과 결정과 결과에 모두 연관되어 있다. 사람들이 추구하는 목표에 접근하는 수단은 크게 차이가 있으며, 동시에 우리 모두는 이 장에서 기술한 것처럼 다양한 수준에서 그리고 다양한 결과를 가지고 복잡하게 얽혀 있다. 이러한 것은 사회적 정체성뿐만 아니라 자아정체성과 타자를 바라보는 방법을 제공해주고, 그러한 것들이 서로 친밀하게 결합되어 있다는 것을 알게 해준다. 3장에서는 공동체, 집단, 그리고 조직과 우리 삶에 있어서의 이런 것들의 역할을 살펴봄으로써 논의를 계속하게 될 것이다.

■ 생각해 볼 문제

1. '우리'와 '그들' 사이의 경계는 정체성으로 구분된다. 이러한 것은 어떻게 일어나며, 우리가 다른 사람과 우리 자신을 어떻게 보는가에 따라 결과는 어떻게 달라지는가?
2. 전반적으로 인간 속성에 '통합'이나 '공동 유대'가 있는가?
3. 도시에서 격리(segregation)나 권리(entitlement)의 실천으로 어떤 것이 있는가? 여러분은 도시에서 혜택자인가 아니면 희생자인가? 그리고 그 이유는 무엇인가?
4. 어빙 고프만이 말한 '시민적 무관심'(civil inattention)은 무엇인가? 그리고 그것은 어떻게 드러나는가?

■ **읽어 볼 거리**

Bourdieu, P. et al. (1999) *The Weight of the World: Social Suffering in Contemporary Society*, translated by P. P. Ferguson, et al. (Cambridge: Polity). 세밀한 경험적 조사에 근거한 연구로 수년 동안 이루어진 것으로 일상생활에서 사람들이 직면한 쟁점을 다루고 있다.

Frisby, D. and Featherstone, M (eds) (1997) *Simmel on Culture: Selected Writings* (Thousand Oaks, Calif.: Sage). 짐멜은 위대한 사회학자였다. 편집된 이 책은 짐멜의 관심의 범위와 깊이에 대한 통찰력을 제공해준다.

Goffman, E. (1984) *The Presentation of Self in Everyday Life* (Harmondsworth: Penguin; originally published in 1959). 이 책은 아주 많이 판매된 책으로 그 이유는 아마도 저자가 우리와 상호작용한 통찰력 때문일 것이다.

Miller, T and McHoul, A. (1988) *Popular Culture and Everyday Life* (London: Sage). 일상의 관행에 대해 흥미있게 살펴본 책이다.

CHAPTER 3

통합을 이루는 유대: '우리'에 대해 이야기하기

이 장은 개별 주체인 우리 각자가 보다 큰 무리의 사람들 속에서 결합하는 과정을 살펴보게 될 것이다. 어떤 환경 속에서 어떤 결과를 가지고 어떻게 이러한 것이 일어나는가? 이것은 곧 우리가 살펴보려고 하는 쟁점들인 것이다. 이러한 쟁점들은 매일 '우리 모두', '우리가 요구하는', '우리가 동의하는'과 같은 말들이 신문지면에 쓰이고 있음을 보면서 그리고 미디어를 통해 비즈니스맨, 종교지도자, 정치인들의 입에서 표현되면서 주목을 끌고 있다. 상호이해의 기초 위에 가정되는 '우리'는 누구인가? 그리고 그것은 어떻게 구성되는가?

공동체: 합의의 도출과 갈등의 처리

공동체는 명확하게 정의를 내리거나 한계를 지을 수는 없지만, 다른 사람들이 거부하는 신념에 자신들만의 권위를 부여하여 거기에 동의하게 하는 사람들의 집합이라고 할 수 있다. 이것은 '함께하기'를 정당화하거나 설명하려고 하지만 대개 특성상 정신적인 통합체이다. 이러한 특성이 없다면 공동체가 아니다. 동의 혹은 적어도 동의의 준비나 잠재력은 모든 공동체성원들에게 중요한 토대가 되는 것으로 보인다. 이처럼 통합의 요소들은 분열을 이루는 것보다 더 강력하고 중요한 것으로 여겨지는 한편, 성원들 사이의 차이는 유사성과 비교했을 때 이차적인 것이다. 이러한 면에서 공동체를 통합체로 생각하는 것은 자연스러운 것이다.

이러한 유대(bond)의 힘을 과소평가해서는 안 된다. 유대는 사람들에게 자신이 '누구인지' 서로 설명하거나 확인시켜줄 필요를 덜어주고, 공유된 생각을 진리로 만들거나 신념과 존경할 만한 가치가 되도록 만든다. 공동체에 대한 소속감은 우리가 목적을 가지고 공동체를 선택한 것이 아니며 우리가 공동체를 위해 아무것도 할 수도 없고 우리의 어떤 행동도 공동체를 변형시킬 수 없다고 믿을 때 가장 강력하고 안전하다. 공동체가 어떤 활동을 하는지 알 수 있는 공동체의 모습과 원리는 '우리 모두가 동의한다'와 같은 문구에서 보듯이 자세하게 주어지지 않으며 논의의 대상도 되지 않는다. 즉 그러한 것을 위한 형식적인 규약집은 없으며, 공동체의 한계설정과 유지존속을 위한 의식적인 노력을 할 대상도 없다. 그것은 당연시 여기는 질서로써 침묵하며 도전받지 않은 상태로 있을 때 더 강력하다. 통합을 이루는 공동의 유대는 다른 곳으로 모험을 떠난 적 없이 평생 한 회사에서 일하고 다른 집단성원의 방문도 받은 적이 없는 소외된 사람들 사이에서 더 강하다. 한 장소에 머문 이러한 조건에 있는 사람들은 자신들의 방식과 수단을 돌아볼 기회를 갖지 못하고 그러한 것을 설명하거나 정당화할 기회도 갖지 못할 수 있다.

위의 상황은 거의 존재하지 않는다. 대신에 공동체는 현실이라기보다는 하나의 원리이며 욕구의 표현이고 동원하고 위계를 정하는 욕구이다. 웨일스의 비평가이자 소설가인 레이몬드 윌리암스의 기념비적인 말인 '공동체가 계속 존재해오고 있다는 것은 공동체의 놀라운 점이다'가 있다. 공동체가 존재했었다고 가정한다면 공동체가 더 이상 존재하지 않고 그 순간 이미 지나갔다는 것이다. 그러나 '자연스러운' 통합(unity)을 이루는 확실한 힘은 사람들이 통합하려는 실천적인 과제에 직면했을 때 발생하거나 혹은 의식적인 노력을 통해 공동체의 이상을 보호하려 할 때 나타난다. 여기서 사실 공동체가 과거의 허물어진 구성물일 뿐이라고 하는 것은 하나의 이상일 수 있다.

공동체의 개념을 자연적인 상태로 논의하는 것은 통합효과에 호소하려는 것으로 그 자체가 공동체의 요건이다. 가장 강력한 가정은 인간의 해석을 넘어서는 것이고, '공동의 혈통', 세습적인 특성 그리고 시간을 초월한 '영토성'과 같은 환상 속에서 통제하는 것이다. 이러한 것들을 통해 사람들은 거의 혹은 완전히 통제하지 못하는 공동의 과거와 운명으로 결속된다. 공동의 종교와 민족의 통합은 객관적인 '상황 사건'을 통해 받아들여지는데, 선별된 사건의 선택과 해석 그리고 특성을 통해 임의적인 요소를 효과적으로 감출 수 있다. 이러한 해석에 반대하는 사람들은 공동체 고유의 성격을 배반한 것으로 비친다. 여기서 그들은 배반자, 즉 어리석은 사람으로 낙인찍힐 수 있으며 역사적으로 되돌릴 수 없는 이미 받아들여진 결정에 도전하는 이기적인 자만에 빠져 있는 사람으로 내몰린다.

우리의 통제를 벗어나는 환상들은 우리의 운명을 보다 강하게 통제할 가능성을 증가시킨다. 통합을 위한 유전학적인 유사성에 대해 말하는 사람들에게는 그 설명이 부담으로 작용한다. 왜냐하면 사람들 생각의 차이는 제쳐놓더라도, 유전인자와 인간행위 사이의 관계를 이해하려고 할 때 유전공학이 하나의 현실인 시대에서 그러한 가정은 문제가 있기 때문이다. 페미니스트 심리학자이면서 사회이론가인 린 시걸(Lynne Segal)이 말한 것처럼, 우리는 선택에 직면해 있다. 한편으로 우리는 '운명을 결정하는 유전적인 유산 속에서의 억압들'을 조사하기 위해 과거를 본다. 다른 한편으로는 우리의 성격을 '무한히 순응하게' 하는 '새로운 유전 신'(new Genetic Gods)과 자유로움 속에 우리의 운명을 맡기면서 미래를 내다볼 수 있다.

이러한 가능성을 생각하면 사람들을 결합하는 자연적인 상태에 대한 논의는 제한된다. 대신에 사람들의 생각을 새롭게 돌리는(개종시키는) 신념이나 믿음의 공동체를 만들기 위한 또 다른 통로가 열려 있다. 여기서 목적은 믿음에 기초한 공동체를 만드는 것인데, 이것은 종교창시자나 지각력 있는 선견지명의 정치지도자들이 내세운 명분에 애착을 가지고 결합한 사람들로부터 나오게 된다. 이러한 과정에서 적용되는 언어는 성스러운 전통이나 역사적 운명의 언어가 아니라 '거듭난다'는, 그리고 무엇보다도 진리에 따라 삶을 산다는 복음 가운데 하나인 것이다. 사람들은 선택할 수 없는 상황에 호소하는 것이 아니라 미신, 환상 혹은 의심에서 나오는 이데올로기적 왜곡을 거부함으로써 진정한 믿음을 포용하는 고귀한 행동에 호소한다. 그러한 집단에 참여하는 공공연한 행동은 자유의 행위이고 새로운 삶의 시작으로 간주된다. 이것은 운명이 작동하는 것이 아니라 새로 발견한 진정한 자유의 첫 표시인 자유의지의 행동이다. 그러나 이 시기에 즐거움은 감춰진다. 이는 새로 받아들이는 믿음에 복종하고 명분에 따라 자유마저도 포기하는 개종자들에게서 나타난다. 그래서 추종자들에게 요구하는 것은 그들의 실천을 정당화하는 역사적 전통이나 유전적 성향에 호소하는 요구처럼 거대한 것이 아니다.

믿음의 공동체들은 미래의 헌신자들을 결속할 목적으로 새로운 교리를 설교하는 데 매달릴 수만은 없다. 의례가 없는 열정은 안정적이지 못하기 때문이다. 즉 규칙적인 일련의 사건들이 필요하다. 예를 들어 애국적인 페스티벌, 파티 미팅, 교회예배와 같은 것에 신봉자들은 행위자로서 참가하도록 요구되며, 그곳에서 그들의 공동된 소속의식과 운명이 재강조되고 열정도 재강화된다. 그러나 회원들에게 부과되는 엄격성과 요구의 내용은 다양할 수 있을 것이다. 대개 정당의 경우—급진적인 혹은 반동적인 목표를 추구하며 소속당원을 전투적으로 키우느냐 아니면 그들에게 충성과 복종을 요구하느냐에 따라 좌파와 우파로 나누는 아주 중요한 예외도 있지만—통상적으로 선거지지자들의 확보가 항상 필요하지 않은 것과 같이 사상의 통일도 늘 추구되지 않는다. 선거 때가 지나면 필요할 때까지 지원자들의 필요성을 잊는 것과 같다. 다시 말해 소속회원들은 남은 삶을 자신들의 판단에 맡기게 되고 그들 가족의 삶과 직업선택에 대한 입법화도 포기하곤 한다.

한편 종교적 교파는 더 많은 요구를 하는 경향이 있다. 이들 교파는 정기적인 의례행위의 참가에 대해서는 규정하지 않는 듯하다. 왜냐하면 모든 교인들의 삶이 그들의 관심영역에 있기 때문이다. 교파들은 원래 소수자들인데, 외부압력에 의해 신앙자들이 자신들의 행동방식에 완전한 변화를 보여주어 그들의 삶은 모든 측면에서 통제될 것이다. 모든 생활 속에서 신앙고백과 충성맹세를 하도록 함으로써 교파의 공동체들은 회의주의나 환경에 대해 철저히 적개심을 보이며 소속 성원들에게 약속을 받아내려고 노력하게 될 것이다. 극단적인 경우에 이러한 노력은 죄지음과 유혹을 이유로 '정상적인' 사회생활을 하는 '일상적인 모습'의 공동체와 단절시키기도 할 것이다.

'외부'에서 발생하는 가능한 부담이 어떤 것인가 하는 것은 공동체가 도모하는 생활에 달려 있다. 소속회원들이 세속적인 생활의 혐오에서 벗어나 고독한 삶을 살려 하기도 하고, '경쟁사회'에서 벗어나려 하기도 하고, 그리고 상호친밀성에 기초한 관계에 들어가려 하기도 할 것이다. 소속성원들은 통상적으로 소비주의의 매력에 등 돌리고 그들 자신을 겸손과 금욕의 삶에 동화되도록 요구받기도 한다. 이러한 공동체들은 흔히 코뮨(commune)이라고 불리기도 하는데, 소속성원들에게 법적으로 강제된 계약적인 의무 없이 소속감을 가지도록 한다. 이것은 적개심과 동의의 부족이 위협으로 작용할 때 방어할 수 있는 2차적인 선이다. 그래서 모든 의견불일치는 위협이 되고 공동체가 커지면 커질수록 공동체는 더 억압적일 수 있다.

공동체는 소속성원들에게 요구하는 통일성의 형태에 따라 달라진다. 대부분의 경우 그 규정은 산만하고 잘못 정의되어 있으며 미리 정하는 것도 불가능하다. 비록 통일을 주창하는 사람들이 소속성원들의 삶의 비정신적인 측면에 관해 중립을 선언한다 하더라도, 그들은 여전히 그들이 주장하는 신념에 우선권을 요구한다. 잠재적으로 그러한 요구는 공유된 신조에 맞지 않는 것처럼 보여 이전에 중립적인 것으로 보였던 문제에도 간섭할 수 있다.

계산, 합리화, 그리고 집단생활

위의 주장과 달리 확실한 임무를 가진 목표를 위해 사람들을 묶어주는 공동체가 있다. 이러한 집단의 목적은 제한되어 있어서 소속성원들의 시간, 관심, 규율에 관한 요구도 제한할 수 있다. 대개 집단의 방향도 명확하다. 그래서 전체적인 목적이나 수행해야 할 특정한 과제에 의해 소속성원들에게 규율이나 임무가 요구된다. 이러한 의미에서 이것을 목적집단 혹은 목적조직이라고 할 수 있다. 의도가 분명하며 공공연하게 규정된 한계를 가지고 있다는 것이 이 조직의 가장 확실하고 뚜렷한 특징이다.

대부분의 조직은 성원들이 지켜야 할 조직의 규칙을 세세히 기록한 규정집을 가지고 있다. 이것은 애초에 그러한 규칙에 적용되지 않는 성원들의 삶은 조직의 간섭으로부터 자유로울 수 있다는 것을 말한다. 만약 공동의 신념이 있느냐 없느냐 하는 것보다 한계를 보이느냐 아니냐 하는 것이 공동체와 조직의 가장 뚜렷한 차이로 간주된다면, 위에서 논의된 공동체들은 공동체가 아닌 조직에 포함되어야 한다.

조직활동에 성원들이 관여하는 성격의 일부는 그들이 보여주는 역할로 알 수 있다. '역할'은 연극에서 나온 단어이다. 이것은 상호작용이 이루어지는 공연에 특정한 의미를 부여한 어빙 고프만의 연구에서 나온 것으로 흔히 '연출적'이라는 말로 특징지을 수 있다. 무엇보다도 시나리오에 따라 미리 줄거리가 결정되고 쓰여진 무대연극, 즉 모든 행위자들이 배역에 따라 다른 역할을 하는 연극으로 하나의 유형을 갖추게 되는데 조직은 그 유형을 통해 조직의 생명을 이끌어낸다. 또 다른 측면에서 연극은 원형(prototype)이 아니다. 무대 연기자는 그들이 맡은 역할에 '지치지' 않으며 연극하는 동안에는 미리 정한 성격에 몰입하고 그 이후에는 자유롭게 무대를 떠나게 된다.

조직은 조직이 수행하는 임무에 따라 전문화된다. 그래서 조직의 소속성원들은 목표를 수행하는 데 따른 기술과 특성에 의해 모집된다. 각 성원들의 역할은 나누어져 있을 뿐만 아니라 같은 조직 내 다른 역할을 하는 사람과 서로 연결되어 있다. 조직 내의 조정(*coordination*)과 의사소통은 아주 중요한 문제이다. 그러나 이러한 기술과 특성은 다른 맥락에서 하는 우리의 다른 역할에 따른 기술과 특성과는 구분된다. 예를 들어 우리는 자선단체, 정당의 지구당, 혹은 도로건설 반대 특별위원회의 자발적인 성원이 될 수도 있다. 많은 경우에 다양한 집단의 성원들은 일상생활에서 수행하는 다른 역할에 관심을 두지 않을 것이다. 왜냐하면 각 성원들은 그들의 특수한 활동에서의 역할이 우리와 완전히 일치되기를 바라고 그것이 임무에 도움이 될 것이라고 믿기 때문이다.

다시 말해보면 우리가 생각하기에 공동체는 성원들이 '몸과 마음을 다해' 소속된 집단에 관여하지만, 조직에 대해서는 사람들이 일부분에만 관여하고 관심을 두는 것 같다. 조직에 관여하는 사람들은 조직 속에서 그리고 조직을 위해서 일하면서 자신의 역할에만 몰두하기 위해 자신의 역할만을 받아들여줄 것을 기대한다. 동시에 조직을 개선하기 위해 행위수행을 성찰할 뿐만 아니라 다른 활동이나 장소에 소속된 사람들과의 특수한 역할에 따른 권리나 의무와 혼동되기 않게 하기 위해 거리감을 둔다. 이러한 의미에서 사람들이 조직 내에서 기대가 무엇인지 알 수 있게 하기 위해서 조직 내에서의 역할에 상대적인 안정성이 있어야 한다. 더구나 소속성원들이 조직에 들어오든 나가든 그 역할 자체는 같아야 한다. 사람들은 조직체에 가입하기도 하고 탈퇴하기도 하고, 조직체에 고용되기도 하고 퇴직하기도 하며, 가입을 허락받기도 하고 거부되기도 하지만 조직체는 지속된다. 사람들은 바뀔 수 있지만 생각할 것은 전체 사람이 중요한 것이 아니라 특정한 일을 수행하기 위한 그들이 가진 기술이 중요한 것이다.

우리가 여기서 알 수 있는 것은 조직체는 공식적인 목표를 추구하기 위한 계산과 예상을 한다는 것이다. 사회학사의 중요인물인 독일 사회학자 막스 베버는 현대사회에서 조직체의 확산은 일상생활의 계속적인 합리화의 징후라고 보았다. 전통적이고 감정적인 행위—예정된 결과를 생각하지 않고 습관이나 관습, 그리고 순간적인 감정에 의해 일어나는 행위—와 달리 합리적 행위는 확실한 목표를 가지고 있다. 그래서 행위자는 그들의 목표를 위해 적절한 효과, 효율적이고 경제적인 수단을 선택하는 데 있어서 그들의 사상과 노력을 집중하도록 요구된다.

베버의 경우는 조직체의 성격, 더 구체적으로 말해 '관료제'의 성격은 합리적 행위의 요건에 극단적인 적응을 보여준다. 관료제의 방법은 합리적으로 목표를 추구하는 가장 효과적인 수단을 보여준다. 사실 베버는 조직체가 합리성의 도구가 되기 위해서 조직성원들의 행동과 그들의 관계에서 관찰되어야 하는 원리들을 열거했다.

이러한 분석에 따르면 조직체 내의 모든 사람들은 수행할 역할에 맞는 규칙에 따라 그들의 '직무상의 능력'에 의해서만 행동해야 한다는 것이 중요하다. 가족관계, 업무관심, 개인적 동경심, 그리고 반감 등과 같은 사회적 정체성의 여러 측면들을 조직체에서 무슨 일을 하고 그 일을 어떻게 수행하는지, 다른 사람들이 자신들의 행동을 어떻게 판단하는지 하는 것과 연결지어서는 안 된다. 이러한 것을 달성하기 위해 완전한 합리적 조직체는 업무들을 단순하고 기본적인 활동으로 쪼개고, 각 참여자들은 서로 노력하여 자신의 일에만 열중하는 전문가가 되어야 한다. 더구나 각 개인은 모든 일의 한 부분에만 책임을 지고 있어서 다른 분야는 관여하지 않는다. 이것이 의미하는 것은 모든 일의 각 분야는 책임자가 분명하게 드러나고 권한도 서로 중복되지 않음을 보장한다는 것이다. 이로 인해 합리적 목표추구에서 벗어날 수 있는 애매성을 피하게 된다.

베버는 위의 설명에 관료제의 성격을 부가하였다. 관료들 각 역할의 실제적 수행에서 그들은 개인적인 특수성을 고려하지 않은 관념적인 규칙에 따라 행동해야 한다. 관료들은 직무에 '맞추어' 임명되어야 하고 직무에 맞는 능력이나 성격의 적합성에 의해 승진되기도 하고 좌천되기도 한다. 귀족출신 혹은 평민출신, 정치적 신념이나 종교적 믿음, 인종, 성별 등과 같은 판단에서 나온 사항들은 관여되어서는 안 된다. 현재 각 역할을 맡고 있는 개인들은 분명한 역할과 기대에 따라 행동을 해야 하고 그들의 능력과 기술도 지위에 따른 임무에 맞추어야 한다. 또한 조직체는 조직성원 선발기준을 합리적 규칙에 따라 이루어지도록 해야 하고, 조직성원들이 조직을 떠나거나 다른 자리로 이동하더라도 그 위치에 있는 사람들이 만든 과거의 지침에 따라야 한다. 그래서 조직체의 역사는 축적되는 것이며 개인의 회상이나 충성과는 무관한 것이다.

활동의 합리적인 조정을 보장하기 위해서 역할은 위계서열에 따라 정해져야 한다. 위계서열은 조직체의 전반적인 목적을 위해 지향되는 내적인 업무분담에 맞추어서 정해진다. 위계서열이 낮을수록 업무는 더 전문적이고 세밀한 영역에 맞추어지며, 위계서열이 높을수록 전체적인 목적에 맞도록 시각이 넓고 광범위한 일을 담당한다. 이러한 상황을 만들기 위해 정보서열의 질서는 아래에서 위로 흘러야 하고, 명령은 위에서 아래로 향하게 해야 한다. 이때 위계는 구체적이고 명료해진다. 위로부터의 통제는 아래로부터 나온 규율에 따라 상호교류될 필요가 있다. 그래서 조직체를 통해 행동에 영향을 줄 수 있는 권력은 위계적이다.

집단의 통합이라는 주제로 되돌아가 보면, 여기서 중요한 핵심은 모든 사람들의 결정과 행동의 선택은 조직체의 전체적인 목표에 따라야 한다는 가정이다. 대체로 조직체는 두 개의 공개된 문을 가진 두껍고 통과하기 어려운 장벽으로 둘러싸여 있어야 한다. 조직체가 수행할 목표와 그에 따른 임무가 주어지는 '투입'이 있고, 그 조직체 과정의 결과를 제공해주는 '산출'이 있다. 재화와 용역에 의해 임무를 부과하는 것과 결과를 생산하는 것 사이에 모든 외부적 영향은 금지되어야 한다. 그것은 조직체 규칙의 엄격한 적용과 분명한 목표를 추구하는 데 가장 효과적이고 효율적이며 경제적인 수단으로 관여하기 때문이다.

베버는 합리적인 조직체의 특징을 이끌어내면서 실제로 모든 조직체가 이러한 특징을 보이지는 않는다고 주장한다. 그렇지만 그는 이러한 이념형을 제시함으로써 우리 삶의 측면들이 일상화를 통해 계산성과 예견성에 목표를 둔 '규칙과 과정'을 더 따르게 된다고 주장하고 있다. 이 과정을 미국의 사회학자 조지 리처는 '사회의 맥도날드화'라고 했다. 베버의 연구에서 우리가 알게 된 것은 절대적인 가치에 의한 행동이 성공 가능성의 여부와 관계없이 역사 속에서 점차 우리 삶의 작은 부분이 되고 있다는 것이다. 이러한 것들을 베버는 근대성의 전진에 의한 '미몽에서 깨기'(disenchantment)라고 표현했다.

비록 피고용자나 고객에게 영향을 미치는 베버의 이상적인 모델에 가장 가까운 조직체가 있다고 하더라도, 모델은 대개 완전하지 않을 수 있다. 그렇기 때문에 문제는 완전하게 될 수 있는가 하는 것이다. 하나의 역할에만 적응하거나 혹은 다른 관심에 눈 돌리지 않고 하나의 임무에만 열중하도록 지향된 개인은 현실에 맞지 않는 허구이다. 그러나 이것이 조직의 목표를 추구하는 데 있어서 효율성, 효과성 그리고 경제성의 이상화로 조직의 전략적 경영이라는 의미는 아니다. 실제로 조직의 필요요건을 위해 조직생활의 공식적, 비공식적 측면을 결합하려는 계속적 노력으로 조직경영을 실천하게 된다. 그래서 경영의 실천은 위의 문제에 대한 해결의 방향에 따라 달라진다. 즉 조직의 컨설턴트와 소위 경영의 '귀재들'로부터 받은 도움을 통해 문제를 해결하면서 달라진다. 이 과정에서 우리는 집단의 목표를 위한 개인들의 행동을 조종하는 문제의 해결로써 창의적 아이디어를 계속 보게 된다. 예를 들어 '총체적 질적 경영', '비즈니스 리엔지니어링', '인간자원 경영', '목표 경영' 그리고 조직체 내의 '정당한 문화'를 갖는 것에 대한 관심이 그것이다.

공식적인 차원을 구성하는 규칙이나 절차와 달리 조직체의 비공식적인 측면에 의해 조직체 성원들은 의미 있는 타자의 안녕뿐만 아니라 자신에 대해서도 자연스럽게 관심을 갖게 된다. 여기서 의사결정의 특정한 형태와 관련한 위험과는 반대로 영향을 받을 수 있다. 또한 의심스럽거나 혹은 논쟁적인 문제에 대한 의사결정을 피하려는 경향이 일어날 수도 있다. 예를 들어 급한 서류나 결정할 문제를 다른 사람의 책상에 던져 놓음으로써 책임을 회피하는 '뜨거운 감자'라는 개념이 그것이다. 부담을 벗어나게 되면서 그것은 곧 다른 사람의 문제가 된다. 또한 조직체의 어떤 사람이 받은 상사의 명령이 자신의 신념과 맞지 않을 수 있으며, 그것이 조직에의 복종이냐 아니면 도덕적 원리냐 하는 선택의 기로에 놓이게 할 수도 있다. 다른 사람들은 상사가 주는 조직의 비밀이 공공복지를 위험스럽게 만들거나 혹은 다른 사람의 타당한 주장과 심지어 조직보다 더 중요한 다른 사람의 주장마저도 위험스럽게 만든다고 믿을 수 있다. 이런 경우는 '내부고발'의 관행에서 알 수 있다. 여기서 조직체 내의 개인과 집단은 조직의 의심스러운 관행으로 보이는 문제를 공공의 영역으로 이끌어 중단시킬 수 있다.

또한 경영의 원칙에 저항하는 이유는 위계구조에서 오는 권력의 불균형에 달려 있기도 하다. 미셸 푸코에 따르면 권력은 늘 자유인들에게 행사되기 때문에 저항은 반드시 따르게 된다. 그래서 조직의 정책을 실현하고자 하는 경영목적은 늘 실천적인 면에서 실질적인 효과에 맞지 않는다고 말할 수 있다. 더구나 조직체의 성원들이 일상적인 삶에서 갖는 편견을 그들의 일에 끌어들이는 것을 보곤 한다. 예를 들어 남성은 여성으로부터 받은 명령을 받아들이지 않으려고 하며, 여성들에게 '승진의 최상한선'이 조직체 내에 없다고 하면서도 여성들은 여전히 불공정하게 경영자의 위치에 오르지 못하고 있다. 이러한 관점에서 사회에서 발견되는 편견의 반영으로 인해 '장점'이 되는 것도 일상적으로 조직체에서 손해가 되는 수가 있다.

이 같은 관찰에서 조직체와 그 환경 사이의 경계가 고정되어 있다는 개념에 대해 의문을 제기할 수 있다. 대신에 경계는 유동적이며 권력자 입장의 전략에 따라 변할 뿐 아니라 외관적으로 일과 무관한 곳에서, 그리고 조직체의 의사결정에 대한 권위를 부인하는 곳에서 오는 압력이나 영향에 따라서도 변한다. 예를 들어 기술적으로 계산된 행동을 하면서 갖는 한계 혹은 의사소통의 흐름에 제한을 두어 지나치게 비밀에 집착하면서 갖는 한계가 공공의 이미지에 영향을 미치는 것을 예상할 수 있다.

이것은 공공의 관심과 분노를 일으킬 수 있는 문제와 관련이 있을 수 있으며 혹은 새로운 기술발전에 대한 경쟁적인 학습을 막는 것과 관련이 있을 수 있다.

이러한 것들은 실천적인 모델의 한계들이다. 여기에 적용하는 조건으로 두 가지 가정을 생각해보자. 먼저 조직의 업무분담에 관여한 사람은 맡은 역할에만 국한된다는 것을 알 수 있으며, 또 조직체는 대체로 조직의 확실한 목적에 관계없는 다른 모든 관심과 영향을 효과적으로 차단한다는 것을 알 수 있다. 이러한 조건이 아무리 부적절하다고 할지라도 만약 조건으로 작용한다면 이 조건은 조직활동의 합리성을 보장할 것인가? 그러나 이러한 것은 일어나지 않을 것이라는 강력한 주장이 있다. 왜냐하면 이러한 이상적인 처방은 합리성의 형태를 실현하는 데 수많은 방해를 낳을 수 있기 때문이다.

우선 자리가 주는 권위와 그 자리가 갖는 기술의 권위는 같은 비중으로 다루어진다. 이렇게 두 가지 서로 다른 권위들은 일치하고 조화를 이루는가? 사실 이 둘은 서로 충돌할 수 있으며 그렇지 않으면 적어도 긴장관계에 있는 것처럼 보인다. 예를 들어 의사와 같이 전문적으로 훈련받은 사람이 있다고 하자. 이 위치는 그들의 의사결정에 많은 비용이 들어갈 것이라고 기대할 수 있는 자리이다. 만약 그들이 병을 앓는 환자를 만나서 병을 치료하는 약을 처방한다면 어떻게 될까? 여기서 의사로서의 윤리적 의무와 돈벌이라는 문제 사이에 분명한 충돌이 있게 된다.

업무에 따른 노동의 세밀한 분업과 관련한 모델에 또 다른 긴장이 있을 수도 있다. 요컨대 효율성의 증대에 관한 것이다. 그러나 사실 이것은 "훈련된 무능"을 낳을 수 있다. 아주 제한된 좁은 분야에서 신속하고 효율적으로 일을 하는 전문가는 점차 자신의 일과 관련된 폭넓은 시각을 상실할 수 있다. 그래서 활동의 반대적 결과를 보는 데 실패할 것이다. 이것은 그들이 하는 전반적인 일과 일반적인 조직체의 목표에 일상화된다는 것이다(경영자가 작업장의 기술자들에게 그들의 업무에 관한 기술을 이해하는 데 실패했다고 하는 아주 흔한 비판이다). 조직원들이 갖는 아주 협소한 기술 때문에 그들은 변화하는 환경에 적응할 준비를 잘 하지 못하고 신속하고 유동적인 상황에 대응하는 데도 익숙지 않아 준비를 잘 못하게 된다. 다르게 말하면 전반적으로 조직체는 완벽한 합리성의 추구에 희생이 된다. 조직체는 엄격하고 유연하지 못하여 조직체가 일을 수행하는 방법으로는 변화하는 환경에 충분히 재빨리 적응하지 못해 실패한다. 순식간에 조직체는 비합리적인 결정을 하는 공장으로 변하게 될지도 모른다.

내부적인 관점에서 이상적인 모델은 **목표전환**(*goal displacement*)을 하기 쉽다. 조직체의 효율성을 위해 모든 조직체는 그 능력을 재생산해야 한다. 달리 말해 모든 상황에서 의사결정과 행동을 취할 준비를 끊임없이 해야 한다. 그러한 재생산은 외부의 간섭에 견딜 수 있는 자기 영속화의 메커니즘이 효율적으로 작동할 것을 요구한다. 여기서 문제는 목표 자체가 외부의 간섭에서 나오는 경우가 있다는 점이다. 조직체가 처음에 요구되는 임무를 완수하지 못하도록 막는 메커니즘을 가진 모델은 없다. 반대로 모든 가능성을 제시하고 심지어 소망을 갖게 해서 자기보존을 위한 관심이 조직체 활동과 권위영역의 끊임없는 확장을 부추길 수 있다. 사실 조직체를 만든 명분으로 보였던 원래의 임무는 자기영속성과 자기확장을 위한 조직체의 강력한 관심에 의해 이차적인 것이 될 수도 있다.

그래서 조직체의 생존이 업무수행의 합리성과는 반대로 조직 고유의 새로운 목표가 되고 있다.

위에서 알 수 있는 또 다른 경향이 있다. 역할기대와 역할수행에 대해 조직체가 부분적으로 요구하는 것들이 있다. 이것은 사회정체성과 자아정체성이 일부 의미에서 조직의 존재와 분리되어 있다는 것을 가정한다. 전체를 포괄하는 상황에서 조직체는 종교의 기원에 대해 언급했던 공동체의 성격을 드러낸다. 즉 삶의 모든 측면에서 소속성원들에게 충성을 요구한다. 조직체는 자주 발생하는 급속한 변화의 성격에 대응해야 하기 때문에 이러한 변화에 대한 거부와 자기만족은 경쟁적인 도전이 부족하다는 징후로 취급된다. 그래서 피고용인들이 유연하고 역동적이며 혁신적이어야 한다는 것이 아주 중요하게 생각된다. 그래서 조직체는 성원들의 기질, 속성, 성향, 기술, 지식과 동기에 많은 관심을 갖는다. 지금까지 조직체가 흥미를 갖지 않았던 영역에 대한 일련의 준-과학적인 관행이나 관심을 이제 조직체가 일상적으로 눈여겨보게 된다.

이러한 과정에서 이상적인 모델과 그 모델의 합리성의 개념에 대한 문제가 우리 삶의 감정적인 측면을 차단하는 것으로 생각하게 했다. 이제 '감정적인 사고', 지원자의 정신심리 측정, 그리고 사무실 설계의 미학적인 관심이라고 하는 것이 조직체의 관심에 포함될 것이다. 우리가 말한 분야, 조직체의 역할 성격과 함께 지금까지 사생활영역이라고 한 피고용인들의 삶에 대한 관심도 더욱 일상적이 되고 있다. 이러한 것은 심지어 조직성원들에 대한 일상화된 감시로 확대된다.

데이비드 라이언은 그의 저서 『감시사회』(*Surveillance Society*)에서 조직이 어떻게 컴퓨터 소프트웨어를 이용해서 전자메일을 감시하고 종업원들이 회사정책을 어기는지에 주목했다. 즉 건물 내 '편의'를 위해 전화와 스크린의 가장 가까운 위치를 알려주는 사람이 있지만 중앙 컴퓨터도 이러한 목적을 가장하면서 활발하게 감시하고 있고 약물검사를 실시하며 사립탐정을 고용해서 통상적으로 개인의 정체성의 모든 면을 조사해서 좋은 사람인지를 알려고 한다. 이러한 과정에서 정체성이 구성되는 방법도 변하게 된다. 그러나 시공간의 일상적인 감시에 대한 그리고 작업활동에 적용할 수 없는 영역까지 침투한 것으로 보이는 것에 대한 저항이 있을 수 있다.

사람들에게 부담을 주는 요구에 대한 저항은 비슷한 것이기 때문에 인간집단들의 모델에는 두 가지, 공동체와 조직체가 요구된다. 공동체의 어떠한 이미지도, 조직체의 어떤 모델도 인간 상호작용의 관행을 자세히 나타내지 못한다. 두 모델은 인위적으로 분리되어 있는데 인간행위의 양극 모델로써 흔히 서로 다른 동기와 기대를 가진 것으로 그려지고 있다. 실제의 환경에서 인간행위는 확실하게 구분되고 일상적으로 개인의 행위에 부과되는 기대에 긴장이 드러난다. 공동체나 조직체의 성원들에게 그 성격을 드러냄으로써 공동체와 조직체는 복잡하고 엉켜진 행동을 단순하게 하는 고유한 성향을 보여준다. 그래서 이러한 것은 행동을 단순하게 만들기도 하지만 상호작용을 서로 반대 방향으로 끌어당기는 두 개의 인력으로 갈라놓기도 한다.

극단적인 모델과 달리 일상적인 상호작용은 혼합되어 있다. 그것은 긴장을 일으키기 쉬워서 이질적이다. 예를 들어 가족은 많은 가족들이 그렇듯이 이상화에 부합되지 않는다. 사람들을 통합하는 어떤 집단과 마찬가지로 수행해야 할 임무가 있다는 것이다. 그래서 가족도 조직체가 해야 할 행위수행의 기준을 보여준다. 한편 모든 조직체에서는 구성원들 간에 오랫동안 서로 끌어당기는 인간적 유대감이 발전하는 것을 피할 수 없다. 순식간에 상호작용의 비공식적 유형이 나타나서 명령과 복종의 공식적 관계와 중복되기도 하고 그렇지 않기도 한다. 사회학자들은 오랫동안 이러한 관계를 인식했으며 조직체의 공식적인 조건과 어떻게 일치하는지 혹은 긴장을 하는지 주목했다.

이상적인 모델이 제시하는 것과 반대로, 실제로 임무지향적인 일의 수행은 상호작용이 특정한 역할에 국한되지 않는다면 크게 도움이 될 수도 있다. 회사는 조직체의 틀 속에서 피고용인들의 관심과 흥미를 이끌어냄으로써 그들에게 아주 간곡하게 임무를 요구하게 된다. 조직체의 명령 하에 있는 사람들은 조직체의 공식적, 비공식적 측면의 혼합을 이용할 수 있다. 이러한 전략은 경영이론에서 '문화전환'(cultural turn)으로 나타난다. 그것은 가치, 임무수행, 동기, 팀워크, 그리고 직무보고의 강조와 관련이 있다. 예를 들어 이제 조직체는 레크리에이션, 오락시설, 쇼핑 서비스, 독서집단 그리고 심지어 주택까지도 제공하고 있다. 이러한 부가적 서비스 중 조직체의 외양적인 임무와 관련 있는 것은 없다. 그러나 이러한 모든 것이 '공동체 감정'을 낳고 성원들에게 회사와 자신을 동일시하도록 만든다. 조직체의 정신과 동떨어진 것으로 보이는 이러한 감정이 조직체의 목적에 조직원들이 헌신하게끔 만들고, 합리성의 기준에서 완전히 비인간적인 환경의 역작용의 결과도 중화시키게 된다.

공동체와 조직체는 비록 소속원들의 관행이 그들의 기대에 부응하지 않더라도 그들 소속원들에게 자유가 가정되어 있는 것처럼 작용한다. 그래서 소속원들은 지배적인 기대와 반대로 떠나기도 하고 행동하기도 한다. 그러나 조직체가 명백히 자유를 부인하고 사람들을 조직체의 규정에 강제로 묶어두는 경우도 있다. 이러한 것을 어빙 고프만은 '전체제도'(total institution)라고 했다. 전체제도는 모든 성원의 삶이 엄격한 통제에 놓여 있는 강제적인 공동체이며 소속원들의 욕구는 부인되고 조직체에 의해 좌우된다. 그래서 행동은 조직체의 규칙에 의해 제재를 받게 된다. 보딩스쿨, 군대, 감옥, 정신병원은 어느 정도 차이는 있지만 전체제도의 모델과 흡사하다. 여기에 소속된 사람들은 항상 일상적인 감시하에 있게 되며, 규칙에서 벗어난 행동은 쉽게 발각되고 또한 그런 행동에 대해 처벌을 가하거나 금지한다. 소속원들에게 바람직한 행동을 끌어내고 협력하도록 하는 정신적인 몰입이나 물질적인 이득에 대한 희망은 없다. 그래서 우리는 전체제도에서 또 하나의 특징을 발견할 수 있다. 규칙을 만드는 사람과 규칙에 속박된 사람으로 엄격하게 나눌 수 있다는 것이다. 임무수행과 계산성의 대체로써 강압의 효과는 서로 연결할 수 없는 양측 사이의 갭에 의존한다. 말하자면 개인 간의 관계는 전체제도 내에서 발달하고 감시자와 수용자 사이의 거리를 확대한다.

요약

매뉴엘 카스텔은 『정보시대』(*The Information Age*)라는 그의 저서 세 권 가운데 두 번째 책 결론 부분에서 우리는 '합리적인 기대'에 의해 점차 통제받는 네트워크, 시장, 그리고 조직의 성장을 목격하고 있다고 쓰고 있다. 그러나 이러한 것이 오늘날 서구사회의 지배적인 경향이라고 하더라도 통합을 이루는 유대라는 연구에서 가장 놀라운 것은 인간들의 집단이 다양하다는 것이다. 그것은 인간 상호작용의 형태들이다. 즉 성원들의 상호의존적인 행동의 지속적인 네트워크를 통해 집단이 존재한다. '대학이 있다'는 것은 많은 사람이 모여 일상적으로 강의에 참여한다는 사실을 의미한다. 즉 이것은 그 목적이 배움이고 한 사람은 말하고 다른 사람은 듣고 필기한다는 점에서 일시적으로 공간 속에서 구조 지어진 의사소통적 만남이다. 이들 상호작용의 행동 속에서 집단성원들은 그 환경에 맞는 올바른 행동이 무엇인지 이미지로 방향을 잡는다.

이러한 이미지는 결코 완전한 것이 아니다. 그래서 상호작용 과정에 일어날 수 있는 상황에 대비해 분명한 규정을 제공하는 힘은 줄어든다. 상호작용을 위한 이상적인 틀은 끊임없이 해석되고 재해석된다. 그 과정에서 새로운 방향과 기대가 제공된다. 해석은 이미지로 되돌아가지 않을 수 없으며, 그래서 이상적인 틀 속에 있는 실천과 기대는 계속적으로 형성되면서 서로 변형된다.

■ 생각해 볼 문제

1. 공동체와 사회정체성은 어떠한 방법으로 연결되어 있는가?
2. 레이몬드 윌리암스가 말한 '공동체가 계속 존재해오고 있다는 것은 공동체의 놀라운 점이다'는 무엇을 뜻하는가?
3. 종교적 교파(sects)와 조직은 다른 것인가? 만약에 그렇다면 어떻게 다른가?
4. 조직에서 비윤리적 관행은 드러난다고 보는가? 만약에 그렇다면 언제, 왜, 그리고 어떤 환경에서 일어나는가?

■ 읽어 볼 거리

du Gay, P. (2000) *In Praise of Bureaucracy: Weber – Organization – Ethics* (London: Sage). 저자는 책임 있는 정부를 추구하는 사회에서 관료제는 중요한 역할을 할 수 있다고 주장한다.

Gerth, H and Mills, C. W. (eds) (1970) *From Max Weber: Essays in Sociology* (London: Routledge and Kegan Paul). 짐멜이나 미드가 주장한 것처럼, 주요 사회학자의 사상을 잘 살펴보는 것은 원전으로 돌아가는 것이 가치 있는 것이다.

Jenkins, R. (1996) *Social Identity* (London: Routledge). 정체성에 대한 사회학적, 인류학적 관점을 유용하게 살펴본 것으로 저자 자신의 분석과 해석이 들어 있다.

Lyon, D. (2001) *Surveillance Society: Monitoring Everyday Life* (Buckingham: Open Unversity Press). 일상적인 감시가 우리 삶에서 점점 범위가 넓어지고 있으며 이 연구는 이러한 것이 어떻게 일어나고 있는지를 보여주며 그 의미에 대해 논의한다.

PART II

우리의 삶: 도전, 선택, 속박

CHAPTER 4

결정과 행위: 권력, 선택, 도덕적 의무

우리의 일상적인 행위에는 여러 문제들이 일어난다. 어떤 것은 아주 정기적으로 발생하기도 하고 오랫동안 힘들지 않게 하는 것도 있지만, 다른 어떤 것은 갑작스러운 환경변화로 인해 더욱 깊게 생각하게 만드는 것도 있다. 이런 문제들은 원래 신경 쓰이는 것은 아니지만 우리가 누구이며 우리를 둘러싼 세계를 어떻게 이해해야 하는가에 대한 쟁점을 던져준다. 때로는 이러한 것이 왜 일어나는가 질문하기도 한다. 이러한 것을 물을 때, 우리는 모두가 공유할 수 있는 과학적 행위로 보려는 습관에 빠진다. 이것은 '원인의 결과'로써 사건들을 설명하는 습관이다. 이러한 쟁점들이 어떻게 연관되고 일상생활에서 우리의 결정과 행위를 어떻게 특징짓는가 하는 것이 이 장의 주제이다.

의사결정

사건의 원인과 결과를 설명할 때 우리의 호기심은 대부분 사건이 불가피하게 일어날 수밖에 없다는 결론을 내리게 될 때 충족된다. 도로 건너편의 집이 왜 폭발했는가? 왜냐하면 가스파이프가 새고 가스는 가연성물질이며 스파크가 생겨 발화되었기 때문이다. 도둑이 창문 깨는 소리를 왜 아무도 못 들었는가? 왜냐하면 모든 사람이 잠들었고 사람들이 잠잘 때는 정상적으로 소리를 듣지 못하기 때문이다. 하나의 사건이 늘 다른 사건으로 인해 발생한다는 것을 알게 되거나 혹은 대개 다른 사건이 뒤따라 일어난다는 것을 알게 되면 그제야 설명을 위한 조사는 마무리된다. 전자는 예외가 없기 때문에 '법칙'을 말하는 것이고 후자는 대부분의 경우에서 일어나기 때문에 '규칙'에 대한 것이다. 그러나 한 사건은 반드시 또 다른 사건에 의해 일어나기 때문에 두 유형에서 중간적인 선택의 가능성은 없다.

이런 형태의 설명은 인간행위에 적용하게 될 때 문제가 된다. 우리는 행위에 의해 나온 사건을 다룬다. 사람들의 행위는 무엇보다 선택에 직면해 있다. 잠재적으로 행위방식은 다양하기 때문에 사건을 필연적인 것으로 생각하진 않는다. 만약 그렇다면 확실성의 정도로 추론될 수 있는 일반적인 가정이 없게 되고 예측도 하지 못하게 된다. 그리고 사건을 소급적으로 생각해서 이해할 수 있다. 즉 뒤늦은 깨달음이지만 행위를 그 행위의 맥락이 가진 특정 규칙이나 성격으로 이해할 수 있는데 그 규칙이나 성격들은 우선 행위를 한 다음에 나오게 된다. 그러나 여전히 놓치는 부분이 있다. 왜냐하면 경험을 통해 사람들이 목적적인 행동을 수행한다는 것을 알게 되기 때문이다. 그러한 토대에서 한두 가지 이유로 사람들이 선호하는 상황을 만들거나 그 상황에 반응하면서 '동기'를 찾는다. 그래서 우리는 행위과정에서 선택할 능력을 갖게 된다고 할 수 있다. 물론 차를 운전하거나 붉은 신호에서 멈추는 것은 행위자의 일상적인 형태일 수 있지만 그것도 근거를 제공받은 선호에 맞춘 표시이다. 이 경우 선호라고 하는 것은 사고를 방지하고자 하는 것이다.

인간행위는 동기를 공유하면서 유사한 조건에서도 다양할 수 있다. 마찬가지로 사람들은 그들이 처한 환경에 따라 다양한 결과를 이끌 수 있는데, 동기를 저버리거나 환경을 무시하기도 한다. 저런 행동보다 이런 행동을 하게 된 이유에 대해 알기를 원한다면 사람들의 의사결정 과정에 주의를 기울여야 한다. 그 해답이 매력적이긴 해도 여전히 만족스럽진 못하다. 왜냐하면 그런 결정은 외관상 언급된 목표에 맞춘 의식적 선택에 따라 만들어졌다고 보기 때문이다. 그래서 분별없는 행동과 충돌하게 되는데 거기에는 두 가지 유형이 있다.

첫째, 앞서 논의한 것처럼 **습관적** 행동이다. 우리는 잠이 덜 깬 채로 일어나서 양치하고 아침의 일상적 틀에 따라 행동한다. 일상적으로 따라하고 그러한 행동에서 뭔가를 생각하지만 의식적인 의사결정을 통해 하는 것은 아니다. 이처럼 어떤 의식적인 계획 없이 우리 행동의 일부분이 되어 정해진 시간에 식사를 하고 그 외 다른 습관적 행동을 발전시킨다. 그러나 그런 일상이 예기치 않은 방해로 깨어지면 우리는 습관이 안내 역할을 할 수 없기 때문에 의사결정을 해야 한다. 그래서 습관적 행동은 과거 학습의 축적물로 드러난다. 일상적 반복으로 일상적인 유형에서 만나게 되는 환경을 가정할 때, 많은 행위에서 필요한 생각, 계산, 결정은 습관적 행동을 통해 줄어든다. 실제로 행동은 습관화되어서 행동이 어떻게 일어나는지와 그 행동의 출현 이유를 설명하는 데 어려울 수 있다. 주지한 것처럼 행동이 일어나는 환경의 일상성과 규칙성이 깨어질 때 우리는 주의를 기울여야 한다고 말한다.

분별없는 행위의 두 번째 유형은 강한 감정에서 나오는 행동이다. **감정적** 행위는 행동의 목적과 가능한 결과를 알게 하는 합리적 계산을 멈추게 하는 것이 특징이다. 그러한 행동은 강박적이며 이성의 소리에 귀를 기울이지 않는다. 그러나 시간이 지남에 따라 열정은 가라앉고 사려가 생겨서 그런 행동은 누그러지게 된다. 이런 행위의 형태는 사랑하고 소중히 여기는 사람들에게 상처를 줄 수 있다. 그러나 행동이 미리 계획된 것이라면 영향을 미치지 않을 수도 있다. 왜냐하면 계산된 결정에서 나온 결과이기 때문이다. 행위가 분별력이 없고 즉각적이며 계획된 것이 아닐 때 감정적이라고 말할 수 있다. 그런 행동은 논쟁으로 누르거나 결과를 주시하기 앞서서 나타나는 행동이다.

습관적인 그리고 감정적인 행위를 흔히 '비합리적'이라 한다. 그런 행동을 바보스럽거나 무익하거나 잘못 혹은 나쁜 것으로 보아서는 안 되며, 행동의 유용성으로 평가하고자 해서도 안 된다. 왜냐하면 많은 습관화된 일상은 유익하고 유용할 수 있기 때문이다. 실제로 그런 행동들이 우리의 일상적 삶을 보충하는 실천적 활동을 만들어낸다. 더구나 행동하기 전에 모든 행위를 심사숙고하는 부담을 덜어준다. 마찬가지로 결과를 예정하지 않고 분노를 폭발하는 것은 그 사건이나 행위 혹은 쟁점에 대해 어떻게 느끼는가를 다른 사람이 이해하도록 하는 데 도움이 될 수도 있다. 이런 점에서 비합리적 행위는 합리적 행위보다 더 효과적인 것이다.

합리적 행위는 의식적 선택으로 특징지어지며 목표달성을 향한 수많은 행동의 과정에서 나온다. 이러한 '도구-합리적' 관점의 행위에는 주어진 목표의 요건에 따라 수단이 선택된다. 합리적 행위의 또 다른 형태가 있다. 목표를 향한 수단의 선택을 필요로 하지만 이런 경우에는 그 목표성취를 더 가치 있는 것으로 비중을 둔다. 이처럼 '가치–합리적' 행위는 절심함과 같은 사항들로 동기화된다. '사람의 마음을 움직이게 하는', 매력적이고 바람직한 그리고 느낌에 끌리는 것에서 나온 행위이다. 그러한 사항에는 주어진 목표와 다르게 측정되는 수단의 선택이 있다. 그것은 옳고 그르다는 결정의 선택이 궁극적인 기준이 된다. 더구나 선택하는 행위는 선동, 자극, 억압이 없는 행위자의 자유로운 선택에서 나온 것으로 자발적인 것이다. 이는 습관적으로 나온 것도 아니고 순간적으로 열정이 폭발해서 나온 것도 아니다.

의식적이고 합리적인 사고를 통해 행위과정을 선택하게 되면 가능한 결과를 예상할 수 있다. 이러한 것은 행위가 발생할 현재의 상황과 행위의 결과로 예상되는 효과에 대한 평가를 필요로 한다. 여기서 통상적으로 이용 가능한 자원과 우리 행동의 가치를 생각하곤 한다. 피에르 부르디외는 행위에 적용되는 자본의 형태를 다음과 같이 상징자본, 문화자본, 경제자본으로 구분한다. 상징자본은 대상의 속성에 특정한 의미를 부여하는 힘에 관한 것이고, 문화자본은 우리가 가진 그리고 우리 행동에 의지하는 기술과 지식에 관한 것이며, 경제자본은 부와 물질적 자원에 대한 접근이다. 이러한 자원은 다양하게 사용될 수 있고 자원에 따라 각기 다른 여러 장점들이 있으며 각각의 근거에 맞춘 유용한 특징이 다르게 나타난다. 상징자본은 대상과 속성에 의미를 부여하면서 가치 있는 것이 무엇인지를 평가하게 하고 그에 대한 이유를 찾는 것이다. 가장 유용한 것을 위해 기술을 적용하려고 선택하게 되고 의지에 따라 자원의 정도를 늘리기도 한다. 그래서 미래의 자유에 대한 폭을 증가시킨다. 궁극적으로 가치는 새로운 CD 플레이어, 휴가, 사회학책 구입에 더 많은 돈을 쓰게 되는 결정에 주인 역할을 하는 것이다. 자원과 가치를 생각하는 것은 우리가 누릴 수 있는 자유의 정도를 보여준다. 그것은 우리가 할 수 있는 것과 우리가 할 수 없는 것에 대한 것이다.

가치, 권력 그리고 행위

무엇을 할 수 있는가에 대해 말한다는 것은 행동을 통제하는 능력과 함께 사회적 행위를 구성하는 능력에 대한 두 가지 차원을 언급하는 것이다. 행위를 통제하는 능력을 가지고 있지만 동시에 행위를 즐기는 자유의 범위는 다르게 분포되어 있다는 것이다. 아주 간단하게 말해 많은 사람은 다양한 자유의 정도를 가지고 있다. 선택의 자유가 사람들마다 다르다는 사실은 사회불평등을 의미한다. 보다 넓은 맥락에서 최근의 용어로 '사회적 배제'이다. 일부 사람들은 보다 많은 자원에 접근하기 때문에 보다 넓은 선택범위를 향유하게 되는데 이런 것을 **권력**이라고 한다.

권력은 행동이 지향하는 자유롭게 선택된 목표에 맞춰 필요한 수단을 자유롭게 쓰는 것이다. 그래서 권력은 할 수 있는 능력이다. 권력이 많으면 많을수록 선택의 폭은 더 넓어지고 현실적으로 추구할 수 있는 결과의 범위도 더 넓어진다. 권력이 없다면 혹은 권력이 뒤진다면 행위의 결과에 맞는 현실적인 희망을 가감하거나 줄이야 할 필요가 있다. 그래서 권력을 가지는 것은 더욱 자유롭게 행동하는 것이고, 상대적으로 권력이 없거나 권력이 뒤진다는 것은 행동을 결정하는 능력의 측면에서 선택의 자유가 다른 사람의 결정으로 인해 제한을 받는다는 것을 의미한다. 자율권을 행사하는 사람은 다른 사람의 입장에서 보면 타율성을 경험하게 하는 것이다. 자유를 키우기 위해 타인의 자유를 평가절하하게 되는데 여기에는 두 가지 방법이 있다.

첫 번째 방법은 강압(*coercion*)이다. 강압은 다른 사람의 자원이 아무리 크다고 하더라도 그 상황에 적절하지 않거나 비효과적이라는 점을 들어 타인의 행위를 통제하는 것이다. 상황조작을 통해 완전히 새로운 게임이 만들어지는데, 조작을 하는 사람은 유리하게 된다. 예를 들어 강도의 희생자가 부유한 은행가나 힘 있는 정치가라고 했을 때, 그 사람은 각 자원에서 어느 정도 큰 자유를 가정하지만 어두운 거리 같은 다른 차원에서 칼로 위협받거나 물리적인 공격자의 힘에 직면하게 되면 '할 수 있는' 능력을 잃게 된다. 이렇게 될 때 소중한 가치를 다시 생각하도록 하는 것은 그들의 관행을 평가하고 그들이 몰랐던 권위에 대해 사람들이 문제제기를 하게 하는 것이다. 그래서 이러한 상황에 대한 반응을 통해 다른 가치들이 드러나게 된다. 예를 들어 집중캠프의 극한 상황에서 자기보존과 생존의 가치는 모든 다른 선택을 의미 없게 하는 것일 수 있다.

두 번째 방법은 다른 사람의 욕망을 자신의 목적을 위해 쓰는 협력의 전략이다. 이런 형태의 특징은 상황조작이다. 권력을 가진 자가 만든 규칙에 따를 때 사람들이 그들이 추구하는 가치를 확보할 수 있다는 점에서 상황조작이라고 한다. 용맹한 군인들이 적을 죽이도록 사기를 불어넣고 그 효과를 발휘하기 위해 메달과 표창을 통해 그들의 사회적 위치를 높여 주는 것이다. 공장근로자들의 경우 더욱 헌신적이고 열정적으로 일하면서 경영자의 규칙에 무조건 순응하게 되면 보다 나은 삶의 수준(임금상승)을 얻게 될 것이다. 그래서 하급자의 가치는 상급자의 자원이 된다. 하급자는 그 자신이 목표로써 평가되는 것이 아니라 권력자의 목표에 봉사하는 데 적용되는 수단으로 평가된다. 결국 이러한 통제에 순응하게 되어 그들은 자유의 상당한 부분을 포기할 수밖에 없다.

다른 사람들의 행위는 우리가 추구하는 목표의 가치에 영향을 미치고 이러한 목표를 달성하는 것이 얼마나 현실적인가를 평가하는 데 영향을 미친다. '현실'이라고 하는 것과 '이상'이라고 하는 것은 우리가 다른 사람과 맺는 관계와 우리 행동에 이용할 수 있는 자원을 통해 주어지는 것이다. 그러나 우선 이러한 가치는 어디서 나오는가? 무엇보다 우리는 왜 어떤 목표를 더 중시하고 다른 것은 무시하거나 평가절하하게 되는가? 우리의 방향을 알려주는 가치는 자유선택의 문제인가? 이런 질문은 우리 자신을 이해하는 데 기본적이다. 즉 우리가 상호작용을 하면서 행동에 영향을 미치는 상황을 이해하는 데 기본적이다. 다음의 예를 보자.

우리는 고등학교 졸업 후 곧장 대학에 가기를 원한다. 그러나 일부 친구들은 다른 결정을 하고 우리의 선택에 대해 공박한다. 대학생활 동안 희생하면서 제대로 먹지도 못하고 학자금 부채에 시달리는 것보다 직업 일선에 뛰어드는 것이 더 흥미진진한 것이라고 확신한다. 그래서 마음을 바꿔 일시 수입을 위해 일자리를 찾아 얼마간 편익을 찾으려고 한다. 경영진은 조직을 정비하고 잉여인원을 정리하려고 하지만, 일자리는 확보될 것이고 승진을 위한 희망도 갖게 될 것이다. 노동조합의 회원으로서 동료들은 파업행동에 찬성하지만, 경영진은 파업하면 모든 사람이 해고되는 결과를 낳게 되어 중요한 질서가 상실될 것이라고 공언한다. 우리는 그런 상황을 충분히 이해하면서도 피하려고 한다. 그러나 그런 행동에 찬성하는 대다수의 동료들은 그들의 일자리보다 연대감에 더 우위를 두는 듯하다. 우리의 입장을 되돌아보면 우리의 관심이 동료들과 연결되어 있음을 알게 되고 그래서 파업에 찬성하게 된다. 결국 일자리를 잃게 되고 임금으로 얻게 되는 자유도 사라지게 될 것이다.

여기서 어떤 일이 일어나는가? 자신의 행동을 정하고 정당화하는 데 사람들이 받아들이는 가치는 다른 맥락에 있는 사회적 상호작용의 과정에서 변하게 된다. 사람들은 특별한 방식으로 영향을 받는다. 이것은 사람들이 중요하다고 하는 가치의 순서가 바뀌는 데서 나타난다. 이것은 일부 목표를 의식적으로 혹은 자동적으로 다른 것보다 우선적으로 택한다는 것을 의미한다. 어떤 방법이든 결과는 우선권을 가진 목표가 더욱 만족스럽고 고귀하며 도덕적으로 더욱 수준 있는 것으로 정당화될 수 있다. 이런 점에서 우리는 삶에서 무엇이 적절하고 부적절한 행동인가 하는 감각에 조율하게 된다.

알다시피 모든 가치가 의식적으로 선택되는 것은 아니다. 왜냐하면 행동의 대개가 습관적이거나 일상적이기 때문이다. 행동이 습관적이면 그 행동이 주는 가치에 대해 묻게 된다. 습관적 행동은 다른 사람들이 설명해 달라고 요구하지 않는 한, 그리고 행동의 환경이 급격하게 변하지 않는 한 정당화할 필요는 없다. 행동에 대한 이러한 논쟁적인 정당화는 주장하기 어려울 수 있다. 만약에 그렇게 되면 무언가를 말해야 한다. '이것이 늘 해왔던 방법이다' 혹은 '이것이 그러한 방법이다.' 이것은 이러한 습관이 지속되는 시간의 길이가 그 행동에 의문을 가지지 못하게 하는 권위를 주고 있다는 것을 암시한다. 어찌 되었든 의문을 촉발하기 때문에 '강제된' 설명이 되고 있다는 것을 기억해보라.

여기서 알 수 있는 것은 행동이 습관적이라고 하는 것은 그 자체가 합법화 요구를 하지 않는 다는 것이다. 즉 그런 행동이 뒷받침하는 가치나 목적에 따른 기준을 요구하지 않는다. 대개 같은 유형에 따라 습관에 맞춰 반복하는 것이다. 이런 행동이 갖는 가치는 의식하부의 수준에 머물러 있으며 그 영향력은 의식적인 선택이 필요하게 될 때 인식하게 된다. 예를 들어 그 자체 합법화의 측면에서 따르는 가치가 도전을 받거나 무시되거나 의심을 받는 상황이 되면 그 가치의 권위는 의심을 받게 된다.

다른 사람에게 명령할 위치에 있는 사람들, 즉 규칙에 명시된 사람들은 권위를 행사할 수 있다. 이것은 분명히 행동에 영향을 미친다. 그러나 이런 특수한 관계는 하위층과 상위층 사이의 관계를 둘러싼 규칙에 근거한다. 그래서 관료제로 논의를 돌려서, 조직 내의 위계적 노동의 분화가 권위를 어떻게 제공하는가를 살펴볼 것이다. 합법적으로 받아들인다는 것은 특수한 규칙이 그 관계와 일치하고 있는 것일 뿐 아니라, 그들이 공유하고 의식적으로 그 관계에 순응하고자 하는 믿음에 의해 정당화되고 있는 것이다. 이 세 가지 조건—규칙, 정당화, 순응—을 가지는 것은 사람들이 자신의 존재에 기반이 되는 권위와 가치에 따른다는 것을 의미한다.

우리들에게, 즉 개인이나 조직에게 권위가 있다는 것은 정당성을 가져야 한다는 것이다. 그렇지 않으면 다른 사람보다 왜 그들의 조언이 우선권을 갖는지를 보여주는 논쟁이 일어날 수밖에 없다. 이미 경험한 정당성은 오래된, 그리고 그 세월 동안 증명된 전통의 형태로 만난다. 역사는 정당성을 계승하여 통합하고 있기에 인간이 내린 가정을 분리해서 생각해서는 안 된다. 그러나 과거시대라는 이유로 가치를 존경하기보다는 전해오는 가치를 환호하면서 받아들이는 사람들이 적극 나서서 더욱 참되고 순수한 역사적 증거를 찾으려고 노력하게 될 것이다. 역사적인 과거의 이미지는 늘 선택적이다. 그런 것을 좋게 느끼는 것은 가치들이 현대적 검증에 들어맞기 때문이기도 하다. 선조들이 받아들인 특정한 가치가 인정을 받게 될 때, 그 가치들은 현대의 비판에서 살아남게 된다. **전통적 정당성**은 급격한 변화 속에서 특별한 매력이 있다. 그것은 불편과 우려를 낳기도 하지만 상대적으로 안전하게 보이고 선택의 상황에서 고민을 덜어주기도 한다.

또 다른 가치가 묵시의 형태로 보호받게 되는데, 그것은 **카리스마 정당성**이다. 카리스마는 교회에서 신자들에게 행사하는 깊은 영향력의 연구에서 처음으로 나타난 특성이다. 이러한 경우에 카리스마의 개념은 교회가 진리에 접근하는 특권을 부여받았다는 것을 신자들이 확신하는 데서 나온다. 그러나 카리스마를 종교적 신념이나 제도에 국한할 필요는 없다. 가치를 주장하는 사람이 특권을 가지고 있다는 믿음으로 특정가치의 수용이 동기화될 때 카리스마를 말할 수 있다. 그리고 이런 것들이 가치의 전망에 진실성을 보장하고 가치선택의 올바름이 보장되면 카리스마를 말할 수 있다. 그래서 보통 사람들의 이성은 이러한 것을 평가할 수단을 가지고 있지도 않고 인지하는 감각을 의심할 권리도 없다. 지도자의 카리스마가 강할수록 그들이 내리는 명령을 더 의심하기 어렵게 되고 불확실성에 놓인 사람들은 그 명령에 더 쉽게 순응하게 된다.

우리는 신뢰와 위기의 관계가 끊임없이 변하는 불안의 시대에 살고 있다. 앤서니 기든스는 전통사회와 관련 있는 삶에 대한 통제가 무기력감을 증대시키게 되는 외부기관(external agencies)으로 넘어갔다고 주장했다. 매스미디어를 통해 환경에 대해 더 많이 알게 됨에 따라 과학적 발견의 양상이 일상적 의식으로 자리 잡게 되면서, 더 많은 사람이 권위의 이전 형태를 예전처럼 손상할 수 없는 것으로 보지 않고 있다. 독일 사회학자 울리히 벡은 근대사회의 이러한 경향을 '위험사회'라는 이름으로 기술하였다. 위험사회에서는 정당과 사회운동을 통해 대체 서비스를 하면서 그 가치가 변화하는 데 카리스마적인 해결의 요구를 동반할 수 있다. 그래서 정당과 사회운동의 조직들은 카리스마적 권위를 집단적 차원에서 갖게 되고 원칙적으로 카리스마 리더보다 수명이 더 길게 되면서 모두가 새롭고 안정적인 토대에서 영향력을 갖는다.

물론 종교의 교파들이 일상적으로 그 신도들에게 믿음의 궁극적인 행동으로 자살을 요구했던 이전의 강력한 자극이 있긴 했지만, 카리스마 권위의 중심이 종교적, 정치적 영역에서 벗어나 변화하고 있는 듯하다. 이런 상황의 결과와 더불어 변화가 혼란스럽게 일어나는 데는 매스미디어의 출현이 큰 역할을 한다. 단순히 텔레비전이라는 매스미디어에 노출된 개인이나 TV 덕택에 공인이 된 인물들은 이런 상황에 맞는 강력한 영향력을 갖는다. 과거의 카리스마 지도자와 같이 이들은 특수한 생활스타일을 선도하는 사람의 예로써 우수한 판단을 하는 능력을 가진 것으로 신임을 받을 수 있다. 자신이 선택해서 영향을 받게 되는 공공의 인물에 대해 기대하는 사람들은 그 힘을 증대시켜 그런 자원을 가진 사람들의 타당성에 무게를 실어준다.

지금까지 본 두 가지 정당성—전통적, 카리스마적—은 한 가지 공통된 특징이 있다. 그것은 가치를 선택하는 권리와 책임을 포기하는 것이다. 즉 다른 사람들이 우리 대신에 선택을 하면서 우리 행동의 결과에 책임을 지는 것이다. 여기서 우리가 이미 빠져든 세 번째 유형인 **법적–합리적 정당성**이 있다. 일부 조직 또는 그 조직을 대표하는 사람들은 우리에게 어떤 행동을 해야 하는지 알려줄 권리를 갖고 동시에 우리가 무조건 따라야 하는 것이 의무라는 것을 전한다. 그렇게 된다면 지혜란 무엇인지 그리고 조언의 도덕적 특징이 무엇인지를 알지 못하게 된다. 이제 법이나 법의 명령이 우리가 선택하는 권위가 되며 우리 행동을 결정한다. 법적-합리적 정당성은 행동을 가치선택과 분리시키고 행동을 가치중립적으로 만든다. 명령의 실행자는 자신들이 명령을 받아 하는 행동에 대해 고민할 필요가 없으며 그 행동이 도덕검증에 실패하더라도 책임감을 느낄 필요가 없다. '나는 법적 상급자로부터 받은 명령에 따라 행동했다'는 이러한 정당성 때문에 비난에 분개하기도 한다.

법적-합리적 정당성은 잠재적으로 나쁜 결과를 갖기도 한다. 왜냐하면 행위자들에게 가치선택에 따른 책임감을 면제해주기 때문이다. 2차 세계대전과 그 이후 많은 전쟁에서 있었던 대규모 살해, 즉 집단학살이 결코 독특한 예외가 아니라고 하더라도 그런 결과의 전형인 것이다. 살인을 감행했던 사람들은 도덕적 책임을 거부했고 대신에 명령에 따른 복종으로 법적결정임을 강조했다. 그렇게 함으로써 그들은 복종에 따른 결정이라는 이유로 그들의 입장에서 도덕적 선택으로 갖는 책임을 부인하게 된다. 명령계통을 실행자의 시각을 초월해서 확대함으로써 행위자의 시각과 달리 행위와 가치를 분리하는 것은 행위를 분명히 가치자유에 따르게 하고 도덕적 판단에서 벗어나게 한다. 말하자면 행위자들은 언제나 행위의 책임을 갖지만 자유의 책임에서 벗어나게 된다. 이러한 측면에서 도덕적 의무는 긴장상태에서 집단성원들로부터 나오는 자기보존의 욕구와 혼합된다. (우리가 본 것처럼) 이러한 집단의 정체성은 다른 사람의 입장에서 보면 끔찍한 결과를 가져온다. 바꾸어 말해 이러한 쟁점들은 발견하는 상황에 따라 변하고 열망하는 가치로 간주되는 것에 따라 변한다. 이러한 것을 좀 더 진전시키기 위해 이제 경쟁, 배제, 그리고 소유의 문제로 관심을 돌리게 된다.

행위의 동기화

행동은 대부분 욕구에 의해 동기화된다. 우리는 기본적 욕구, 즉 생존욕구를 가지고 있다. 사회현실과 관련된 만족 정도를 제공하는 의미 있는 다른 욕구들도 가지고 있다. 우리가 주장한 것처럼 이런 욕구의 충족은 행동의 자율성에 달려 있다. 다시 말해 행동할 능력뿐만 아니라 행동을 통제하고 이해하고 성찰하는 능력에 달린 것이다. 우리는 대상을 놓고 '필요하다. 가져야 한다'는 말을 얼마나 자주 하는가?

상대적 풍요나 빈곤이 확실한 상황에서 그런 말이 나온다는 것은 일차적으로 중요하다. 서구사회에서 이제 생활스타일은 소비능력과 연결되어 있는 듯하며, 기대하지 않았던 욕구의 만족에 따라 어찌 보면 소비의 목적이 정당화될 수도 있다. 그러나 위의 말에서 일차적으로 중요하다고 한 것보다 욕구의 만족에서 변화가 일어나고 있음에 주목하자. 즉 자기보존이나 심지어 생존을 해칠 수 있는 박탈의 상태로 되는 욕구의 부재이다. 욕구의 만족에서 욕구의 부재로 변하면서 더욱 명확한 행동이 일어난다. 욕구가 없다면 인간의 삶은 망가지게 되고 견디기 어렵게 되며 그 존재마저도 위험하게 된다.

생존이나 자기보존을 위해 필요한 성질은 대상을 '선'하게 만든다. 프랑스 철학자 질레 들레즈와 정신분석학자 펠릭스 가타리가 쓴 것처럼 욕구와 획득(acquisition)이 하나가 되자마자 우리 삶은 의미심장하게도 '부족'한 것이 있다는 것을 느끼게 된다. 우리는 이런 간극을 무언가를 획득하고자 하는 욕구로 채운다. 예를 들어 가게에서 돈으로 교환해서 살 수 있는 상품, 한밤에 거리의 조용함, 깨끗한 공기나 오염되지 않은 물과 같은 것들은 많은 다른 사람과의 협력 없이는 얻을 수 없다. 해당 상품을 사용하든 소유하든, 접근할 수 없다면 욕구는 만족될 수 없다. 늘 이런 것은 타인의 행동과 연관되어 있다. 그러나 우리의 동기가 자신과 관련되어 있다고 하더라도 타인과 연결되어 있으며, 그것을 인식하지 못하더라도 타인의 행동에 의존하고 있고 타인의 동기에도 의존하게 된다.

이런 상황은 분명하게 드러나진 않는다. 반대로 소유를 통해 상품을 갖고자 하는 생각은 대개 '사적인' 문제로 받아들인다. 대상(재산)은 대개 눈에 보이지 않지만 그 소유자와 연결되어 있다. 즉 그 연결에서 소유의 본질을 가정한다. 만약에 소유하고 있다면 소유자의 의지에 따라 사용할 권리를 갖는다. 물론 권리는 특정한 방법으로 정해져 있다. 그래서 보존상태에 있는 정원의 나무는 공식적인 허가 없이는 잘라낼 수 없으며, 자신의 집이라 하더라도 불을 지르면 처벌을 받는 것이다. 그럼에도 불구하고 그런 방법으로 자기 재산의 처분을 금지하는 데 필요한 특별한 법이 있다는 사실은 자기결정권과 재산이 서로 복잡하게 연결되어 있다는 일반적인 원리를 지지한다. 이런 점에서 논의의 문제쟁점이 발생한다.

첫째, 자산(property)의 개념인 노동과 노동의 사용과 처분에 대한 권리는 젠더, 민족, 계급의 영향으로부터 자유롭지 못하다. 노동을 행사하면서 갖는 자산은 권리와 늘 동등하게 생각했다. 이것은 오래되었으며

17세기 철학자 존 로크의 저서에 분명하게 나온다. 여기서 자산에 대한 권리의 개념은 노동을 이용한 최초의 노동자에게서 그 다음 세대로 전해지게 되었음을 알게 되며, 원리는 오늘날까지 전해진다. 그러나 인간 동기의 특수한 관점에 근거해 로크는 '사회계약'을 주장하며 질서가 필요하다고 했으며 그렇지 않으면 사회나 정치가 혼란스럽게 된다고 보았다. 그래서 그의 주장에는 비약이 있다. 여성은 '감정적이고' 남성과 달리 '태생적 의존'을 보이고 있어서 노동에 대한 권리를 가지지 못한다고 주장한다. 결혼은 여자들이 맺는 계약이고 그래서 자산을 넘겨줄 아들을 낳게 된다. 결혼계약은 자산권리를 사회 내에서 안정적이게 하고 남성은 자신의 가계 계승을 위해 아들을 가진다. 사회성원이기 이전에 합리적인 능력이 개별 남성들 속에 있다고 가정하는 것(그리고 사회의 일부 사람들을 무시하는 입장과 반대로 집단이 어떻게 사회정체성을 만들고 있는가를 보는 것)은 차치하더라도, 이와 똑같은 능력이 오늘날까지 존재하는 편견—즉 여성은 감정적이고 남성은 이성적이라는 것—에 근거해서 동등한 능력이 인류의 절반에게는 거부되었다. 그 결과 사회계약에서 여성은 배제되고 있다.

여성을 배재하는 쟁점은 또 다른 문제를 던져준다. 자산관계의 설명에서 핵심적인 내용을 건너뛰는 것이다. 그것은 무엇보다 **배제**의 관계이다. '이것은 나의 것'이라고 말할 때마다 이것은 다른 사람의 것이 아니라는 것을 의미한다. 소유권은 사적인 성질이 아니다. 즉 대상과 소유자 간의 특수관계를 전하는 사회적 문제이다. 동시에 소유자와 타인과의 특수관계를 보여준다. 사물을 소유한다는 것은 사물에 대한 다른 사람들의 접근을 거부하는 것을 의미한다. 그러므로 어떤 의미에서 소유권은 상호의

존성을 설정하고 있다. 그러나 소유권이 우리와 다른 사람들을 구분하긴 하지만 소유권이 우리를 사물과 타인과 연결시키지는 않는다. 소유권의 현실은 상호대립의 관계에서 가진 사람과 가지지 않은 사람을 분리한다. 가진 사람은 (특별하게 법으로 제약을 받지 않는다면) 그것을 사용하고 오용하지만, 가지지 않은 사람은 그런 권리를 갖지 못한다. 또한 이러한 것은 사람들 사이의 관계를 비대칭적으로 만들 수 있다(권력에 대한 논의를 생각해보라). 즉 소유권을 행사하는 대상에 접근조차 못하는 사람은 그것을 필요로 하고 사용하기를 원할 때마다 소유자가 정한 조건에 복종해야 한다. 그래서 욕구나 욕구만족을 위한 의지를 철회하지 못하면 소유자에게 종속되는 위치에 놓이게 된다.

모든 소유권은 사람들을 나누고 구별한다. 그래서 배제된 사람들이 소유한 사람들이 가진 대상을 사용하고자 할 때 소유는 권력이 된다. 예를 들어 노동을 위한 도구, 노동에 필요한 원자재, 기술, 그리고 노동과정에 필요한 부지를 가지고 있다는 것은 권력을 갖고 있다는 것이다. 소비자가 소비하는 재화의 소유와는 다르다. 차를 소유한다는 것, 비디오 레코더를 소유한다는 것, 세탁기를 소유한다는 것은 우리 삶을 더 편하고 즐겁게 하고 위신을 높여주기도 하지만, 반드시 그런 것들이 다른 사람들에 대한 권력을 우리에게 주는 것은 아니다. 물론 다른 사람들이 자신들의 위안이나 즐거움을 위해 사용하기를 원한다면 그것을 사용하는 조건으로 복종을 하라고 할 수는 있다. 우리가 가진 대부분의 물건들이 권력을 주진 않는다. 그러나 다른 사람의 권력에서 자유롭기를 원한다면 그런 물건의 사용을 바라지 않아야 한다. 이런 측면에서 욕구충족이 잘 이루어지면 다른 사람들이 만들어 놓은 규칙과 조건에 순응하는 정도는 작아진다. 이런 의미에서 소유는 힘을 주는 조건이다. 왜냐하면 자율성도 늘리고 행동과 선택도 확대할 수 있기 때문이다. 그래서 소유와 자유는 함께 융화된다.

다시 처음의 논의로 돌아가 보면 소유에서 강조되는 원칙은 타자의 권리가 우리 자신의 권리를 제한하고 우리 자유의 증대는 타자의 자유를 제한하게 된다는 것이다. 이러한 원리에 따라 자산이 힘이 되는 조건은 자유를 제한하는 정도에 따라 달라진다. 여기에는 제로섬 게임에 의해 보상할 수 없는 관심의 갈등을 가정한다. 그래서 공유와 협력으로 획득되는 것은 없다. 자원에 대한 통제에 따라 행동하는 것을 능력이라고 보는 상황에서 이성적으로 행동하는 것은 '모두가 자신을 위한' 명령에 따르는 것으로 볼 수 있다. 이것은 자기보존의 과제가 어떻게 수행되는지 보여준다.

피에르 부르디외는 '도식수용'(doxic acceptance, 역자주–사회세계 또는 자연세계에서 명확하게 겪는 경험으로 당연하게 받아들이는 신념 또는 의견)이라고 하는 것에 대해 썼다. 그는 이 말을 통해 실제로 보이진 않지만 우리가 이해하는 데 적용할 사고의 범주가 얼마나 많은지를 보여주기 위해 사용했다. 그 가운데 가장 영향력 있는 것이(물론 가장 많다고는 할 수 없지만) 경쟁을 바탕으로 한 자기보존이다. 경쟁자들은 자신들이 통제할, 통제하고자 하는, 그리고 통제할 꿈을 지닌 자원을 실제 경쟁자 혹은 잠재적 경쟁자들이 이용하지 못하도록 하는 욕구에 따라 행동한다. 경쟁자들이 차지하려는 재화는 희소한 것이다. 모든 사람이 만족할 만큼 충분하지 않고 일부 경쟁자들이 갖고자 하는 양보다 적기 때문에 어쩔 수 없다. 이것은 경쟁이란 개념에 기본적인 것이고 경쟁활동에 기본적인 가정이며 일부 욕구는 좌절되기 쉽고 그래서 승자와 패자의 관계는 서로 좋아질 수 없으며 영원히 적으로 남게 된다. 똑같은 이유로 도전과 경쟁으로부터 주의 깊게 지키지 못한다면 경쟁을 통한 이익은 안전한 것이 될 수 없다. 경쟁적인 투쟁은 쉽게 끝나지 않는다. 즉 결과가 나온다고 절대 마지막인 것도 아니고 다시 되돌리지도 못한다. 이렇기 때문에 많은 결과가 뒤따른다.

첫째, 모든 경쟁은 독점하려는 경향성 속에서 나타난다. 대규모의 협력은 이제 거대 투자와 관련한 합병가들을 통해 더욱 커지고 있다. 그 과정에서 이익을 보는 측은 손해를 보는 측이 갖는 이익에 대한 권리를 부정하면서 자신들의 이익을 더 안전하고 영속적이게 만든다. 쉽게 잊기도 하고 성취하지 못하는 수도 있지만 궁극적인 경쟁의 목적은 경쟁관계가 자기소멸이라는 본래의 특징을 가지고 있기에 경쟁 그 자체를 없애는 것이다. 만약 경쟁이 계속된다면 기회의 첨예한 양극화로 결국 가게 된다. 자원이 한쪽으로 쏠려 경쟁관계의 한쪽은 더욱 풍부하게 되지만, 다른 쪽에서는 자원이 점차 부족하게 된다. 대개 자원의 이런 양극화를 통해 승자 쪽에서는 모든 다른 상호작용의 규칙을 통제하는 능력을 갖게 되고 패자 쪽에서는 규칙 속에서 경쟁할 입장도 되지 못한다. 그런 경우 이익은 독점으로 바뀌고 이익을 둘러싼 양측 사이의 간극은 더욱 깊어진다. 이 같은 이유에서 저명한 경제학자인 케네스 갈브래이드는 그의 저서 『만족의 문화』(*The Culture of Contentment*)에서 정부조치는 '경제체계의 자기-파괴 경향'을 막는 데 필요하다고 했다.

둘째, 독점적 행위로 초래되는 기회의 양극화는 결국 승자와 패자 사이의 대우를 달라지게 만든다는 것이다. 얼마 지나지 않아 승자와 패자의 위치는 '영원히' 굳어지게 된다. 승자는 패자가 원래 열등하다면서 그 실패를 비난하고 패자는 자신의 불운에 대해 책임을 떠안게 됨을 공언하게 된다. 이러한 사례는 사회문제에 대해 개인적이고 생물학적인 해법을 가져야 한다는 믿음을 주는 사고유형이다. 사회문제를 일으키는 사람들은 무능력하고 허약하며 변화에 쉽게 노출되고 박탈감을 갖고 있으며 부주의하고 도덕적으로 하찮은 사람으로 묘사된다. 즉 무엇보다 그 상황 속에서는 경쟁력이 부족한 사람들이다. 그래서 패자는 자신의 불만에 대한 정당성이 거부된다. 가난한 사람은 부패한 사람보다 더 부패해서 게으르고 나태하며 태만한 사람으로 무시당한다. 자질이 모자라고 자신의 일에 게으르고 태만하며 법을 잘 어기는 경향이 있어서 자신의 운명이 '정해진' 것처럼 여겨질 수 있다. 마찬가지로 남성지배의 사회에서 여성은 억압상태를 자신의 탓으로 돌리고 위신에서도 남성보다 낮다는 것에 한정하면서 감성이 앞서고 경쟁정신이 부족하여 '선천적으로' 열등하다는 설명을 바람직한 기능처럼 가정하고 있는 것이다.

도덕성과 행위

오늘날 시대에 경쟁의 희생자에 대한 비방은 인간행위에 대한 새로운 동기를 침묵시키는 강력한 수단 가운데 하나이다. 그것은 도덕적 의무이다. 도덕적 동기는 이익을 좇는 동기와 충돌한다. 왜냐하면 도덕적 행위에는 연대감과 사심 없는 지원, 즉 보상의 요구나 기대 없이 도움이 필요한 이웃들에게 도움을 주는 의지가 요구되기 때문이다. 도덕적 태도는 타인의 어려움을 생각해서 나오게 되는데 대개 자기억제를 하기도 하고 개인 이익의 자발적 포기를 하기도 한다.

막스 베버는 가계와 기업의 분리를 현대사회의 가장 뚜렷한 특징이라고 말했다. 이러한 전반적 결과는 이익과 도덕적 의무가 각각 지배적으로 중요한 것임에도 그 영역이 분리된다는 것이다. 기업활동을 하게 되면서 가족유대의 네트워크는 떨어져 나간다. 다른 말로 도덕적 의무로부터 자유롭게 된다. 그래서 성공적인 기업활동은 이익에 대한 생각이 유일한 관심 부분이 되고 반면에 가족생활과 가족과 같은 유형의 공동체는 이익의 동기에 벗어나 있어야 한다. 아주 이상적인 말이긴 하지만 기업활동은 도덕적 감정에서 나온 동기에 영향을 받지 않아야 하고 그래서 도구-합리적 행동이 앞서야 한다. 무엇보다 조직의 이념은 합리성의 이상적 요건에 인간행위를 적응하기 위한 시도라는 것을 알게 된다. 그러한 시도는 명령에 따라 단순한 선택을 하거나 명령을 거부하는 것을 통해 대개 도덕적 판단을 무시해야 한다는 것도 알게 된다. 또한 행위자는 대체로 조직이 추구하는 전체적인 목적의 한 부분으로 귀착되고 그래서 행동의 전반적인 결과는 행위자에게 반드시 보여지지 않는다. 중요한 점은 조직이 도덕적 책임감 대신에 규칙을 마련하고 조직성원들에게 규칙을 지키게 하며 상급자의 명령에 따르게 하면서 각 성원들에게 도덕적 의심에서 벗어난 자유를 준다는 것이다. 다른 조건에서 생각할 수 없는 도덕적으로 비난받을 행동도 순식간에 일어날 수 있다.

조직의 규칙에 도덕적 권리를 유보하고 중지시키는 힘이 있다는 것은 미국 심리학자 스탠리 밀그램의 실험에서 잘 나타난다. 1960년대 행해진 이 실험에서 많은 지원자들은 가짜로 만든 '과학적 조사'의 대상자들에게 고통스런 전기충격을 주도록 했다. 자신들의 잔인성이 고귀한 과학적 목적에 쓰인다고 믿고 연구프로젝트의 책임이 과학자의 뛰어난 판단에 달린 것이라 믿으면서 자원자들은 충실히 지시를 따랐다. 희생자들의 고통스런 비명에도 굴하지 않았다. 작은 규모의 실험조건에서 드러난 것은 2차 세계대전과 그 이후 대량학살의 실행과 같은 놀라운 모습을 그대로 보여주었다는 것이다. 몇천 명의 나치의 고위지도자들과 관리들이 시작하고 감독한 수백만의 유태인 학살은 수많은 '평범한' 사람들을 연루시킨 거대한 관료적 작업이었다. 사람들은 희생자들을 가스실로 보내기 위해 기차를 동원했으며 독가스와 화장기구를 생산하는 공장에서 일하기도 했다. 그 결과는 그들의 작은 일과는 너무 거리가 멀었다. 그들이 주의하지 못하고 의식하지 못한 것은 그들이 일상적인 단순함에 정신을 쏟았기 때문이다.

비록 자신이 일부가 되어 있는 거대조직의 직원이 전체 활동의 궁극적인 결과를 알아차렸다고 하더라도 그 결과는 자신과 너무 동떨어져 있어서 거기에 대해 걱정하진 않는다. 원격성은 지리적 문제 이전에 심리적 문제이다. 수직적인 그리고 수평적인 노동분화 때문에 규칙을 따른 한 사람의 행동은 다른 많은 사람들 행동에 의해 바뀔 수 있다. 결국 자신의 기여는 퇴색되고 최종결과에 대한 영향력은 아주 작아서 도덕문제로 심각하게 고려되지도 않는다. 미국 사회학자 데이비드 마짜가 말한 대로, 이러한 '중립화의 기술'은 가해자들이 자신의 행동에 대한 책임감을 스스로 덜어버리도록 한다. 무엇보다 그들은 청사진을 그리고 보고서를 작성하고 서류를 정리하며 혹은 두 화학성분을 혼합하는 기계의 전원을 켜고 끄는 것을 악의와 해가 없는 것으로 생각했을 수 있다. 이런 경우에 그들은 이방인의 검게 탄 시체를 보면서 그들 자신의 행동과 연관이 없는 것으로 판단하곤 한다.

비인간적 목표를 받아들이는 관료제는 근무자뿐만 아니라 관료조직의 경계를 넘어서까지 도덕적 동기를 침묵하게 하는 능력을 활발하게 보여주었다. 관료제는 자기보존의 동기에 호소함으로써 이런 것을 성취하지만 동시에 집단학살의 관료적인 운영은 많은 희생자들의 협력과 많은 방관자들의 도덕적 무관심을 가져왔다. 희생될 사람들은 '심리적 포로'가 되었고 관료적인 운영에 순응하면서 얻게 될 보상을 환상적으로 생각하는 것이 마치 마법에 걸린 것과 같았다. 억압자들이 무턱대고 분노하지 않고 그들의 협력이 인정을 받는다면, 구제될 뭔가가 있고 위험도 피할 수 있었을 것이라는 가망 없는 희망을 계속 가졌다. 많은 경우 희생자들은 미리 의도된 대로 열심히 따라줌으로써 억압자들을 즐겁게 했다. 이런 방법에서 희생자들의 순응은 예상할 수 있다. 마지막 순간까지도 그들은 자신의 운명을 피할 수 없다고 보았다. 그래서 집단학살의 통제자는 무질서를 크게 경험하지 않으면서 자신들의 목표를 획득하였고 가스실로의 기나긴 행렬을 감독하기 위한 간수들도 많이 필요하지 않았다.

구경꾼들의 순응 혹은 적어도 무기력을 동반한 침묵은 희생자들과의 연대감이 있다는 것을 나타내는 것이어서 가능했다. 도덕적으로 올바른 행동을 선택하는 것은 무서운 처벌이 뒤따르는 것을 의미하기도 했다. 이러한 방법과 연계해보면 자기보존은 도덕적 의무를 외면하고 합리화의 기술은 그들의 목적을 수행하는 데 적용된다. 예를 들어 '희생자들을 돕게 되면 나 자신과 가족의 생명이 위험에 빠진다. 기껏 한 사람을 살릴 수 있지만 만약 실패하면 열 사람이 죽게 된다.' 이러한 합리화는 과학자들도 입증했다. 조사에서 수단과 목적을 분리하면서 과학자들은 끔직한 범죄에 쉽게 빠지는 사람들의 열등성에는 과학적인 증거가 있다는 주요

이데올로기를 제공했다. 사람들이 열등한 '대상'으로 전락하게 되고 그 사람들에 대한 조작과 파멸은 도덕적 문제가 아니라 전문가들의 기술적인 지식의 문제였다. 전문가들의 권위는 다른 사람들에게 고통을 가하는 가해자들의 책임을 경감케 해주었다.

말할 것도 없이 위의 내용은 자기보존과 도덕적 의무 사이의 극단적인 대립의 예이다. 그러나 이러한 '인종청소'는 언제나 우리 주변에 있다. 극단적인 형태는 아니라 하더라도 이러한 대립은 일상의 인간환경에 남아 있다. 무엇보다 도덕적 의무의 소멸은 인간행위를 통계적으로 다루면서 보다 쉽게 이루어진다. 수적으로 보게 되면 인간 대상들은 그 개인성을 잃게 되고 각 인간들이 가진 인권과 도덕적 의무로서의 존재가 박탈된다. 그래서 문제가 되는 것은 공식적으로 만들어지는 카테고리이다. 분류 그 자체는 조직이 관심을 보이는 선택된 개인의 공공 특성에 더욱 초점이 맞춰질 수 있다. 동시에 이것은 사람의 다른 특성, 즉 도덕적 존재이면서 바꿀 수 없는 유일한 인간존재의 성격을 무시하는 것일 수 있다.

미셸 푸코의 경우 인구가 늘어나고 사회생활이 더욱 복잡해짐에 따라 국가가 관심을 가져야 하는 것은 시민들을 돌보는 것이라고 했다. 그래서 새로운 정권은 통치의 형식 속에서 등장하였고, 일상의 삶에서 정권은 사람들을 예상하고 통제하는 욕구를 가지면서 간섭의 대상으로 그들을 본다. 이런 모든 것은 통계적 추리를 통한 발전이란 명분을 통해 이루어진다. 그래서 사람들은 눈에 보이는 목표에 맞춰진 전략에 따라서 통제되고 훈련을 받는다. 이러한 합리화에서 노동의 생산성은 아주 중요했다. 한때 감금을 위한 집이었던 것은 병원이 되었다. 육체적 혹은 비육체적 이유로 일할 수 없는 사람들은 병원의 의료적 개입을 필요로 한다. 여기서 '정신의학'이 등장하게 되었다. 그러나 이런 수단이 적용된다면 우리는 그것이 어떤 목적과 어떤 결과를 낳는지 묻지 않을 수 없다. 정부뿐 아니라 마케팅과 보험 서비스와 같은 거대기업도 정보를 수집하기 위해서 사람들을 분류한다. 기업의 업무는 도덕적 목적과 긴장관계에 있다는 것을 알 수 있다. 왜 그런가? 왜냐하면 사람들은 기업의 관심에 따라 수단으로 다루어지는 것이지 권리를 인정하는 목표 자체가 아니기 때문이다. 그러나 이런 것은 그런 관심이 없는 곳에서도 똑같이 일어날 수 있다는 것을 앞의 예에서 보았다.

또 다른 도덕의 침묵자가 있다. 군중이다. 자신은 알지 못하지만 다른 사람들과 같이—다른 환경에서 만난 적이 없고 이전에 상호작용한 적도 없으며 현재 일시적으로 갑작스레 갖는 관심으로 '결합된' 사람들로—제한된 공간에 단단히 묶여 있다는 것을 알게 되면 사람들은 '정상적인' 조건에서 받아들일 수 있는 행동이 아닌 다른 방법으로 행동하기 쉽다. 아주 거친 행동이 마치 숲 속에 난 불이나 돌풍, 전염병처럼 번지듯이 군중 사이로 갑자기 확산될 수 있다. 우연히 모인 군중, 예를 들어 혼잡한 시장이나 공포에 빠진 극장에서 자기보존의 욕구에 압도당한 사람들은 그들 동료를 짓밟을 수도 있고, 자신이 숨 쉴 공간을 마련하고 위험을 피하기 위해 다른 사람을 불 속으로 밀쳐버릴 수도 있다. 군중 속에서 사람들이 하는 행동은 단순히 가해자들이 도덕적으로 그들 자신의 의지에 따라 하는 행동이 아니다. 만약 성원들이 혐오하는 행동을 군중이 하게 된다면 '익명성' 때문이다. 개인은 자신의 개별성을 상실한 채 익명적인 집합체 속에 '용해'되어 버린다. 군중은 모이자마자 사라지게 되고 비록 협력하는 듯이 보이지만 영구성을 지닌 상호작용을 지지하지도 만들지도 않는다. 군중의 행동은 순간적이고 일관성 없는 것이어서 개별 성원들의 감정적 행동이 될 가능성이 있다. 일순간 억제가 없어지면서 책임감은 공허하게 되고 규칙도 정지되어 버린다.

얼핏 관료조직의 질서정연한 합리적인 행동과 군중의 폭력적인 분노의 분출은 극과 극인 듯이 보인다. 그럼에도 불구하고 두 행동 모두 '탈개인화'(depersonalization)의 경향이 있으며 그래서 익명성 속에서 도덕적 행동으로 환원하는 경향이 있을 수 있다. 무엇보다 사람들은 스스로 인간(*human*)임을 인식하는 한 도덕적 존재가 된다. 즉 인간에게 맞는 대우를 하는 존재로 동료를 보고 모든 인간에게 같이 적용되게 한다는 것이다. 이것은 우리와 상호작용하는 파트너들이 특유한 욕구를 가지고 있고 그런 욕구는 우리 자신들의 욕구만큼이나 가치 있고 중요한 것이며 그래서 똑같이 주목하고 존경해야 한다는 것을 가정한다. 우리가 갖는 도덕적 책임감에 대한 권리를 부정하는 사람이나 집단이 있다면 그들은 '저속한 인간', '결함 있는 인간', '완전하지 않은 인간', 또는 나쁜 의미의 '비인간'으로 취급된다. 이를 지키기 위해 프랑스 철학자이며 소설가인 시몬드 보봐르가 말한 것처럼 우리는 만나는 사람들을 학급이나 국가 혹은 다른 집합체의 성원으로 다룰 것이 아니라 자신의 권리 속에 있는 목표로써 개인을 다루어야 한다.

도덕적 책임의 세계에 모든 인류가 포함될 수는 없다. 많은 '원시' 부족도 자신들이 '인간존재'라는 의미의 이름을 갖고 있었다. 타 부족과 부족민들의 인간애를 받아들이지 못하는 것은 노예를 '말하는 도구'의 지위로 여기거나 인정된 업무에 유용한가에 따라 평가되는 노예사회에서 지루하게 계속되었다. 인간애가 보편적이지 않다는 것이 의미하는 것은 실제로 도덕적 태도—다른 사람들의 성실함의 인정과 그들 삶의 고결함을 포함한 그 사람의 욕구에 대한 존경—의 본질적인 요구가 그런 지위를 가진 사람들과 연결된 것으로 보이지는 않았다는 것이다. 이것은 마치 역사가 인간애의 점진적이지만 거침없는 확장인 듯이 보인다. 인간애는 분명한 의무의 세계로 보다 보편적이 되고 결국 인류 전체의 특성이 된다.

이러한 과정이 직접적이진 않았다. 20세기는 의무(obligation)세계로부터 사람들의 모든 범주—계급, 국가, 종교—의 배제를 요구한 가장 강력한 세계관의 출현으로 악명이 났었다. 다른 한편으로 관료적으로 조직된 행동의 완벽함은 도덕억제가 결과적으로 효율성을 가지고 개입할 수 없는 수준까지 가버렸다. 두 요소의 조합—관료적 기술이 도덕적 책임감을 멈추게 하는 가능성과 그러한 가능성이 나와서 적용되는 세계관의 출현—은 결국 의무의 세계를 크게 제한하게 된 경우를 많이 낳게 했다. 바꾸어 말해 이것은 적대적 계급이나 자신들의 조력자로 분류된 사람들에게 가했던 공산사회의 대규모 테러와 같이 다양한 결과의 방향을 열었다. 즉 인권에 자부심을 가진 국가에서 인종이나 민족에 대한 계속된 차별이 나타났으며 그 가운데 많은 경우는 공공연하게 혹은 은밀하게 그 차별체계를 실천했다. 또 도덕성을 잇달아 혹평했던 국가에 무기를 판매했으며 그 국가는 그 무기를 이용해 선전포고 하기도 했다. 수많은 집단학살이 있었다. 터키의 아르메니아인 대학살에서부터 독일 나치의 유태인, 집시, 슬라브족의 수백만의 몰살과 쿠르드의 가스살포와 캄보디아, 전유고슬라비아, 르완다의 대량학살에까지 이른다. 세계에서 의무의 경계는 오늘날까지 논쟁하는 쟁점이 된다.

의무의 세계에는 다른 사람의 욕구에 대한 권위를 인정하게 된다. 그들

복지를 보장하고 삶의 기회를 확대하며 사회가 제공하는 편의시설에 대한 접근을 열어주기 위해 가능한 모든 것을 해야 한다. 가난, 질병, 일상적 삶의 비참함은 똑같은 의무의 세계를 가진 다른 성원들에게 도전적이게 보이고 혐오스럽게 생각게 한다. 그러한 도전에 직면해서 우리는 변명할 책임을 느낀다. 왜 그들의 운을 바꾸어주지 못했는지 확실한 설명을 해야 하고, 그렇게 못했던 것에 대해 알려주어야 한다. 제공되는 설명이 진실이 아니어도 된다. 예를 들어 사람들에게 제공되는 건강 서비스가 개선되지 않을 수도 있음을 안다. 왜냐하면 '돈은 벌어야 쓰는 것'이기 때문이다. 그러나 그런 설명이 숨기고 있는 것은 부유한 환자들이 먹는 개별적 의약품의 수익은 이득으로 분류되지만, 개별적 지출의 여유가 없는 사람들에 제공되는 서비스는 '지출'로 본다는 것이다. 이러한 설명은 지불 능력에 따른 차별적 대우를 숨기는 것이다. 여기서 설명되는 것은 건강욕구가 필요 없는 사람들은 조금은 의무의 세계 내에 있음을 인정하는 것이다.

요약

자기보존과 도덕적 의무는 자주 긴장상태에 있게 된다. 어떤 것도 '중립적'이라고 할 순 없다. 즉 인간성격의 내재된 기질에 맞추는 것이 더 낫다. 다른 사람보다 더 유리하게 되면 그리고 그것이 인간행위의 지배적인 동기가 되면, 대개 불균형의 원인을 상호작용의 사회적 맥락에서 찾게 된다. 자기관심과 도덕적 동기는 그들을 안내하는 사람들이 제한된 통제를 할 수 있다는 환경에 의해 좌우된다. 그러나 같은 환경에 직면하더라도 두 사람은 다르게 행동할 수 있다는 것이 관찰되었다. 그래서 환경의 힘은 절대적이지 않다. 두 모순된 동기 사이의 선택은 가장 극단적인 환경에서도 열려 있다. 반면에(우리가 본 것처럼) 우리의 개별 행동은 우리가 의존하는 다른 사람의 행동과 연결되어 있다. 그래서 다른 사람에 대한 우리의 행동 속에는 도덕적인 성향이 있다는 것이 자기존중과 자부심의 전제조건이 된다.

■ 생각해 볼 문제

1. 강압(coercion)과 선택(choice) 사이의 차이는 무엇인가?
2. 사람들이 다른 사람 목표의 수단이 되기보다 자신 스스로가 목표라는 말은 무슨 뜻인가?
3. 우리의 삶에서 전통적 정당성은 중요한 역할을 한다. 그 예를 생각할 수 있는가? 그리고 그러한 것들이 여러분의 행동과 어떻게 연결되는가?
4. '의무의 세계'(universes of obligation)와 같은 것들은 어떤 것인가?

■ 읽어 볼 거리

Bauman, Z. (1989) *Modernity and the Holocaust* (Cambridge, Mass.: Polity). 이 장에서 제기되는 주제에 대해 심도 있게 살펴본 연구서이다.

de Beauvior, S. (1994) *The Ethics of Ambiguity* (New York: Citadel; originally published in 1948). 애매한 상황에서 선택에 직면하게 되는 것을 조사한 프랑스 실존주의 운동가 출신의 선도적인 인물의 통찰력 있는 에세이이다.

Bellah, R. N., Madsen, R., Sullivan, W. M., Swidler, A. and Tipton, S. M. (1996) *Habits of the Heart: Individualism and Commitment in American Life* (updated edition; Berkeley, Calif.: University of California Press). 당대의 가치와 생활방식에 대해 폭넓은 논의를 일으킨 연구이다.

Sennett, R. (1998) *The Corrosion of Character: The Personal Consequences of Work in the New Capitalism* (London: W. W. Norton). 신뢰, 통합, 소속감과 관련한 정치적 경제적 변동의 영향에 대해 살펴본 책이다.

CHAPTER 5

선물, 교환, 친밀감: 관계 속에서 생기는 것

행위, 권력, 선택이라는 논의에서 다른 사람과의 상호작용과 통상 직면하면서 갖게 되는 일상적 삶과 결정에 관한 쟁점들을 보았다. 이러한 상호작용의 많은 것들은 선물이나 교환이라는 개념으로 알 수 있다. 상호작용은 형식을 가지고 있으며 우리 삶을 만족케 한다. 이 장에서는 상호작용을 둘러싸고 전하는 쟁점을 살펴봄으로써 일상적으로 직면하게 되는 도전, 선택, 긴장에 대한 여행을 계속할 것이다.

선물과 교환: 개인적인 것과 비개인적인 것

일부 사람들의 경우 빚은 때때로 맞게 되는 방문객이다. 빚은 사람들의 생활스타일인 일상적인 것과 예외적인 것으로 구성되는 물질적, 상징적 측면을 크게 변화시키지 않고 도움을 주고 있다. 그러나 다른 사람에게는 빚이 아이들, 가족, 친구들에게 의무를 이행할 수 있는 통상적인 삶의 특징이기도 하다. 빚이 방문객이 아니라 삶을 개선하는 지속적인 관심과 활동으로써의 영원한 거주민인 것이다. 다음의 시나리오를 살펴보자.

채권자들의 독촉은 사람이 사는 장소라면 어디든 존재한다(여기서 사람이 사는 장소를 '가정'이라고 하지 않는다. 가정은 영원하고 안전한 것을 의미하기 때문이다). 우리는 이를 순서대로 가장 잘 해결하고자 한다. 우선 어떤 경우는 빚을 갚으라는 요구에 가구나 소유품 가운데 귀중한 것을 가져가겠다는 위협을 더하여 우리를 다급하게 만들기도 한다. 어떻게 해야 하나? 가까운 친척에게 가서 돈을 빌려달라고 할 수도 있다—만약에 친척이 도울 여유가 있다면 상황을 설명하고 상황이 나아지면 가능한 빨리 돈을 갚겠다고 할 것이다. 그러나 친척이 불평하면서 미래를 생각하라고 그리고 신중성과 계획성을 말하면서 과분한 삶을 살지 말라고 할 수도 있다. 그렇더라도 어쩌면 그 친척의 돈을 빌릴 수도 있을 것이다.

또 다른 선택이 있다. 은행이나 신용창구로 가는 것이다. 그렇지만 그들이 우리가 얼마나 어려운 상황에 있는지 관심을 갖는가? 우리를 염려하는가? 그 사람들이 질문하는 것은 빌리는 돈을 되갚을 수 있는지 그 보장에 대한 것이다. 대출금과 이자를 갚을 수 있는지 알아보기 위해 수입과 지출에 대해 물을 것이다. 관련 서류를 요구해서 대출금을 갚을 수 있고 크게 위험하지 않다는 것을 알게 되면—수익을 생각해서—그때서야 돈을 빌려주게 된다.

재정적인 문제를 누구에게 어디에서 해결하느냐에 따라 서로 다른 두 종류의 대우를 기대할 수 있다. 서로 다른 질문은 도움을 받는 권리의 서로 다른 개념에서 나오게 된다. 가까운 친척은 지불능력에 대해 묻지 않는다. 왜냐하면 돈을 빌려주는 것이 좋거나 나쁜 그런 비즈니스가 아니기 때문이다. 생각할 것은 우리는 도움이 필요하기 때문에 요청해야 한다는 것이다. 그러나 은행의 경우 그런 문제와는 다른 조직인 것이다. 대출금이 구체적으로 이익이 되는 거래인지를 알기 원한다. 도덕적으로 혹은 다른 이유로 돈을 빌려줄 의무는 전혀 없는 것이다.

여기서 인간 상호작용이 두 가지 원리에 영향을 받는다는 것을 알게 된다. **교환**과 **선물**이다. 전자의 경우 이기심이 극도로 작용한다. 돈이 필요한 사람이 비록 정당한 욕구와 권리를 가진 자율적인 사람이라고 하더라도 잠재적으로 돈을 빌려주는 사람의 관심이나 그 사람이 속한 조직의 만족에 따라야 한다. 무엇보다 돈을 빌려주는 사람은 돈을 빌려줌으로써 갖게 되는 위험에 계산적으로 몰두해 있다. 얼마를 되돌려 받아야 하나 그리고 거래에서 물질적인 이득은 무엇인가에 따라 좌우된다. 이와 같은 유사한 쟁점들을 통해 전체적 행동에서 욕구들을 평가하고 대안적 선택에서 선호도를 알 수 있을 것이다. 거래의 당사자들은 동등한 가치에 맞춰 거래할 것이고 최선의 거래가 되기 위해 그들이 가진 모든 자원을 이용할 것이고 그래서 그들 각자는 유리한 대로 거래를 조정할 것이다.

1920년대 프랑스 인류학자 마르셀 모스가 생각한 것에 따르면 선물의 개념은 또 다른 문제이다. 이 경우 다른 사람의 욕구나 권리에 의해 선물교환을 동기화하는 것이 중요하다. 선물은 상호작용하는 당사자가 속한 집단에게 상징적인 가치가 있으며 상호호혜성이 고무되는 신념체계 내에서 일어난다. 그래서 주는 행위에서 우리는 우리 자신의 무엇인가를 주는 것이고 이것은 등가교환관계라는 비개인성으로 특징되는 도구적 계산보다 높이 평가된다. 결국 그들이 갖는 보상에는 행위를 하는 욕구가 계산에 들어가 있지 않다. 단순히 다른 사람이 필요하기 때문에 확대된 서비스로 재화를 주는 것이다. 그들이 그 사람이 되어보면서 그들이 바라는 욕구에 대한 권리를 갖는다.

'선물'이라는 개념은 그 순수함에서는 차이가 있을지 몰라도 모든 행위의 범위에서 보면 같은 것이다. 말하자면 '순수한' 선물은 발단의 개념으로 모든 실천적 경우를 알게 하는 일종의 기준점인 것이다. 그러한 실천적 경우는 다양할 수 있지만 이상적인 차원에서 나온다. 가장 순수한 형태의 선물은 완전히 사심이 없는 것일 수 있으며 받는 사람의 특성을 전혀 생각지 않고 주는 것일 수도 있다. 사심이 없다는 것은 어떤 모양이든 어떤 형태이든 보상이 없다는 것을 의미한다. 소유나 교환이라는 보통의 기준에서 보면 순수한 선물은 순수한 손실이다. 어디까지나 도덕적 의미에서만 이득이다. 이것의 기본은 행위의 논리를 생각해서는 안 되는 행위이다.

선물의 도덕적 가치는 재화나 서비스의 시장가격으로 측정할 수 없지만 기증자의 입장에서 그것이 만들어내는 주관적 손실로 정확히 알 수 있다. 선물 받는 사람의 자질을 무시하라는 것은 선물을 줄 때 고려해야 할 사항으로 그 사람이 그 선물을 필요로 하는 무리에 있는 사람인가를 보라는 의미이다. 이러한 이유에서 보면 이전에 친족이나 친구에 대해 아낌없이 주었던 마음씨는 순수한 선물의 요건에 충족되는 것은 아니다. 즉 선물을 받는 사람은 특별한 대우를 해야 할 사람으로 구분된다. 특별하다는 것은 선물을 받는 사람들이 다른 사람들로부터 그런 특별한 관대함을 기대할 권리를 갖는다는 것이고 그 사람들이 다른 사람들과 특별한 관계의 네트워크로 연결되어 있다는 것이다. 순수한 형식에서 보자면 선물은 필요한 사람에게 주는 것이다. 그 이유는 오직 그것이 필요하기 때문이다. 그래서 순수한 선물은 타자의 인간애의 인정이다. 이와는 달리 익명적인 선물도 있다. 이것은 기증자를 전혀 알지 못하면서 전해지는 선물이다.

주지하다시피 선물은 기증자에게 포착되지는 않지만 기쁨을 주는 도덕적 만족감을 갖게 한다. 즉 주는 행위 그 자체를 통해 뭔가를 받는다. 그것은 타인을 위한 희생이기도 하고 사심 없는 행동이기도 하다. 교환이나 이익을 추구하는 맥락과 아주 대조적으로 이러한 도덕적 만족감은 자기희생이나 손실의 고통이 크면 더 커지게 된다. 철학자이자 사회비판가이고 사회정책분석가인 리차드 티트무스는 영국 NHS(국가건강서비스)에 헌혈을 하는 것은 **이타심**의 동기 외에는 어떤 보상도 없음에 대해 언급했다. 그는 헌혈을 하는 것은 '자발적이고 이타적인 행위'라는 측면에서 다른 형태와 구분된다고 했다. 이러한 이타주의를 상품의 선물로 정당화하는 체계와 대체한다는 것은 그 기본적인 성격을 왜곡하는 것이라고 주장한다. 모르는 사람에게 주는 것이 헌혈의 가치이고 그 가치의 보상은 사회에서 받을 수 있는 것이 아니다.

극한조건에 있는 인간행위에 관한 연구—전쟁이나 외국군 점령—에서 목숨이 위태로운 사람을 구하기 위해 자신의 목숨을 희생하는 것은 가장 영웅적으로 선물을 주는 경우이다. 이것은 대체로 순수한 선물이라는 이상에 가장 가까운 동기를 가진 사람에게서 나온다. 남을 돕는다는 것을 아주 순수하고 단순하게 생각하며 도덕적 의무도 자연적인 것으로 보고 명확하게 자신의 행동을 정당화하려고 하지도 않으며 그것을 기본적인 것으로 여긴다. 이 연구의 가장 놀라운 결과는 도움주는 사람들 가운데 가장 이타적인 사람은 자신들의 행동이 영웅주의라는 것을 이해하지 못하고 있다는 것이다. 그들은 스스로 한 행동의 용기를 도덕적 가치로 크게 생각하지 않았다.

이 장에서 우선 논의한 두 가지는 선물과 교환이라는 일상적인 현상의 예들이었다. 앞서 본 것을 상대적으로 **개인적인** 관계라고 할 수 있으며, 은행 매니저의 관계와 같은 것은 **비개인적인** 관계라 할 수 있다. 개인적인 관계의 구조에서 일어날 수 있는 것은 대체로 상호작용하는 상대의 속성(quality)과 연관이 있지만 그들의 행위수행(performance)과는 연관이 없다. 그러나 비개인적 관계에서는 그렇지 않다. 행위수행이 속성보다 더 중요하다. 누가 하는가가 중요한 것이 아니라 그들이 하고자 하는 것을 하는 게 중요하다. 대출을 해주는 입장에서는 상대의 미래행동을 판단하는 근거로 과거기록에 관심을 가질 것이다. 공식적인 동의조건이나 상황에서 대출을 해주게 된다.

2차 세계대전 후 가장 영향력 있는 미국 사회학자 탈콧 파슨즈는 속성과 행위수행의 대립이 그가 '유형변수'라고 했던 인간관계의 네 가지 가능한 유형 가운데 하나라고 생각했다. 두 번째 선택의 유형은 '보편주의'(universalism)와 '특수주의'(particularism)의 대립이다. 선물과 같은 경우 사람들은 어느 범주에 있는 것이 아니라 필요한 상황에 따라 달라지는 특수한 개인들이다. 그러나 은행 매니저의 경우 고객은 과거, 현재, 미래의 차용자라는 넓은 범주 가운데 한 사람이다. 많은 '유사한 타자들'을 이전에 다루었기 때문에 은행 매니저들은 유사한 경우에 적용하는 일반적인 기준에 근거해서 사람들을 평가할 것이다. 그래서 사례의 결과는 특수한 경우에 일반적인 규칙을 적용하는 데서 나온다는 것이다.

세 번째 유형변수 또한 서로 반대에 있는 두 경우를 말한다. 가족성원과의 관계는 '확산적'(diffuse)이고 은행 매니저와의 관계는 '한정적'(specific)이다. 친척의 관대함은 일회성과 같은 일시적인 것이 아니다.

즉 대화하기 어렵고 한정적이며 즉흥적으로 보이는 태도와 다른 것이다. 궁핍한 사람을 향한 친척의 태도는 삶에 관한 모든 것을 쏟아 붓는다. 그래서 일반적으로 궁핍한 사람들에게 마음을 쓰고 그들 삶의 모든 면에 관심을 갖기 때문에 그런 특수한 경우 도우려는 의지가 확실하다. 그러나 은행 매니저의 행동은 특수한 대출신청에 맞춰진 것이 아니다. 대출신청에 대한 반응과 최종결정은 사례의 사실에 기초한 것이며 사람들 삶의 다른 측면은 보지 않는다. 상황논리에 따라서 대출신청자에게 중요한 것은 은행 매니저의 시각에서 나오는 것이고 그것은 은행기관의 대출신청 고려사항에서 적절한 것인지 벗어난 것인지에 따라 정해진다.

네 번째 파슨즈가 제시한 인간관계의 유형은 모든 사람에게 기초가 되는 '감정성'(affectiveity)과 '감정중립성'(affective neutrality)이다. 어떤 상호작용은 감정—연민, 동정 또는 사랑—이 섞여 있지만, 다른 경우는 분리되어 비감정적이다. 비개인적 관계는 행위자들 간에 성공적인 거래를 성사하기 위한 적극적인 충동 이외에는 어떤 감정도 일으키지 않는다. 행위자 자신들은 좋거나 싫다는 감정의 대상이 아니다. 만약에 힘든 계약을 하거나 약속을 속이거나 발뺌하거나 피한다면, 거래가 부당하게 밀리는 것에 대한 조바심이 행위자들에게 영향을 미칠 수 있다. 또한 '비즈니스를 하는 즐거움' 정도로 생각하는 사람으로 볼 수 있다. 대체로 감정은 비개인적 상호작용의 필요한 부분으로 간주되지 않지만 개인적 상호작용을 가능하게 하는 요소이기도 하다.

아주 가까운 친척에게 돈을 빌려주게 되면 당사자들은 서로 공감하고 친밀한 사이라는 감정을 공유하게 된다. 상대의 곤경을 이해하기 위해 그 사람의 입장에서 생각한다. 미국 심리학자 캐롤 길리간은 여성이 갖는 '보호의 윤리'(ethic of care)를 설명했다(여성은 보호가 필요한 남성을 배제하지 않는다는 것이다). 관심은 타인을 위한 것이며 자신을 위한 관심은 '이기적'인 것이다. 이런 윤리는 책임감에 관한 것으로 당사자는 추상적인 규범에 따른 것으로 자신이 자발적이라고 생각하지 않지만, 유대관계 속에서 타인과 '연결된' 것으로 생각한다. 이러한 것은 은행 매니저에게는 거의 일어나지 않는다. 대출을 하고자 하는 사람은 은행 매니저를 거슬리게 하지 않으려고 하고 심지어 아첨도 한다. 그러나 이익이나 손실에 의한 위험계산에 따른 판단에 그런 관심은 방해가 될 수 있다.

어쩌면 상호작용의 맥락에서 개인적인지 비개인적인지 가장 중요하게 구분할 수 있는 것은 행위자들 자신이 행동의 성공을 위해 의존하는 요소에 달려 있을 수도 있다. 우리 모두는 거의 알지 못하는 많은 사람들의 행위에 의존하고 있다. 우리가 의존하게 되는 사람들의 유형에 대해 알지 못하면 상호작용은 불가능할 수 있다. 비개인적인 방법으로는 문제를 해결할 기회가 없을 수 있기 때문이다. 사람에 대해 잘 모르는 경우에는 규칙을 따르는 것이 커뮤니케이션을 가능하게 하는 유일한 방법인 듯이 보인다. 만약 다른 사람과의 모든 상호작용이 그 사람의 개인적 속성에 대한 적당한 추측에 근거한다면 믿을 수 없을 정도로 많은 지식이 필요하다는 것을 상상해야 한다. 더욱 현실적인 대안으로는 상호교환을 이끌 수 있는 몇몇 일반적인 규칙들을 갖는 것이다. 이것은 삶의 많은 부분을 통제하는 시장 메커니즘의 존재를 위한 정당화의 하나이다. 그러나 여기에는 상호작용의 당사자가 똑같은 규칙을 준수해야 한다는 **신뢰**가 적용된다.

삶에 있어서 많은 것들은 서로에 대한 개인적 정보가 전혀 없거나 혹은 거의 없는 상황에서 상호작용하게 된다. 예를 들어 우리들 대부분이 아플 때 의사들의 치료능력이나 헌신적 태도에 대해 미리 평가한다는 것은 불가능하다. 의사의 전문성은 오랜 기간의 훈련이나 시험을 통해 전문위원회에서 주는 지식이나 능력에 대한 것이고 그에 따른 신뢰에 대한 것이다. 우리 자신은 그들의 치료에 맡길 수밖에 없으며 우리가 바라는 것은 상호교환과정에서 필요한 치료를 받는 것이다. 이와 같은 경우 개인적으로 알지 못하는 사람들에 대한 능력은 그 사람이 주는 신뢰를 통해 인정하게 된다. 전문가의 윤리에 맞는 기준을 제시함으로써 그런 사람들의 서비스를 신뢰 속에서 받아들이게 된다. 독일 사회학자 울리히 벡과 니콜라스 루만 그리고 앤서니 기든스는 신뢰와 위험의 관계에 대해 연구했다. 앤서니 기든스는 위험을 주어진 사건이나 결과로 알게 되는 '개인이나 체계가 갖는 믿음의 확신'으로 규정했다. 여기서 '확신이란 것은 타인의 정직과 사랑에 대한 믿음을 드러내는 것이며 또한 난해한 원리(기술적 지식)의 정확성에 대한 믿음을 드러내는 것이다.'

정확하게 말해서 많은 거래는 비개인적인 맥락에서 이루어지기 때문에 개인적 관계를 위한 요구는 아직 감정적인 것이고 예민한 것이다. 신뢰는 사회적 관계이다. 만약에 비개인성이나 비개인성의 전형인 시장의 상업화에 지나치게 빠지게 되면 사회관계는 손상될 수 있다. 그래서 독일 철학자이자 사회학자인 위르겐 하버마스, 미국 사회비평가인 프란시스 후쿠야마, 헝가리 출신 금융전문가이며 철학자인 조지 소로스가 각기 다른 방법으로 그러한 메커니즘의 성공이 공동체와 의무라는 문화적 기초에 좌우된다고 한 것은 놀랄 일이 아니다. 만약 통제하지 않고 내버려 둔다면 시장은 존재하게 되는 근본을 손상시킬 것이다.

애매하고 피상적인 지식을 가진 사람에게 더욱 의존하면 할수록 그리고 만나는 사람들이 더욱 형식적이고 일순간 적일수록 이방인들은 개인적 관계의 영역을 넓히는 경향이 있음을 알게 된다. 그 결과 비개인적 방법으로 매우 잘 수행된 상호작용에는 개인적 거래가 있다는 기대를 강화하게 된다. 그래서 비개인적 세계의 냉정함에 대해 갖는 갑작스런 부적응은 두 세계를 오가는 사람들에게서 아주 강하게 나타날 수 있다. 예를 들어 가족의 보호세계나 우정이 강조되는 청년기에서 막 벗어나려는 젊은 층은 자신이 상대적으로 냉혹한 취업이나 직장세계에 들어가고 있음을 감정적으로 알게 된다.

이러한 이유에서 자신의 욕구나 행복과 무관한 목표의 수단이 되는 냉담하고 냉혹한 세계에서 벗어나기 위한 사람들의 노력을 목격하게 된다. 일부 탈옥자는 코뮨 같은 폐쇄적 자급자족의 작은 영토를 만들려고 노력한다. 거기에는 개인적 관계의 유형이 가능하다. 그러나 그러한 시도는 미몽에서 깨어나게 되고 쓴 맛을 볼 수도 있다. 오랜 시간 동안 감정의 집중도를 유지해야 하고, 감정과 그 효과라는 계속된 충돌에서 오는 좌절을 받아들여야 하는 고단한 노력은 하찮은 선택에서 경험한 것 이상으로 비참함이 일어날 수 있다는 것을 보여준다.

우리 자신을 위해: 사랑, 친밀감, 보호 그리고 상품

만약 개인적 상황이 삶의 모든 일들을 설명할 수 없다면 거기에는 어쩔 수 없는 요인이 있는 것이다. '심오하고 완전한' 개인적 관계에 관한 열망은 매우 광범위하게 일어나고 이에 연루된 비개인적 의존성의 네트워크는 그에 비해 영향을 덜 받는다. 만약에 직업을 갖는다면 일순간 피고용인이지만, 다른 순간에는 다음과 같이 다른 입장이 된다. 가게의 손님, 버스 · 비행기나 기차의 승객, 스포츠 경기나 극장의 관객, 정당의 유권자, 의사의 환자와 같이 다른 장소에서는 수많은 다른 입장이 된다. 어디에서나 우리 자신은 작은 영역에서도 존재하고 있음을 느낄 수 있다. 각각의 상황에서 우리 자신은 적절한 행동양식을 가져야 한다는 것을 알고 있어야 한다. 그래서 상황에 따라 받아들여지기도 하고 받아들여지지 못하기도 한다는 것을 알아차려야 한다. 진정한 '우리 자신'을 편하게 느끼는 곳은 없다. 그렇다면 궁극적으로 진정한 '주체적 자아'(I)는 누구인가?

우리들 대부분은 여러 다른 역할의 조각들이 되어버린 우리 자신의 이미지에 대한 설정을 꺼릴 수도 있다. 그럼에도 불구하고 이내 우리들은 수많은 '객체적 자아'(Me)에 적응하게 되고, 심지어 객체적 자아의 모습들이 서로 조정이 어려운데도 적응하게 된다. 세상 '저편'에 일정치 않은 변화들이 넘치는 것처럼 통일성이 점차 없어지고 있지만, 우리 자신에 대한 일관된 자아는 계속되어야 한다. 게오르그 짐멜이 20세기 초 과밀한 인구의 다양한 세계에서 관찰했던 것처럼 개인들은 자신들의 감각과 통일성을 위해 끝없이 노력한다. 세계의 저편보다 우리에게 초점을 두게 될 때 통일성과 일관성을 위한 확실한 갈증은 자아정체성의 추구로 나타난다. 이러한 적응과 자율 사이의 긴장은 인간상황에서 계속되는 특징이고 이것은 이런 주제에 맞는 책의 인기를 통해 잘 증명되었는데, 그 예가 2차 세계대전 후 미국인의 변화하는 성격의 모습을 보여주는 데이비드 리스먼의 『고독한 군중』(*The Lonely Crowd*)이란 책이다.

우리가 관여하고 있는 수많은 비개인적 교환 가운데 그 어떤 것도 우리의 정체성을 찾아주지 못할 것이다. 왜냐하면 정체성은 그런 교환을 초월해 있기 때문이다. 비개인적 상황을 통해 정체성을 완전하게 찾아내지는 못한다. 말하자면 각 상황 속에서 우리들은 다소 이탈하게 된다는 것이다. 즉 때에 따라서 우리의 진정한 자아는 지금 일어나는 상호작용의 상황과 다르게 보이기도 한다. 단지 개인적 상황에서 자신의 성격의 확장성과 특수성 그리고 강조를 통해 그것에 맞는 상호감정을 가지게 되고, 그 때 우리가 찾는 것을 발견하길 원하고 또 그러한 시도에서 좌절하기도 한다. 자율과 통일성이 가정하는 목적-상태에 따르기보다는 우리가 추구하는 행동 속에 우리의 자아가 있는 것이 아닌가?

니콜라스 루만은 사랑—사랑하는 것과 사랑받는 것—에 대한 불가항력의 욕구를 통해 자아정체성을 보여주려고 했다. 사랑받는다는 것은 그 어떤 사람과는 달리 자신만 독특하게 다루어지는 것을 의미한다. 사랑하는 사람은 사랑받는 사람이 가진 이미지나 그들의 요구에 맞추기 위해 보편적인 규칙에 호소할 필요가 없다는 것을 인정한다. 즉 사랑하는 사람은 상대의 주권, 상대가 주장하는 자율성의 선택권리를 받아들이고 인정한다는 것을 의미한다. 본질적으로 사랑하는 사람은 상대의 절대적인 고집 센 주장마저도 인정하는 것을 의미한다. '내가 누구이든, 무엇을 하든, 어디에 있든' 상대를 인정하는 것이다.

또한 사랑받는다는 것은 '나를 이해해주길 바란다'고 말할 때마다 혹은 성가시게 '나를 이해해?', '진정으로 나를 이해해?'라고 물을 때마다 그 말의 의미를 이해해 준다는 것이다. 이처럼 이해의 갈망은 상대를 우리 입장에서, 사물을 우리 관점에서 봐달라는 상대의 절박한 요구이다. 또한 우리 것이란 이유만으로 좋아해야 하는 것처럼 더 이상의 증명을 하지 않아도 인정해 달라는 상대의 요구이다. 이런 상황에서 우리가 추구하는 것은 우리 자신의 사적인 경험의 확인이다. 그것은 내적 동기, 이상적 삶에 대한 이미지, 우리 자신과 우리의 곤궁과 즐거운 삶에 대한 이미지이다. 이것은 우리의 자아상의 입증이다. 이러한 입증은 우리 자신에 대해 이야기할 때 상대방이 진지하게 연민을 가지고 듣는 것을 통해 얻어진다. 이것은 모든 것을 듣고 생각할 가치가 있고 관련이 있는 것으로 여기며 받아들이는 것으로 루만의 지적처럼 '관련성의 문턱을 낮추어야 한다'는 것을 의미한다.

여기에 패러독스가 있다. 우리는 한편에서 여러 역할들과 다른 독특한 실체로써의 자아에 대한 욕구를 발견한다. 이것은 유일함을 위한 주장과 욕구이며 그저 비개인적 기계적 삶의 부속품이 아니라는 것이다. 반면에 다른 한편에서는 그렇게 하는 것이 상상에서만 가능하기 때문에 존재하지 않는다고 생각한다. 그래서 환상과 현실 사이에는 차이가 있을 수밖에 없고 마찬가지로 실제로 무엇이 존재하든 간에 자신을 위한 것만큼이나 다른 사람을 위해 존재해야 한다. 그러므로 유일한 자아를 발전시키는 데 성공한다고 느끼면 느낄수록—자신들의 경험이 독특하다는 것을 느낄수록—그런 경험에 대한 사회적 인정을 더 요구하게 된다. 얼핏 보아 그러한 인정은 사랑을 통해서만 가능한 듯했다. 대부분의 인간욕구가 비개인적 방법으로 동반되는 복잡한 사회에서는 애정관계를 위한 욕구가 그 어떤 때보다 더 절실한 듯 보인다. 결과적으로 우리의 존재 속에서 사랑이 갖는 부담은 위력적이다. 페미니스트 연구자들이 발견했던 것처럼 공적인 문제에 대한 사적인 해결은 더 큰 압력과 긴장과 방해물이 되는데 이는 사랑하는 사람들이 만나서 성공적으로 극복하려고 노력해야 한다.

애정관계가 상처받기 쉽고 깨어지기 쉬운 것은 호혜성의 욕구이기 때문이다. 만약 사랑을 원한다면 모든 가능성을 염두하면서 상대는—사랑에 반응하기 위해—호혜적인 답례를 요구한다. 이것은(이미 말한 것처럼) 상대의 경험에 대한 현실을 인정하는 방법에 따라 행동한다는 것을 의미한다. 즉 우리를 이해해달라고 하는 것과 동시에 우리가 이해하는 그런 방법이다. 이상적인 방법으로 당사자들은 상대의 세계에서 의미를 찾으려 할 것이다. 그러나 두 현실은 동일하지 않다. 두 사람이 처음 만났을 때 서로 다른 생애를 배경으로 갖고 있다. 거리가 있는 두 생애는 아마도 서로 다른 경험을 갖고 있으며 기대도 크게 다르다. 이제 그들은 협상을 해야 한다. 적어도 일부분에서 두 사람은 서로 충돌할 수 있다. 두 당사자가 상대에 대한 수정이나 타협 없이 현실적으로 받아들인다는 것은 불가능할 수 있다. 한쪽이나 양쪽 모두 관계를 유지하기 위해 양보해야 할 것이다. 그러나 양보하는 자는 사랑의 목적을 거부하고 사랑이 기대하는 만족의 욕구를 무시한다. 만약 협상을 통해 두 사람이 성공하게 되면 보상은 커진다. 그럼에도 불구하고 행복한 목표에 이르는 길은 고통스러운 것이며 상처 없는 여정을 하려면 수많은 인내와 이해가 필요하다. 성공하는 수도 있지만 이상과 현실 간의 차이로 인해 이혼, 별거, 가정폭력과 같은 가시적 결말을 보이며 좌절을 낳을 수도 있고 긴장을 줄 수도 있다.

리차드 세넷은 친밀성의 권리를 집요하게 추구하는 두 사람의 관계에 대해 '파괴적 공동사회'(destructive Gemeinschaft)라는 신조어를 만들었다. 이것은 자신을 상대에게 개방하여 전체를 공유하는 것으로 절대적 진실을 통해 개인의 내면적 삶의 개별적 진실을 공유하는 것이다. 여기서는 아무것도 감추는 것이 없으며 아무리 혼란스러워도 정보는 상대자를 위한 것일 수 있다. 그 결과로 열광할 필요가 없는 것마저도 상대에게 동의하라고 요구하게 되고, 진지하고 정직하게 답하라면서 당사자에게 엄청난 부담을 주게 된다. 리차드 세넷은 상호친밀성의 불안정한 토대에서는 지속적인 관계—특히 지속적인 애정관계—가 만들어진다고 믿지 않는다. 당사자들이 서로 들어줄 수 없는(혹은 들어주고 싶지도 않은) 요구로 인한 불균형이 생긴다. 종종 그들은 노력을 포기하고 철회하면서 관계를 끝내기를 결심한다. 상대의 한쪽은 관계에서 벗어나려 하고 자기 인정에 대한 욕구만족을 다른 곳에서 찾으려 할 것이다.

이러한 논의에서 알 수 있는 것은 애정관계에서 호혜성의 요구는 양면적이라는 것이다. 비록 이상하게 보일지 몰라도 사랑이란 재능은 쉽게 무너지지 않는다. 즉 사랑하는 사람의 세계를 받아들일 준비를 하고 우리 자신이 상대의 세계에 들어가서—상호교환이라는 비슷한 기대를 하지 않으면서—그 세계를 이해하려고 노력한다는 것이다. 협상, 동의나 계약은 필요 없다. 그러나 방향이 다를 때 친밀성은 협상과 타협을 피할 수 없게 만든다. 여기서 정확히 협상과 타협은 한쪽이나 상대 쪽이 너무 조바심을 내거나 혹은 이기적이게 되면 오래 끌지 못하게 될 수 있다. 그러한 어려움과 희생이 따르는 사랑이라면 사랑에 대체할 뭔가를 요구하는 것은 놀라운 일이 아니다. 말하자면 어떤 이는 교환이라는 호혜성 없이도 사랑의 기능을 수행하곤 한다는 것이다. 정신분석학적 진단, 카운슬링, 결혼상담과 같은 것들이 크게 성공하고 인기를 끄는 비밀은 바로 여기에 있다. 자신의 마음을 열어 내적 깊은 감정을 다른 사람에게 보여주면서 자신의 정체성에 맞는 것을 인정받는 것으로, 이런 서비스를 받기 위해 비용을 지불하게 된다.

린 제미슨이 근대사회의 친밀성의 연구에서 우리에게 보여준 것에 따르면 사랑(love)과 보호(care)는 반드시 같은 것이 아니다. 돈을 받고 보호하는 사람은 실제로 보호를 하지만, 사랑하는 것은 아니다. 또한 '교제하는 사람이 서로 깊은 감정을 느끼지만 보호를 하는 것은 전혀 아니다.' 분석가나 치료사들에게 돈을 지불한다는 것은 고객이나 환자가 그 관계를 비개인적인 것으로 변화시키는 것이다. 단순히 돈을 주고 서비스를 구매했다고 생각하지 않고 비즈니스 거래인 그것을 의무라고 받아들이지 않으면서 자기 자신에 대해서 관심을 갖고 그 관심을 공유한다. 여기서 환자가 구매하는 것은 사랑을 받는다는 환상이다. 그러나 이러한 관계가 사회적으로 인정하는 사랑의 모델과는 아주 다르기 때문에 정신분석학적 실습은 감정전이에 상당히 어려움을 겪기도 한다. 환자는 분석가의 '그럴 듯한' 행동을 사랑의 표현으로 착각하는 경향이 있으며, 엄연히 비즈니스로 비개인적 계약인데도 그것을 뛰어넘는 행동으로 반응한다. 이러한 상황은 사랑의 대체로 치료를 위한 확실한 처방으로 이해할 수 있을 것이다.

정체성의 상품화

소비시장은 정확히 정체성을 인정하는 기능으로써 소비자가 선택할 수 있는 광범위한 정체성 속에서 사랑을 또 다른 것으로 쉽게 바꾸는 대용물을 제공한다. 상업광고는 소비자에게 특수한 삶의 양식으로 팔고자 하는 상품을 보여주려고 애쓰고, 능력 있는 소비자는 자신들이 소유하기를 원하는 자아정체성의 상징들을 의식적으로 구매하게 된다. 시장은 개인적으로 각기 다르고 특색 있는 것을 구매하게 하는 정체성 형성 수단을 제공한다. 시장을 통해 우리는 개별적인 자아를 스스로 만드는 완성품(DIY, do-it-yourself)이 되도록 여러 요소들을 조합하게 된다. 근대적이고 자유롭고 태평한 여자, 사려 깊고 이성적이며 뒷바라지하는 여자, 야심 있고 자신감 있는 거물, 마음 편하고 호감 가는 남자, 활동적이고 신체 건강한 사나이, 낭만적이고 꿈이 있으며 사랑을 갈구하는 인간 혹은 모든 이런 속성을 뭉쳐놓은 인간과 같이 우리 자아를 어떻게 표현하는가를 배울 수 있다. 시장이 조장한 정체성은 사회적 합의의 요소로 이루어져—사람들이 인정하게 보이는 광고수단을 통해 소개되어—인정하는 데 겪는 고민을 공유한다. 사회적 합의를 협상할 필요는 없다. 말하자면 처음부터 시장이 만들어낸 것이기 때문이다.

프랑스 사회해석가 장 보드리야르 같은 경우, 시장에서의 진정한 자아의 추구는 환상일 뿐이라고 한다. 외모는 우리가 가진 전부이고 우리가 **진정** 누구인가라는 심오하고 기본적인 현실을 보여주지 않는다. 외모는 만들어져서 계속적인 소비를 통한 유혹 속에서 취해지기도 하고 버려지기도 한다. 이용 가능하고 인기 있는 대안들이 많아지면서 호혜적 사랑을 통해 자아정체성의 문제를 해결하려는 노력들은 성공기회를 크게 갖지 못한다. 사랑과 같은 것이 있는가를 묻는 인터뷰에서 보드리야르는 '충동적 행동'(acting out)은 있으나 '사랑에 대해 말할 수 있는 것'은 별로 없다고 했다. 그럼에도 불구하고 그가 옳다면 그의 분석의 의미는 사랑의 관계에서 대안을 찾기 위한 진정한 경험의 추구를 포기할 때 호혜성과 인정을 위한 욕구는 커진다는 것이다.

앞서 본 것처럼 협상을 한다는 것은 사랑하는 상대에게는 고통스러운 경험이다. 오랜 기간의 헌신적인 노력 없이는 성공할 수 없다. 양측 모두 자기 희생이 필요하다. '편안한' 대용물이 없다면 더욱 빈번하게 그리고 열정적으로 노력과 희생을 할지도 모른다. 쉽게 대용물을 가질 수 있고—재산이 있다면 돈을 많이 쓰게 되어 손실이 되지만—판매자들이 적극적으로 거래하는 대용물을 살 수 있다면, 시간을 들이고 노력해서 때로는 좌절하는 그런 수고들이 필요 없게 된다. 시장논리에 따르지 않는 매혹적일 정도로 '간단한'(foolproof) 대안이 있으면 시들해질 수 있다. 첫 번째 혼란, 즉 성장하면서 상처받기 쉬운 사랑의 협력관계에서 첫 방해는 일방이 혹은 쌍방이 느긋해지거나 둘 다 그 궤도에서 벗어나는 것이다. 흔히 대용물은 '보완'을 위해 찾게 되고 실패한 사랑의 관계를 활기차게 하거나 회복시킨다. 그러나 얼마 지나지 않아 대용물은 원래 보였던 관계의 기능을 털어버리고 상대가 처음에 찾고자 한 활기를 빼앗아버릴 수 있다.

이러한 사랑에 대해 가장 값어치 없이 평가한 것 중에 하나는 리차드 세넷이 주장했던 에로티시즘의 경향이다. 에로티시즘은 섹슈앨러티에서 시작하고 보완된다. 에로티시즘은 성적욕구의 발달이고 궁극적으로 성관계 그 자체이다. 이것을 중심으로 사랑의 관계가 만들어지고 유지된다. 즉 안정적인 사회적 관계 이전에 여러 측면의 개인적 관계가 지닌 모든 특징을 담고 있다. 섹슈앨러티는 성관계라는 하나의 기능, 즉 성적욕구의 충족이라는 환원을 의미한다. 이러한 환원은 성관계를 통해 동정과 책임이 일어나지 못하게 하고 완전히 개인적인 관계로 발전하지 못하도록 목표하는 사전조치로 작용한다. 사랑에서 나온 섹스는 긴장을 해방시키고 상대는 목표를 위한 대체가능한 수단으로 이용되기도 한다. 그러나 또 다른 결론으로 에로티시즘의 맥락에서 섹슈앨러티의 해방은 연애

관계를 허약하게 만든다. 섹슈앨러티 없는 에로티시즘은 자원 중에 가장 강력한 것이 부족하게 되는 것이며(혹은 공유해야 하는 것이며) 안정성을 지키기 어렵다는 것을 알 수 있다.

따라서 사랑하는 관계는 두 배의 위험에 노출된다. 내적 긴장의 압력에 무너질 수도 있고 아니면 수많은 혹은 모든 비개인적 관계—상호교환의 하나—의 표시를 나타내는 관계의 유형으로 후퇴하기도 한다. 우리는 은행고객과 은행 매니저와의 거래에서 보았듯이 교환관계의 전형적인 형태를 관찰했다. 거기서 설명했던 것은 특수한 대상과 서비스가 거래의 한 편에서 다른 편으로 이동한다는 것이다—대상의 소유자가 바뀌었다는 것이다. 거래에 참여한 사람은 상품의 순환을 촉진시키고 용이하게 했다는 점에서 운반자 혹은 중개자일 뿐이었다. 자신들은 각 상대에게 고정된 사람이지만, 즉 교환의 상대로 연루되어 있지만 이들은 원했던 상품을 가지고 있거나 관리한다는 점에서 이차적인 혹은 유도적인 상대인 것이다. 그들은 상대자를 '통해' 보았고, 상품 그 자체를 직접 보았다. 상대자들이 생각한 최종의 것은 부드러운 감정일 수도 있고 상대에 대한 정신적 열망일 수도 있다. 그들 행동의 궁극적인 동기는 가능한 최소한의 양보로 최대한 많이 얻는 것이며 그래서 양측 모두 자신들의 사리를 챙기는 것이다. 그들의 사고는 눈앞의 과제에만 집중하고 있다. 비개인적 교환거래에서 행위자들의 관심이 갈등 속에 있다는 것을 알 수 있다.

교환거래에서는 단순히 타인을 위해 어떤 것도 하지 않는다. 이런 의미 속에는 속임을 당하지 않을까 하는 두려움의 경향이 있으며 이를 주의하고 경계하는 욕구가 있다. 그들은 상대방의 이기심으로부터 보호받기를 원한다. 상대가 사욕 없이 행동할 것이라고 기대할 근거는 없다. 그러나 공정한 거래는 주장할 수 있다. 그래서 교환관계는 거래의 공정성을 신뢰할 수 있는 의무적인 규칙과 권위를 요구한다. 이러한 권위는 거래의 위반 시 결정권을 행사할 수 있어야 한다. 여러 소비단체, 감시인, 옴브즈맨은 이런 보호를 위해 나온 것이다. 이런 단체들은 교환의 공정성을 감시하는 어려운 일을 맡고 있으며 약한 자의 무지나 순박함을 착취하지 못하도록 강한 자의 자유를 억제할 수 있는 법을 위해 당국에 로비를 한다.

양 당사자가 완전히 대등한 위치에서 거래하는 경우는 거의 없다. 무엇보다도 품질의 보증이 나와 있긴 해도 물건을 생산해서 판매하는 사람은 자신의 물건을 구매하거나 사용하는 사람보다 그 품질에 대해 더 많이 알고 있다. 만약에 법으로 규제하지 않는다면 속기 쉬운 입장의 소비자는 잘못된 겉포장에 상품을 구매할 수도 있다. 물건이 복잡하고 기술적으로 더 정교한 것일수록, 구매자들이 물건의 특성이나 가치를 판단하기 어려워 진다. 구매자는 속지 않기 위해서 독립적인 권위기관에 의지해야 한다. 그것은 정확히 거래당사자들이 교환기능으로써 교환관계에 돌입해 있기 때문인데, 상품을 주고받는 전달자의 입장에서는 서로 '보이지 않기' 때문이다. 여기서 사랑하는 관계의 경우보다 친밀성이 떨어지는 것을 느끼게 된다. 이들은 거래에 수반되는 약속 이외의 책임이나 의무를 갖진 않는다. 거래와 관련이 없는 자아의 모습에 영향을 받지 않으며 자신의 자율성도 지키게 된다—그들이 거래의 어느 측면에 있는가에 따라 자율성이 달라지지 않겠는가!

이런 것이 실제 일어나는가? 인간노동이 다른 물건과 같이 상품으로써 교환의 대상으로 취급될 수 있다는 사고양식이 당연시되는 정치경제학적 추론이 있다. 그러나 교환할 수 있는 상품과 달리 노동은 노동자로부터 떼어내어서 생각할 수 없다. 우리의 노동을 판매한다는 것은 개인으로서의 우리 행위—일정한 시간 동안 개인의 전체—가 이제부터 타인의 의지와 결정에 종속될 수 있다는 것에 동의한다는 것을 뜻한다. 노동자 자아의 총체성 다시 말해 자신의 소유에서 떼어낼 수 없는 개체의 총체성이 포기되고 다른 사람의 통제 속에 이양되는 것이다. 그래서 외관상 비개인적 계약은 교환거래의 적절한 한계를 초월하게 된다. 마찬가지로 법이 강제한 빚을 갚기 위한 약속에도 정당한 이자를 함께 갚겠다는 보장을 포함하고 있다.

요약

사랑과 교환은 모든 인간조건에서 나타나는 연속적인 선상의 극단이다. 이런 것을 설명하는 형태가 거의 경험에서 나온 것은 아니다. 우리는 순수한 형태의 모델로써 논의했다. 대부분의 관계는 '순수하지 않은' 것이고 여러 비율로 서로 섞여 있다. 윤리은행이 있으며 투자기금이 있다. 그 목적은 사회환경적인 목표에 기여하는 것이며, 그 자체적인 통제나 이익성에 목표한 도구적 계산에 좌우되지 않는다. 마찬가지로 애정관계는 비즈니스와 같은 요소들도 포함될 것이다. '당신이 그것을 한다면 나도 할 것이다'라는 교환의 공정한 비율에 따라 하는 것이다. 우연한 기회를 갖거나 일방적인 거래를 제외하고 상호교환관계에 있는 행위자들은 서로에 대해 오랫동안 무관심하게 있을 수 없다. 오래지 않아서 돈과 재화와 다른 그 이상의 것이 연루되어 있을 수 있다. 시장거래는 언제나 비개인적이라는 말을 일상적으로 듣는다. 그러나 사회경제학의 원리가 확실한 것처럼 시장거래는 규범, 가치, 부수적인 평가판단이 되는 문화적 요소가 거래의 일상적 특징인 상호의존 네트워크에 기반하고 있다.

이러한 특징에도 불구하고 혼합된 관계에 묻혀 있지만 각 모델은 상대적 정체성을 지닌다. 각각은 그 자체의 기대와 이상을 갖고 있으며 행위자의 행동은 그 자신의 특정한 방향에 따라 움직인다. 다른 사람과 맺는 수많은 관계의 모호함은 서로 극단적이고 보완적이지만 양립할 수 없는 두 기대 사이에서 갖는 긴장과 모순에 의해 설명될 수 있다. 모델과 같은 순수한 관계는 삶에서 거의 나타나지 않는다. 삶에서 인간관계의 양면성은 규칙이다. (우리가 주장하는 것처럼) 그러한 양면성은 개인적 관계 내에서 긴장을 만드는 것으로 비개인적 세계에 대한 반응이다. 바꾸어 말해 그러한 긴장은 비개인적 서비스를 만들게 되는데, 그 상황에 대한 반응으로 교환에 기초한 카운슬링과 같은 것이 있다.

꿈과 열망은 동시에 만족시키기 어려운 두 욕구 사이의 긴장 속에서 나타난다. 또한 따로 추구하더라도 역시 만족시키기 어려운 욕구 사이의 긴장 속에서 나타난다. 이런 것은 **소속감(*belonging*)**의 욕구이고 **개별성(*individuality*)**의 욕구이다. 사회관계 내에서 여러 방법으로 자리하고 있기 때문에 행동하는 능력도 이 욕구에 부합되어야 한다. 소속감을 통해 우리는 다른 사람과 강력하고 안전한 유대를 갖게 된다. 이런 욕구를 말하는 것은 일체감이나 공동체에 대해 말하거나 생각할 때이다. 개별성은 생각하기에 가치 있는 것이라면 뭐라도 해야 한다는 욕구에서 벗어나 억압에서 자유로운 개인적 생활로 방향 잡는 것이다. 다른 한편에서 보면 욕구가 만족스러울수록 타인에 대한 무시로 더욱 고통스러울 수 있다. 사생활 없는 공동체는 소속감보다는 억압으로 느낄 수 있으며, 공동체 없는 사생활은 '자기 자신을 찾기'보다 고독과 같은 것이 될 수 있다. 그래서 우리는 온갖 즐거움, 쾌락, 희망, 소원, 좌절과 긴장을 다양하게 동반하면서 타인들과 함께 하며 우리의 존재도 그에 수반되는 것이다. 그래서 우리 자신과 친구가 된다는 것은 이미 타인과 우정을 나누고 있다는 것이다.

■ **생각해 볼 문제**

1. 사회관계에서 '순수한' 선물이라고 하는 개념을 어떻게 이해하는가?
2. 위르겐 하버마스는 돈, 권력, 관료제에 의해 생활세계가 '식민화'되는 것에 대해 기술했다. 오늘날 사회에서 이러한 현상은 점차 늘어나고 있다고 보는가? 만약 그렇다면 일상의 삶에 어떤 영향을 미치는가?
3. 상품화(commodification)에서 벗어난 정체성은 있는가?
4. 상호교환의 비인격성이 감정적 애착, 신뢰와 같은 사회적 관계에 의해 지탱된다고 보는가? 만약 그렇다면 그것은 어떻게 이루어지며 '상호교환'의 개념은 무엇을 의미하는가?

■ **읽어 볼 거리**

Beck, U. (1992) *Risk Society: Towards a New Modernity* (Thousand Oaks, Calif.: Sage). 울리히 벡은 오늘날의 사회에서 위험을 낳는 경향에 대해 살펴보고 있다. 이러한 사회가 우리의 일상적 삶에 영향을 미친다는 것이다.

Hochschild, A. E. (1983) *The Managed Heart: Commercialization of Human Feeling* (Berkeley, Calif.: University of California Press).

제목에서 그 내용을 충분히 보여주고 있으며 매력적인 양식으로 쓰여진 글이다.

Jamieson, L. (1998) *Intimacy: Personal Relationships in Modern Societies* (Cambridge: Polity). 친밀성은 인간의 기본적인 욕구인가? 사회 경제적 조건에 의해 어느 정도까지 좌우되는가? 이러한 질문이 이 책의 주요한 질문에 속한다.

Luhmann, N. (1998) *Love As Passion: The Codification of Intimacy* (Stanford, Calif.: Stanford University Press). 역사의 진화과정에서 사랑, 감정, 애착을 통찰력 있게 조사한 책이다.

CHAPTER 6

우리 자신의 보호: 몸, 건강 그리고 섹슈앨러티

5장에서 에로티시즘과 섹스 사이에는 감추어진 긴장이 있다고 말했다. 건강과 몸에 관한 것들은 기본적으로 일상생활과 관계된 것들이다. 우리들은 통상적으로 다이어트, 운동, 그리고 여가에 대해 관심을 갖고 있다는 것을 스스로 알고 있다. 이러한 과정에서 사람들은 다른 사람들과 어울려 지낼까 아니면 건강을 위해 몸에 관심을 갖고 마음껏 먹고 마시는 것을 거부하면서 혼자 지낼까 이런 저런 생각을 할 수 있고, 편하다고 느끼는 사람과 가깝게 지내려는 마음을 드러내기도 하고 아니면 괴롭히는 사람이 없는 곳으로 멀리 떠나 벗어날까 이런 저런 생각을 할 수 있다. 이처럼 관계를 단절하거나 보류하려는 이 모든 표현들은 귀찮고, 이상하고, 긴장되고, 성가시며, 혹은 편안함을 위해 요구되는 것이기도 하다. 친밀함과 고독감 사이를 오락가락함으로써, 우리는 일상 존재의 기본적인 부분인 우리 몸과의 관계를 구축한다.

안전의 추구

앞서 우리는 타인들과 만나는 것이 아주 성가실 수도 있고 즐거울 수도 있다는 것을 보았다. 흔히 타인과의 관계는 복잡하고 혼돈스러우며, 그들의 어긋난 신호로 인해 상충되는 행동이 일어나기도 한다. 그래서 타인들은 우리에게 안전을 보장해주기도 하지만 근심을 던져주기도 한다. 이것은 결코 호쾌한 조건은 아니다. 그래서 우리들 대부분이 그런 상황을 피하기 위해 전략을 만들게 된다는 것은 놀라운 일이 아니다. 해결하기 어렵고 견디기 어려운 상황에 직면하게 되면 우리는 그 원인을 제거하려고 하거나 물러서게 된다. 그렇게 되면 우리들은 어디로 가야 하는가? 어디서 우리의 안전한 보호막을 찾을 수 있는가?

이 질문에 답하기 위해 우리 주변의 세계, 즉 우리가 알고 있는 장소와 우리가 이해한다고 믿는 사람들을 일련의 동심원을 그리면서 생각해봐야 한다. 중심 동심원들부터 멀어질수록 더 큰 동심원들을 생각할 수 있다. 가장 큰 원의 경계는 우리의 머릿속 지도에 흐릿하게 있다. 이는 막연하고 아주 멀리 떨어져 있는 곳이다. 그곳은 한 번도 가보지 않은 '전혀 모르는' 지역으로 거기는 문구사전이나 지도책 없이는 찾아 갈 수 없으며, 모험에 수반되는 위험에 대해 안전을 보장하지 않으면 가볼 생각조차 하지 못하는 곳이다. 반면 작은 원의 세계는 보다 안전하고 익숙한 세계이다. 동심원이 작으면 작을수록 더 안전하다고 느낀다. 우선 우리 지역부터 보면 모든 행인들은 우리가 이해할 수 있는 언어를 사용하고, 동일한 규칙을 지키고 따르며, 그들의 몸짓과 대화에 어떻게 반응해야 할지 그 방법을 알고서 행동할 수 있다.

아주 작은 원의 세계 가운데 하나는 우리의 '이웃'이다. 여기서는 서로 얼굴을 통해 알아보기도 하고 이름도 대개 알고 지낸다. 더구나 단순히 이름뿐만 아니라 그 사람의 습관도 알고 있다. 사람들의 습관을 안다는 것은 생소함에서 나오는 불확실성을 줄여주고 서로가 기대하는 것을 알 수 있게 한다. 그리고 궁극적이지만 결코 작다고 볼 수는 없는 상대적으로 가장 작은 '내부 원'이 있는데 그것은 바로 '가정'(home)이다. 가정 내의 사람들은 서로 간에 차이가 있다 하더라도 그리 중요하지 않다. 왜냐하면 무슨 일이 일어나더라도 우리가 그들을 믿을 수 있다는 것을 알고 있기 때문이다. 즉 시종일관 그들은 우리를 지지할 것이고 실망시키지 않을 것이다. 가정은 '진실된 얼굴'(true face)만 보여준다거나 혹은 숨길 것이 없다는 것을 증명할 필요가 없는 곳이다. 가정은 대개 안전하고 따뜻하고 보호받을 수 있는 장소로써 투쟁하지 않아도 그리고 경계하지 않아도 얻을 수 있는 우리의 공간이며 우리의 권리를 확신할 수 있는 곳이다.

가정은 공간과 장소를 가르는 명확한 경계에 관한 정의와 전제들을 모두 가지고 있기 때문에 우선적으로 존재하고 그리고 계속 존재하게 된다면 좋은 것이다. 원을 이루는 경계가 뚜렷하게 나타나는 한 홈리스, 가족해체, 문화적 전통과 신념의 차이를 보여주는 신구세대의 갈등은 드러나지 않는다. 그렇게 되었을 때 우리는 우리가 누구인지, 타인이 누구인지, 우리에게 기대되는 것이 무엇인지 그리고 사물의 질서에서 우리는 어디에 위치하게 되는지 알게 된다. 우리는 각 상황에서 합리적으로 무엇을 기대할 수 있을지에 대해 알게 되고, 어떠한 기대가 비합법적이며 주제넘은 것인지도 알게 된다. 그러나 원의 경계가 흐릿하고 완전히 없어져 버린다면 어떻게 될까? 하나의 원에 적용되는 규칙이 다른 원으로 빠져나가게 되거나, 너무 빨리 변해서 그리고 막연해서 의지하거나 따를 수 없게 되면 어떻게 될까? 분노와 적개심을 가져올 수 있는 혼란과 불확실성이 바로 그 결과이다. 한때 명확함이 있던 곳에는 애매함이 들어서게 된다. 왜냐하면 책임과 이해력의 부족에서 나오는 반응이 늘 똑같은 것처럼 확실성이 부족하게 되면 두려움이 문 앞에서 노크를 할 수 있기 때문이다.

많은 사람들은 이러한 말로 과거와 현재를 비교해왔다. 전통에 대한 향수에서 자신의 처지를 알게 되고, 자신이 어떤 기대를 받고 있는지 알게 된다. 역사 연구는 이러한 납득할 만한 확신을 연구하는 것이고, 그 확신은 현재 상황의 반응으로써 과거의 상상 공동체를 이용하면서 되풀이된다. 친숙하고 안전하다고 여겼던 세계는 더 이상 없다. 변화의 속도는 이제 빠르게 이동하는 사람들의 환경을 통제한다. 빠르게 이동하는 사람들이란 어느 순간 사라지는 사람들이거나 새롭게 나타나는 모르는 사람들이다. 느낌상 어느 곳, 어느 시대에 사는가 하는 것을 통해 우리가 누군지를 파악하려고 한다면 의미와 목적 없이 열광적인 욕구로만 생긴 변화에 그 근거들은 증발될 수 있다. 그래서 아무런 통지도 없이 규범이 빠르게 변하는 것 같다면 규범이 있어야 할 정당성은 더 이상 남아 있지 않다. 당연하게 여겨지는 것은 사라지게 되고, 성취된 것마저도 계속적인 노력이 없다면 오래 버티지 못한다. 일자리를 찾아 지원하고 인터뷰하는 노력들은 삶의 경력에서 허무한 순간들이 된다. 우리 삶의 범위 깊숙이 그리고 가장 친숙한 방법으로 요구되는 것은 경계심이다. 이러한 과정이 우리 삶의 대부분을 통제하기 때문에, 상업화를 통해 아주 쉽게 보호 시설을 다른 어떤 것과의 교환대상이 아닌 가정으로 바꾼다.

물론 다소 과장된 설명일 수도 있다. 그러나 많은 사람들은 갖고 있지 않고 획득할 수단도 없는 안전을 취해야 한다고 생각하고 있다. 동시에 이러한 과정은 사회, 정치, 경제의 영향으로부터 차단된 보편적인 믿음에도 불구하고 관계에 영향을 미친다. 예를 들어 아주 친밀한 관계인 가족이나 사랑하는 파트너의 경우를 보자. 앤서니 기든스는 파트너십에 대한 감정을 나타나기 위해 '융합 사랑'(confluent love)이란 용어를 사용했으며 이런 토대에서 만들어진 파트너십의 특징을 '순수 관계'라고 했다. 융합 사랑은 파트너들이 서로 사랑하는 특정 순간에 서로에게 끌리고 함께 하기를 원하는 것을 의미한다. 그들에게 있어 파트너십은 즐겁고 만족스럽고 바람직한 것이다. 그럼에도 불구하고 이런 기분 좋은 조건이 '우리를 죽음이 갈라놓을 때까지' 지속된다는 약속이나 보장은 없다. 같이 지낸다는 것은 떨어질 수도 있는 것이다. 만약에 그렇게 되면 파트너십 그 자체는 함께 연결되는—무엇보다 '순수한 관계'였던—토대를 잃어 무너지게 될 것이다. 그러나 융합 사랑은 둘을 필요로 한다. 따로 떨어지게 되면 하나의 감정은 사그라진다. 그래서 융합 감정을 가진 순수한 관계는 부서지기 쉽고 취약하게 된다. 실제로 파트너십의 누구도 상대를 확신할 수 없다. 내일이면 상대는 같이 살고 싶지 않거나 함께 지내고 싶어 하지 않을 수 있다. 그들은 '더 많은 공간'을 필요로 하고 다른 뭔가를 추구할 수 있다. 기초가 없는 파트너십은 목표 없는 매일의 시험처럼 '시련 기간'이 끝나지 않는다. 그런 파트너십은 조작될 수 있다. 왜냐하면 무한한 책임으로 상대와 이어지지 않고, 서로의 '미래를 걸지도' 않기 때문이다. 말하자면 이 같은 '자유'에 지불해야 할 가치는 높다.—영원한 불확실성 그리고 안전성의 부족이다.

이러한 모든 것은 가족의 상태—안전성과 안전의 근원인 제도—에 영향을 미치지 않을 수 없다. 무엇보다도 가족은 개인과 비개인 간의 연결 다리로 간주되고 개인 구성원들의 도덕성과 비도덕성의 연결 다리로 간주된다. 시간이 지나면 구성원들은 죽지만 가족과 친족, 가계는 더 오래 지탱된다. 그들의 유산은 어떤 측면에서 그들의 가계를 따라 이어진다. 지금 많은 가족들은 해체되고 있으며 다른 맥락에서 다시 조정되거나 다른 관계로 분리된다. 그래서 아무것도 남지 않게 되고 그러한 관계를 유지하기 위해 수행되어야 할 일들은 더 많아지고 있다. 린 제미슨(Lynn Jamieson)은 이러한 과정을 '친밀성의 노출'(*disclosing intimacy*)이라고 하였다. 이는 한 번 설정된 관계맺음을 통해 일상적으로 유지되는 유대를 자연스럽게 드러내는 것이다.

어떤 수준에서는 우리가 안전하다고 느끼는 장소가 줄어든다고 할 수 있다. 만약에 그렇다면 신뢰와 자신감을 이끌어낼 정도로 거기에 충분히 머무를 사람은 없다. 동시에 관계 속에 있는 파트너들에게 일상생활을 유지하는 방법이 많다는 것을 우리는 주장했다. 예를 들어 크리스티나 니퍼트-엥(Christena Nippert-Eng)은 관계 속에 있는 가정과 직장 사이의 '분열'과 '통합'의 관행을 조사했다. 직장은 가정과 분리되는 장소였지만, 새로운 기술은 시공간의 사용이라는 의미에서 새로운 가능성을 열어주었다. 그러나 처음에는 가정 내의 시공간은 일과 구별하기 위한 목적으로 관계에 새로운 압박을 요구한다. 다른 상대를 알지 못하고 그에 따른 적응을 하지 못하면 갈등이 고조된다. 그래서 우리는 정보혁명이 제공하는 새로운 자유의 영역에 주목해야 한다. 크리스틴 델파이(Christine Delphy)와 다이애나 레오나르도(Diana Leonard)가 결혼의 연구에서 보여준 것처럼 가족 구조와 젠더의 노동분화는 변화에 대해 상당히 저항한다.

여기에 또 다른 쟁점이 있다. 사람들이 '자신의 공간'이라고 할 때, 그것은 무엇을 의미하는 것인가? 자신의 공간을 가진다는 것은 무엇이 남았다는 것인가? 무엇보다도 상대가 범위를 벗어나 있다면, 그래서 외양상 '신경을 쓰이게' 하거나 '비이성적인 요구'를 한다면 그러한 공간을 찾는 사람에게 남은 것은 무엇인가? 그리고 이러한 요구의 토대는 무엇인가? 이 책에서 주장한 것처럼 타인을 통해 자신을 알게 되면 우리자신을 안다는 것은 무엇인가? 그리고 우리는 무엇에 끌리는 것인가? 한 가지 대답은 우리의 **육체적 자아**(*embodied selves*)에 달려 있다. 즉 '몸'으로써의 우리에 관한 것이다.

육체적 자아 – 성숙과 만족

여기서 잠깐 생각해보자. 사회생활을 통해 우리가 무엇을 해야 하고, 우리가 우리자신, 사물, 타인을 어떻게 보고 그 결과로 무엇이 일어나는가 하는 데는 차이가 있을 수 있다. 이 책은 이러한 차이에 관한 것이다. 반면에 몸은 '물려받은' 것이다. 완전히 유전인자에 의한 것이지 사회적 '산물'이 아니다. 그러나 이를 바꿀 수 없다는 생각은 잘못이다. 우리 주변의 다른 것과 같이 사회에서의 삶의 환경은 우리 몸에도 놀라운 차이를 보인다. 비록 몸의 크기와 형태, 그리고 다른 특징들이 유전인자에 의해 결정되고, 우리자신의 선택이나 의도한 행동에 의해 결정되는 것이 아니라고 하더라도—문화에 의한 것이 아닌 자연적으로—사회적 압력은 우리가 할 수 있는 모든 것을 하도록 만들어서 우리 몸을 적당하고 올바르다고 생각하는 조건으로 가져갈 수 있다.

이러한 과정은 우리가 살고 있는 사회에 따라 달라지고 우리 몸에 안전한지에 따라 달라진다. 우리는 몸을 하나의 과제로 보게 된다—일상적으로 관리하고 주의를 하게 되는 과업이다. 우리 몸에 관한 과업은 의무로 변하였고, 사회는 올바른 방향으로 기준을 만들어 그 형태를 인정했다. 왜냐하면 모든 몸은 적절하다고 하는 기준에 따라야 하기 때문이다. 그렇지 못하면 자신이 창피하게 되고 동시에 그런 요구에 부합하지 않게 되면 대개 차별받기 쉽다는 것을 알게 된다. 예를 들어 건물설계에서 나타나는 장애인들에 대한 편견적인 태도가 그러한 것이다. 우선 이상하게 들릴지 몰라도, 우리 몸은 사회조건화의 대상이다. 그러므로 몸은 『사회학적으로 생각하기』란 책의 내용에 아주 적합한 것이다.

미셸 푸코는 '자아의 기술'에 관심을 가졌다. 자기 자신에 대해 우리가 맺는 관계, 즉 우리 몸이 시간이 지남에 따라 어떻게 변화하는가에 대한 관심이다. 물론 몸에 따라 어떻게 행동하고, 어떻게 자신을 돌보는가 하는 것이 사회 공간 내에서 일어나는 주제는 아니다. 그래서 특히 몸과 관련해서 우리 사회를 부당하게 볼 수 있다. '외부 세계'(world out there)가 위험과 불확실성이 아주 크다면, 몸은 우리가 바라건대 최후의 방어참호로 나타난다. 몸은 신뢰할 수 있는 영역이 될 수 있다. 왜냐하면 우리가 통제할 수 있고 그래서 안전하고 차분하며 편안하게 느끼기 때문이다. 세계 '외부'(out there)에 소위 가장 안정되고 지속적인 분야의 습성으로 모든 종류의 놀라운 일들이 있지만—흔적 없이 사라지고, 인지하지 못한 채 변화하는—몸이야말로 우리 삶의 요소에서 가장 일시적이지 않은 것이고 가장 오래 지속되는 분야이다. 다른 모든 것이 변화하더라도 몸은 언제나 우리와 함께 있다! 만약에 투자, 노력, 지출이 위험하다면 그것은 우리 몸에도 마찬가지로 되돌아오는데 이는 우리의 부주의와 태만으로 인한 것이다. 결과적으로 몸에 대한 가장 큰 의미는 어떤 때는 몸이 가진 그 이상이다.

몸에 대한 관심을 강하게 고정시키는 것은 장점이 된다. 몸은 결과를 보고 측정함으로써 실질적이고 확실한 결과를 알 수 있는 활동 영역이다. 이런 과정에 도움이 되는 건강기구들이 있는데, 두서너 가지 예를 들면 혈압계와 심장모니터, 다이어트 정보들이 있다. 운명이 몸을 좌우하는 카드로써 고정목표로 작용할 필요는 없다. 왜냐하면 몸이 욕망의 대상이 될 수 있기 때문이다. 비록 원하는 대로 종국에 가서 효과가 없다고 하더라도 뭔가를 하는 것보다 아무것도 하지 않는 것은—비참하고 굴욕적으로—더 나쁘다. 그렇다면 우리 몸에 대해 얼마나 많은 주의와 관심을 기울여야 하는가? 그런 관심을 기울여야 하는 걱정의 근원은 사라지지 않을 것이다. 왜냐하면 그것은 몸의 관계와 무관한 것—우리가 살고 있는 사회—에서 나오기 때문이다. 피할 만한 이유는 늘 있지만 그 요구는 결코 만족되지 않는 욕구를 가질 수 있다.

이러한 것은 우리에게 여러 가능성을 준다. 예를 들어 변화과정에서 하나 혹은 여러 노력의 성공에서 나올 수 있는 만족감은 자기비판과 자기질책에 의해 일시적이거나 즉각적으로 사라질 수도 있다. 불안하고 불확실한 '외부' 세계(out there)에 남겨진 상처를 치료하기는 커녕, 우리 몸은 불안전과 두려움의 근원으로 변할 수 있다. 몸이 방어울타리로 바뀌게 될 때, 그것을 둘러싼 영토와 도로들은 심오한 경계의 대상으로 바뀐다. 그래서 우리는 끊임없이 감시해야 한다. 그 적은 아직 감추어져 있긴 하지만 몸은 공격 상태에 있거나 매 순간 공격받을 수 있다. 호, 망루, 도개교로 요새를 둘러쌀 필요가 있으며 하루 24시간 주시할 필요가 있다.

일부 침입자들이 '정주해서' 우리 몸의 일부인 양 행동한다. 그러나 사실 몸이 아니고 '내부의' 이방인인 것이다. 예를 들어 '몸 속'에 있는 지방은 '몸의 일부'가 아닌 바로 그런 과정의 좋은 예이다. 이렇게 교묘하고 기만적인 잠재적 이반자(traitors-in-waiting)는 색출되어야 하며 그렇게 해서 '체계로부터 분리하여' '순환계에서 제거'할 수 있다. 그것을 몰아내고, 청소하고, 추방하고 쥐어짜기 위한 서비스는 얼마든지 있다. 일반적으로 생활양식을 통해 잠재적으로 변형을 가져오는 것은 아니다. 왜냐하면 모든 계획은 사회적 쟁점의 개별화와 내면화의 토대 위에 있기 때문이다. 비만어린이를 위한 여름캠프가 그 해답이 된다. 그것은 사람들 전체를 위한 다이어트, 생활스타일, 소비유형이 아닌 것이다.

몸과 '외부' 세계의 영역과의 '상호접촉'은 안전과 안녕을 위해 끝없이 싸워야 하는 가장 공격받기 쉬운 접경인 것이다. 경계의 검문소—'체계 내부'로 이끄는 몸의 구멍, 즉 통로는 조심해야 할 장소이다. 그래서 무엇을 먹고 마시고 호흡하는가를 조심스럽게 봐야 한다. 음식이나 공기는 몸에 해가 되기도 하고 직접적인 해를 입히기도 한다. 그래서 몸의 담론의 일부가 되는 전체 산업과 마케팅 기술을 찾아내는 것은 놀랍지 않다. 예를 들어 우리 몸에 '좋은' 음식이 있는가 하면, '나쁜' 것도 있다. 우선 몸에 좋은 올바른 다이어트를 택해야 하고 두 번째로 견딜 만한지 그리고 가혹한 것인지를 봐야 한다. 제공된 많은 것들은 이러한 욕구를 충족하고 있다.

이런 모든 것들은 말로는 쉽다. 수차례에 걸쳐 몸에 해가 되지 않고 유익하다고 생각하는 영양의 상태가 우리에게 반갑지 않은 부작용을 낳거나 질병의 원인이 된다는 것을 알게 되었다. 그러한 사실은 쇼크로 받아들이지 않을 수 없다. 왜냐하면 해가 된다는 사실을 알게 되거나 돌이킬 수 없게 될 때 대부분 자신감에 큰 상처를 남기기 때문이다. 전문가가 추천한 음식이 미래에 해가 될 줄 누가 알겠는가? 모든 음식이 그렇게 될 수 있다. 그래서 아무리 '건강한 음식'이라도 전혀 걱정없이 소비되지는 않는다. '새롭고 개선된' 다이어트가 한때 각광을 받았지만 이제 불신을 받게 되는 것도 그리 놀랄 일이 아니며, 몸과 '외부' 세계 간의 상호접촉에서 나타날 수 있는 알레르기, 식욕부진, 거식증은 우리 시대의 질환으로 볼 수 있다. 보드리야르가 관찰한 것처럼 알레르기는 '연결점'을 종잡을 수 없어서 정확히 설명하기 어렵다. 이러한 것은 몸의 보호를 위한 오늘날의 근본 관심으로 만연되면서 막연한 근심의 조건으로 들린다.

만약 우리 몸의 안녕에 대한 주의—철저한 오염방지와 혹은 타락으로 이해되는—가 행동을 이끄는 동기가 된다면, 단식과 같은 극도의 절제는 합리적 전략이 될 수 있다. 이러한 점에서 우리가 살아가는 데 절대 필요한 양을 초과하는 음식의 소비를 거부하고 탐닉을 억제함으로써, 거의 최소한의 '경계 상황'(border traffic)까지 줄일 수 있을 것이다. 대부분의 경우 이것은 선택할 수 있는 영역이 아니다. 왜냐하면 식사는 일상적인 기초에 맞춰서 하는 것인지 알지 못하기 때문이다. 이런 방법의 해결책은 거의 받아들여질 수 없다. 왜냐하면 몸 그 '주인'이 갖는 중요한 매력을 제거하는 것일 수 있기 때문이다. 아주 간단히 말해 몸은 근심의 영역일 뿐 아니라 즐거움의 영역이어서 대중산업을 이끌 수 있다. 몸을 통해 영화, 드라마, 광고잡지, 방송광고, 책, 가게진열대는 우리에게 즐거움의 원리를 알게 한다. 먹고 마시는 것은 즐거운 감동과 흥미로운 경험을 가져다주는 사회적 요건이다. 음식을 줄이고 술을 줄이는 것은 그런 요건을 줄이는 것이고 그래서 그와 관련한 상호작용도 줄이게 된다. 가장 세련되고 이국적이며 멋스런 요리법이 담긴 요리책과 함께, 슬림과 다이어트를 위한 책이 베스트셀러 스무 권의 반열에 함께 있다는 것이 놀라운 일인가?

우리는 민족, 젠더, 인종, 계급에 따라 서로 다양하지만 모순된 두 가지 모티프가 충돌되고 있음을 알 수 있다. 통제와 수행의 과정에서 남성과 여성의 경우 생물학이 운명이라는 믿음을 갖는다면 그러한 책들은 누구를 위해 만든 것이며 그 이유는 무엇인가? 몸은 흔히 문화보다는 자연과 더 가깝게 보인다. 전체 사고양식도 몸을 불신의 근원으로 보면서 파헤쳐진다. 그래서 몸을 통한 즐거움의 추구는 자신들을 더 높은 권위에 맡기는 것을 인정하는 것이다. 그 과정에서 우리가 누구인가 하는 것이 부정된다. 이런 저런 사고의 방식들은 우리 삶에 실질적으로 원하는 것을 둘러싼 포섭과 배제의 양식에 보태진다. 음식을 즐기고 음식을 생각하는 능력은 구매하는 능력이다. 생존을 위해 음식을 구매하는 것에서는 벗어나 있다. 마찬가지로 우리 주변의 많은 몸 전문가들, 트레이너나 다이어트 조력자들은 이런 능력을 기본으로 한다. 다른 사람의 경우 흔히 바보 취급당하는 방식으로 '해결'하게 되고 몸을 있는 그대로 두면서 대중들의 상황 속에서 몸을 통제의 대상으로 변화시키지 않는다. 그러면 질문이 생긴다. 이게 건강한 것인가?

건강과 몸매 가꾸기의 추구

우리가 몸을 보호하기 위한 훈련이나 운동을 할 때 무엇을 얻기 위해 하는지 질문을 받게 된다면, 우리는 건강(health)과 몸매 가꾸기(fit) 때문이라고 답할 것이다. 두 목표는 추천할 만하다. 문제는 이들이 서로 다르고 때로는 상반된 목적을 가진다는 것이다. 예를 들어 건강의 개념은 인간 몸이 불균형, 질병 혹은 위험의 신호가 되는 이탈을 만나게 되는 기준이 있다는 가정을 한다. 고혈압과 저혈압의 경우 기준은 최고와 최저의 한계가 있으며 원칙적으로 최고 한계를 넘으면 위험한 것이고 최저 한계 아래는 바람직하지 않은 것이라 할 수 있다. 두 경우 모두 의학적 관여가 필요하다. 즉 혈액에 백혈구가 너무 많아도 의사는 걱정하며 너무 적으면 위급 등을 알린다.

정상 기준 근처에 있으면 건강한 것이다. 건강의 개념은 시간이 변해도 작은 변화만을 허용하는 '일정한 상태'의 보존을 의미한다. 대체로 어떤 것이 정상적인 상태인지 알고 있고 그것을 정확하게 측정할 수 있기 때문에 우리는 '목적 상태'로 어떻게 노력해야 할 것인지 알고 있다. 건강을 돌본다는 것은 시간을 들여야 하고 괴로운 것이기도 하다. 가끔은 큰 근심을 던져주기도 한다. 그러나 적어도 얼마만큼 해야 하는지도 알고 거기에는 우리 노력에 따른 행복한 목표가 있다는 것도 안다. '인정된 기준' 내에 들어간다고 하는 것은 실제로 나이, 성별에 따른 '평균치'에 맞게 신체적으로 기능하는 것과 우리 몸을 지표에 따라 비교해서 재확인하는 것일 수 있다.

몸매 가꾸기의 개념과 실천은 다른 경우로 보인다. 최저선은 있을 수 있지만, 최고선에 관한 한계는 없다. 몸매 가꾸기는 기준을 초과하는 것이지 기준을 고수하는 것이 아니다. 건강은 일하고 생계를 꾸리고 움직이고 사회생활을 하며 다른 사람과 의사소통하고 여러 삶의 과제에 도움이 되는 사회시설을 이용하는데 정상적으로 기능하도록 신체조건을 유지하는 것이다. 그러나 그런 문제가 몸매 가꾸기가 되면 몸이 무엇을 해야 하는가가 아니라 무엇을 할 수 있는 것인가로 될 수 있다. 출발점은 현재 상태에서 무엇을 할 수 있는가 하는 것이고 몸매 가꾸기의 이름하에 무엇을 획득할 수 있고 획득해야 하는가 하는 것이다. 그래서 우리 몸의 몸매 가꾸기를 위한 노력은 끝이 없는 듯하다.

몸매 가꾸기의 이상적인 모습은 삶을 즐겁고 재미나게 하고 흥분을 일으켜서 이 모든 것을 '유쾌하게 살도록' 하는 경험의 **도구**(*instrument*)로써 몸을 보는 것이다. 몸매 가꾸기는 세계가 현재 제공해야 하는 것과 미래에 제공할 수 있는 것을 받아들이는 몸의 능력을 말한다. 모험을 위한 열정과 욕망이 없는 연약하고 무기력한 몸은 그러한 도전에 맞설 수 없을 것이다. 무엇보다도 그런 몸은 새로운 경험을 바라지도 않고 인생을 흥분시키지도 않는다. 오래전 속담에서 보듯 희망차게 여행하는 것이 도착하는 것보다 낫다. 그래서 소비사회에서 그것은 만족이 아니라 욕망일 수 있다. 아주 간단히 말해 욕망을 바라는 것은 욕망 그 이상이다. 가꾸어진 몸은 정교하고 변화하는 몸이다. 감동이 사라지고 없을 때 몸을 통해 '생활 속에서 충분히 노력함으로써' 활발하게 새로운 감동을 만나게 해 줄 수 있다.

이제 몸매 가꾸기는 중요한 이념이 되었으며 몸의 전반적인 특성은 그러한 이념에 의해 평가된다. 몸은 늘 메시지를 갖고 있기 때문에 몸이 가꾸어지는 것으로는 충분하지 않고, 가꾸어진 것을 **보여주어야** 한다. 구경꾼들을 납득시키기 위해서는 날씬하고 균형이 있으며 활기차야 한다. 그래서 모든 스포츠에서 보는 것처럼 삶의 긴장을 던져버리는 '스포츠 몸'

의 모습을 가져야 한다. 여기에 광고상품을 만드는 사람들은 몸의 외양과 몸매 가꾸기의 효과를 전달하려고 한다. 그래서 신체운동과 변화를 가져오는 조깅, 실내체육복 혹은 트랙슈트와 운동화의 선택범위가 광범위하고 지속적으로 커지고 있다는 것을 알 수 있다. 몸 소유자들이 하는 것이라곤 올바른 상품이 있는 적절한 가게를 찾아 정확하게 구매하는 것이다.

신체적으로 몸매 가꾸기를 자신감 있게 드러내는 모든 단계들은 그리 간단하거나 직접적이지는 않다. 몸의 주인인 자신이 해야 할 것들은 많이 있다. 예를 들어 웨이트 트레이닝, 조깅, 스포츠 활동 등이 가장 두드러진 것들이라 할 수 있다. 더구나 이러한 것들 속에서 상업적인 제조자들은 판매에 신경을 쓰게 된다. 특허받은 식이요법을 알려주는 자기주도 학습과 DIY 핸드북은 쏟아지고 있으며 체중감량과 몸매 가꾸기에 신경 쓰는 사람들에게 맞는 통조림, 가루분말, 즉석 요리도 많이 나와 있어서 혼자 할 수 있게 도와준다. 이런 점에서 다른 경우와 마찬가지로 무엇인가를 하는 실천행위는 쇼핑의 방법을 통해 아주 쉽게 도와줄 수 있다.

우리는 여기서 새로운 감동 추구를 목격한다. 모든 감동이 지닌 문제, 즉 감동적 즐거움이 가장 잘 드러나는 문제는 말하자면 '내부에서' 나오게 됨을 알게 된다. 주관적으로 경험하는 감동은 타자에게 '보일 수'가 없으며 타자들을 이해토록 하는 방법에 맞춰 기술하기가 쉽지 않을 수 있다. 얼굴의 슬픈 표정과 같은 고통 받는 가시적 신호들이 있으며 눈가의 눈물, 슬픈 탄식, 음산한 침묵과 미소 담긴 행복, 웃음의 폭발, 명랑함과 즉석 웅변이 있다. 우리 자신의 '유사한' 경험을 회상하면서 그 감정들을 상상하는 것은 가능하다. 그러나 다른 사람들이 경험하는 것을 느낄 수는 없다. 각자가 겪은 모든 경험을 공유하길 바라는 친한 친구들은 서로에 대해 조급하게 절망의 한숨으로 다음과 같이 물을 수 있다. '너는 내가 무엇을 느끼는지 진정 아는가?' 그들은 각각 다른 사람들의 감정이 '같거나' 심지어 '유사한' 것인지 알 수 있는 방법이 없다는 것에 대해 충분한 이유를 들어 생각한다.

비록 신체적으로 감동은 주관적으로 경험되는 것이고 그것이 똑같이 다른 사람에게도 경험되는 것으로 생각해서는 안 된다고 말했지만, 그러한 감동은 역사나 문화에 따라 변한다. 롬 하레(Rom Harré)와 그랜트 질렛(Grant Gillet)의 연구 '추론적 마음'(*Discursive Mind*)에서 말한 것처럼, 17세기 영어사용자들의 정서에는 신체적 감정이 큰 역할을 한 것 같지 않다. 오스트리아 태생의 영국 철학자 루비히 비트겐슈타인 같은 학자들이 이들을 뒤따르는데, 우리들 속에('내적 삶'이 아닌) 접근 불가능한 경험의 내적 세계가 있다는 개념에 도전했다. 그것은 감동과 정서를 표현하는 수단인 언어이다. 감동은 단순히 신체적 자극의 결과가 아니라 언어를 통한 판단의 표현이어서 우리는 이것을 통해 존재감을 드러낸다. 그렇게 되었을 때 우리는 그런 정서를 표현하는 방법을 배워야 하고 다른 사람에 대한 의미의 이해도 지역 문화의 노출과 표현을 통해 가능하게 된다. 그래서 정서의 표시는 기존 문화 내에 이용 가능한 언어와 행동의 레퍼토리에 따라 변화하게 되는 사회적 행동이기도 하다. 이러한 변화 속에서 '몸매 가꾸기' 개념에 대해 말할 때 우리는 문화에 민감하지 않을 수 없다.

우리는 건강과 달리 몸매 가꾸기의 궁극적인 지표는 측정될 수 없다는 것에 주목하고 있다. 그래서 개인 간 비교를 한다는 것은 문제가 될 수 있다. 몸매 가꾸기를 알 수 있는 방법은 많이 있는데 예를 들어 힘찬 운동을 할 때 심장 박동을 측정하는 것이다. 그러나 그런 비교는 달리기 경주에도 보디빌딩 경기에도 있을 수 있지만, 늘 개선의 여지는 있다. 건강과 달리 '몸매 가꾸기'가 갖는 문제는 '어디까지 해야 하는가?', 다른 사람들이 하거나 우리 자신이 할 수 있었던 이런 저런 모든 경험에서 압박을 받고 있는가? 하는 것이다. 더 큰 목표를 위해 우리는 이런 질문에 답하지 않게 된다. 그러나 답 찾기 노력을 그만두어야 한다는 것을 의미하는 것은 아니다. 몸에 대한 선입견이 건강을 위한 것이든 몸매 가꾸기를 위한 것이든 간에 전반적인 결과는 비슷할 수 있다. 비록 몸에 우리의 관심과 노력을 돌리는 주요한 동기가 세계 '외부'에서 확실하게 놓친 확실성과 안전성에 대한 갈망이었다고 하더라도, 이전과 다른 더 큰 근심이 있는 것이다.

몸과 욕망

몸은 욕망의 장소도 도구도 아닐 뿐 아니라, 욕망의 대상도 아니다. 동시에 다른 사람이 우리 개인성을 보는 것은 몸을 통해서이다. 프랑스 철학자 메를리 뽕띠가 말한 것처럼 '몸은 우리를 나타내는 사상이나 의도가 되어야 한다. 몸은 표시하고 말하는 것이다.' 몸은 늘 전시된 우리 자아이고 사람들은 그것을 보고 판단한다. 몸이 '내적 삶'에 따른 포장이라고 하더라도 몸은 다른 사람을 유혹할 수 있게 포장된 매혹, 미, 우아, 매력이다. 우리 몸을 어떻게 다룰 것인가를 학습하게 되며 동시에 다른 사람들이 우리를 보는 방법은 공통된 기대의 산물이다. 그런 기대에 벗어나게 되면 다른 사람들은 반응할 뿐만 아니라, 비난할 수도 있다. 사회에서 확실한 능력과 기술이 있음에도 불구하고 불리한 입장에서 다르게 인식되는 사람들은 떠나버린다. 그래서 몸의 형상, 즉 옷을 입고 화장을 하고 걷는 모습은 다른 사람에게는 메시지이다.

우리가 다른 사람과 관계 맺는 것이 쉬운가 어려운가 그리고 다른 사람이 우리와 관계를 맺고 싶어 하는가 맺기 싫어하는가는 많은 요인에 달려 있다. 즉 많은 사람들 사이의 한 존재인 우리는 몸에 의해 메시지가 전달된다. 다른 사람이 우리를 피한다면, 우리가 '사회적 성공'을 한 것이 아니라면, 친하게 지내려고 하는 사람이 우리와 어울리지 않고 지속된 관계를 피하려고 한다면 메신저인 우리 몸에 뭔가 잘못된 것이 있는 것이다. 더 정확히 소유자, 코치, 보호인인 우리에게 뭔가 문제가 있는 것이다. 잘못된 메시지가 나타나는가? 아니면 옳은 메시지이지만 충분히 눈에 드러나지 않거나 완전히 무지한 것인가? 우리의 사회 환경 속에서 단서들을 잘못 읽을 수도 있다. 심지어 식사 때 나이프와 포크를 잡는 방법이나 일반적 몸짓에서도 서로 다른 기대가 혼재되어 있다.

우리는 이제 원점으로 돌아왔다. 우리는 다른 사람과 혼란스럽고 안정되지 못한 관계를 이용하는 데 몸을 활용했지만 우리 몸이 이제 문제의 근원이 되고 있음을 알게 된다. 몸이 우리 자신의 표현의 장소이긴 하지만 몸은 또 다른 메시지를 쓰게 되거나 현재의 메시지를 더욱 잘 이해하도록 하는 그림판이 될 수도 있다. 그래서 우리가 믿는 것처럼 몸은 메시지이다. 우리가 올바르고 적절하다고 판단하는 메시지를 막을 만한 것은 없다. 그러나 이용할 만한 레퍼토리에서 예정된 메시지가 없지는 않다. 실제로 소비지향의 사회는 자아-조합을 위해 수많은 '표상자아'

(presentation selves)를 제공한다.

영화 『엘리자베스』는 엘리자베스 1세 왕정의 초기에 초점을 두고 있다. 그녀는 영국 역사상 가장 위대한 군주였지만, 여자로서 신하들과 다른 높은 고관대작인 남자들에게 아버지인 헨리 8세의 영광을 이어갈 후계자임을 납득시키기가 아주 어려웠다. 여왕은 지혜로 나라를 다스릴 필요가 있다고 보고 모든 기술과 사려들을 통해 신하들을 납득시키려고 했다. 막강한 왕실 관리들은 진지하게 여왕을 대하지 않았다. 왜냐하면 여왕이 결혼하게 되면 그 남편이 진정한 영국 통치자가 될 수 있고, 그들의 시선에서 여왕은 그런 남자를 찾는 신부로 보였기 때문이다. 의미심장하게도 엘리자베스는 그런 것에 부합하는 옷을 입었다. 즉 '호감 가는 왕자'를 끌기 위해 젊은 여자가 입는 그런 옷의 모습이었다. 그리고 영화의 한 장면에 놀라운 환생 장면이 있다. 변신한 엘리자베스가 왕궁의 무도장에 들어서자 신하들과 귀족들이 무릎을 꿇고 절을 한다. 그렇게 함으로써 그들은 더 이상 의심하지 않는 충성심으로 엘리자베스가 군주임을 인정하고 더 이상 논란이 없는 군주의 권리를 인정한다. 어떻게 이런 일이 일어나는가?

엘리자베스는 자신의 외모(*appearance*)를 바꾸었다. 긴 머리를 짧게 자르고, 자신의 표정을 가릴 만큼 두꺼운 마스크가 될 색조화장품을 사용했다. 엄숙하고 근엄한 옷을 입고 심지어 얼굴에 미소도 머금지 않으려 했다. 영화관객의 입장에서 우리는 엘리자베스 자신이 변한 것인지 아닌지는 알지 못하지만, 그녀가 '삶의 계획'을 바꾸지 않았다는 것에 대해서는 알 수 있다. 즉 그것은 여왕의 생각으로 영국을 통치하려는 강한 의지이고 거기에 최선의 능력을 보이려 한다는 것이다. 우리가 확신할 수 있는 유일한 것은 외모를 통해 다른 사람들에게 전달된 메시지가 달라지게 되었다는 것이다. 엘리자베스는 잘못된 메시지를 보냈고 반복적으로 실패한 듯 보였지만, 자신의 외모를 통해 올바른 메시지가 전달되었을 때 여왕이 추구한 것은 아주 성공적일 수 있었다.

그러한 모든 권위에 대한 스토리를 우리는 반복적으로 듣는다. 내용을 선택할 때 여러 권위들이 반드시 일치하는 것은 아니지만, 내용이 무엇이든 간에 성공하는 메시지와 실패하는 메시지에는 차이가 있다는 것에 동의한다. 몸은 가장 일차적이면서 바로 가시적인 메시지이고 대중의 주목과 관심을 받는 자아의 전시이기 때문에 사회생활의 성공과 실패에 아주 막중한 책임이 담기게 된다. 우리 몸의 모습이 어떻게 특별한 의미로 보여지고 그것을 원래 어떻게 갖게 되었는가 하는 것은 우리가 우리 자신을 어떻게 보는가와 다른 사람이 우리를 어떻게 보는가 하는 것에 영향을 미친다. 욕망의 대상으로써의 우리 몸은 단순히 마음의 '내적 자아'에 의한 조작의 도구가 아니다. 우리 행동에 대한 다른 사람들의 반응, 거기서 다시 그들 반응에 대한 우리 기대는 우리가 자아를 어떻게 구성하는가 하는 부분이다.

이러한 과정에서 몸의 측면은 우리 관심을 벗어나지 못하게 된다. 이것은 말하자면 우리 자신을 위한 도구로만 남아 있진 않다는 것이다. 우리는 개선할 수 있는 잠재력을 가진 우리 몸의 모든 부분과 기능에 책임이 있다. 특히 나이 드는 과정에서 본다면 이것은 실제 일어날 수도 있고 아닐 수도 있다. 그러나 특정한 관여를 통해 변화가 일어나거나 또는 지연시키게 된다고 믿는다. 그래서 몸이 항상적이고 정확한 관심의 초점이 되는 한 몸의 소유자는 그런 믿음의 진실이나 허위에 영향을 받지 않는다. 문제는 우리 몸, 특히 몸의 외양이 이상과 멀어지면 상황을 수정해서 변화시키려고 하는 힘이 우리 내부에 생기게 되는 듯하다는 것이다. 이런 측면에서 우리 몸은 곤혹과 치욕의 근원이 되는 것과 사랑과 자부심의 대상이 되는 것 사이에서 요동친다. 한순간 우리는 우리 몸에 충성을 바치지만 다른 순간엔 낙담하게 되어 몸을 응징하게 된다.

몸, 섹슈앨러티, 젠더

오늘날의 상황에서 아주 특별한 관심과 주의를 요구하는 몸의 한 측면은 성(sex)이다. 몸에 대한 다른 관심과 마찬가지로 우리의 '성적 임무'(sexual assignment)는 태어날 때 결정되는 성질이 아니다. 우리는 앤서니 기든스가 말한 '조형적인 성'(plastic sex)의 시대에 살고 있다. '남자가 되는 것'이나 '여자가 되는 것'은 학습과 실천으로 끊임없이 완벽하게 되려는 양식에 관한 문제이다. 더구나 두 상황은 분명하지 않으며, 우리 삶을 통해 우리를 구속하지도 않고 행동의 명확한 패턴을 제공하지도 않는다. 성 정체성에 관한 한, 몸—생물학적인 특징이 무엇이든 간에—은 가능성의 틀로 보인다. 성 정체성의 실험을 통해 선택의 여지가 있으면 성을 벗어던지고 다른 것으로 대체 가능도 하다. 모든 시대의 경우 '성적 임무'의 외견상의 고정성은 운명의 결과가 아니다. 몸의 다른 측면과 마찬가지로 우리의 섹슈앨러티는 수행 과제이다. 성 관계나 실천뿐 아니라 언어, 연설, 옷과 스타일까지 포함한 복잡한 현상이다. 다른 말로 섹슈앨러티가 어떤 것인가는 지켜지는 것이지 단순히 주어지는 것이 아니다.

섹슈앨러티를 '본질'로 보면 다양하게 보이지 않는다. 이 말은 섹슈앨러티에 대한 '본질주의' 접근으로 보는 것에 대한 질문이다. 영국 사회학자 제프리 윅스(Jeffrey Weeks)는 '복잡한 현실의 특성은 가정된 내적 진실과 본질'을 설명하면서 얻어진다고 했다. 따라서 섹슈앨러티는 순전히 '자연적'이지 않다. 뿐만 아니라 문화현상으로 새로운 것도 아니다. 인간은 언제나 남과 여라는 생식기를 갖고 태어나고 남성, 여성의 이차적 신체 특징을 갖고 태어난다. 그러나 항상 문화적으로 유형 지워지며, 학습된 습관과 관습은 '남자', '여자'가 된다는 의미를 한정한다. 그럼에도 불구하고 '남성다움', '여성다움'은 인간이 만드는 것이고 비자연적이며 쉽게 변하게 된다는 사실은 대부분의 인간 역사에서 억압되어 왔다.

이러한 역사 전개에서 문화는 자연이라는 가면을 쓰고 나타났고 문화 생성도 '자연의 법칙'과 같은 수준에 있음을 보게 된다. 남성은 남성답게 만들어지고 여성은 여성답게 만들어진다. 이는 역사의 목표였다. 인간의 의지와 기술 없이 '본래'의 특성에 따라 순응하고 살아야 했다. 무엇보다 자연이 정한 것을 남성은(특히 여성은 더하다) 바꿀 수 없다! 자연의 이름으로 말하는 사람은 거의 도전을 받지 않는다. 그러나 역사의 침묵에 예외는 있었다. 1694년 메리 아스텔(Mary Astell)은 『여성에 대한 심각한 제안』(*A Serious Proposal to the Ladies*)을 저술했다. 이 책에서 성의 차이는 알지 못하는 '자연'의 개념에 기초하는 것이 아니라 사회에서 여성에 대해 남성이 가진 권력에 근거하는 것이라고 주장했다.

대부분의 인간 역사에서 인간 몸의 이질적인 차이는 권력의 사회적 위계를 유지하고 재생산하기 위한 자원을 구축하는 데 적용되었다. 이러한 것은 '인종'이란 용어로 그 예를 들 수 있다. 피부색깔이 우열의 신호로 정해지면서 기존 사회불평등을 설명하고 정당화하곤 했다. 이것은 성 차이에서도 똑같이 적용된다. 여기서 젠더 불평등에 기초되는 성의 생물학적 차이를 발견한다. '젠더'는 문화적 범주이다. 남녀 두 성 범주의 구성원들이 남성다움과 여성다움의 수행에 순응하도록 하는 규범을 수반하고 있다. 젠더는 각 성의 범주에 따라 적절하거나 부적절하다고 생각되는 사회적 활동의 조건을 통해 계급화되고 분리되고 배제되었다.

여성들이 사회생활의 영역에서 배제되는 그러한 역사의 토대에서 남성들은 보호를 받는다. 또한 참여방식에도 여성은 장애가 있는데, 예를 들어 정치나 비즈니스 같은 것들이다. 동시에 사회의 근본 활동, 즉 출산, 가사의 책임, 아이들 양육은 독점적인 여자의 영역으로 던져지게 되었고 그 가치도 평가절하되었다. 이것은 서로 다른 재생산 기능에 따른 노동분화가 아니다. 남성에게 유리하게 기울어진 권력관계를 나타낸다. 예를 들어 이탈리아 사회학자 실비아 제라디(Silvia Gherardi)가 알려주듯이, 조직 내에서 제2의 성의 구성원으로 하위 위치에 머무르게 되는 것은 몸의 통제를 둘러싼 의식에서 재강화된다. 사장이 회의를 위해 사무실을 나설 때 그의 비서가 몇 발자국 뒤에서 따르는 것이 예가 될 수 있다.

페미니스트 운동은 신체의 성적 특성에 근거한 사회불평등에 도전해왔다. 이런 오랜 캠페인은 입법이라는 것을 통해 결과를 가져오긴 했지만 그것만으로 평등을 얻을 수는 없다. 가장 좋은 것은 이전에 '문제가 없다고 본' 사례를 협상을 위해 다시 공개하는 것이다. 남녀 모두 사회적 위치에 맞는 삶의 열망과 요구가 제한을 받는 그런 성-억압 한계는 없다. 그러나 이러한 것들의 실행의 문제는 개인의 능력과 저항에 맡겨지고 그 결과도 개인에 맞춰져서 효과가 나오게 된다.

성에 대한 태도의 변화가 개인의 심리나 감정의 구조에 의한 것인지는 확실하지 않다. 일부 관찰자들, 예를 들어 독일의 성 연구가 폭크마 지기쉬(Volkmar Sigush)는 다음과 같은 말로 전한다.

> 근심, 혐오, 수치, 죄책감이 주는 영향은 아주 크고 암울해서 많은 여성들은, 결과적으로 남성도 마찬가지지만 남아 있는 그 어떤 빛줄기도 보지 못했다. 친밀성, 즐거움, 부드러움과 위안의 감정은 증오, 분노, 시기, 냉소, 원한, 두려움, 공포의 먹구름 속에서 질식하는 듯이 보인다.

만약 이러한 환경이 지배적이라면, '몸의 성 잠재력의 수행'은 더욱 어렵게 되고 성, 즉 대부분의 인간 성 관계는 더 큰 안전과 만족을 위한 잠재력과는 반대로 또 다른 불안과 근심의 근원이 되어버린다.

요약

우리가 본 다른 주제와 마찬가지로 몸은 욕망의 대상이면서 다른 사람에 대한 과시이다. 몸을 통해 우리 자신을 돌보는 것은 안전을 기대하는 것이지만, 또한 불안전의 측면도 있다. 바꾸어 말해 이것은 문화 안에서 만들어낸 의미를 담고 있는 것으로, 단순히 생물학적 범주에서 분리하는 것이 아니라 우리가 누구인지 상호작용으로 자신을 만들어 어떤 잠재력이 있는지 보는 것이다. 이러한 것을 통해 어떤 것이 안락함의 근원이 되는가를 규정하는 힘이 나올 뿐 아니라, 무엇이 차이를 막는 규범의 발생에 저항하는 것인지도 알게 된다. 결과적으로 몸을 자신의 방식대로 이해하고 몸을 커뮤니케이션 형태로 간주해서 그에 따라 실천하고 적용하는 지배적인 방법에 따른 도전으로 보는 것이 아니라 오히려 그러한 차이를 흔히 일탈로 해석하기도 한다. 결국 성의 관계들은 예측 못한 결과를 낳는 강력한 협상의 영역이 된다. 이러한 주변적인 모든 것은 차이를 묵인하기 위한 욕구이다.

■ 생각해 볼 문제

1. 안전을 추구하는 것이 우리가 획득할 수 없는 것을 추구하는 것인가?
2. 습관과 신체적인 자세와 매너리즘은 어떻게 관련이 있는가? 그리고 그러한 것들은 일상적인 삶에서 어떻게 드러나는가?
3. 매스 미디어에서 몸은 어떻게 그리고 어떤 이유에서 드러나는가? 그리고 어떤 수단을 이용하는가?
4. 측정될 수 있는 '기준'이 있느냐 없느냐에 따라 건강과 몸매 가꾸기의 개념이 달라질 수 있는가?

■ 읽어 볼 거리

Burkitt, I. (1999) *Bodies of Thought: Embodiment, Identity and Modernity* (Thousand Oaks, Calif.: Sage). 이 책은 정신과 몸에 대한 논의를 담고 있으며, 개인으로서 몸을 갖고 행동하는 것과 우리 자신에 대해 생각한다는 것은 분리할 수 없다는 결론을 갖고 있다.

Delphy, C. and Leonard, D. (1992) *Familiar Exploitation: A*

New Analysis of marriage in Contemporary Western Society (Cambridge, Mass.: Polity). 가족조직이 노동, 생산, 소비와 어떻게 관련이 있는가를 비교분석했다.

Foucault, M. (1979) *The History of Sexuality, Volume I: An Introduction*, translated by R. Hurley, (Harmondsworth: Penguin). 미셸 푸코의 섹슈앨러티에 대한 첫 연구에 접근하게 할 뿐 아니라, 다른 관점에서 습관적으로 갖는 신념이 무엇인가를 알게 한다.

Nettleton, S. (1995) *The Sociology of Health and Illness* (Cambridge, Mass.: Polity). 의료사회학에 대해 포괄적으로 다루는 개괄서.

CHAPTER 7

시간, 공간, (무)질서

'시공간이 줄어들고 있다.' 이 말은 처음에는 이상하게 들린다. 시공간이 확실히 줄어들고 있는가? 사회적 관점에서 볼 때, 사건들은 시간 안에서 혹은 시간을 통해서 발생하고, 마찬가지로 공간과도 연결되어 있다. 우리는 물리적인(도시와 지역 풍경) 공간과 상징적인(도시와 지역의 풍경이 어떻게 나타나는가, 그리고 상호작용의 '장소'라는 공간 안에서 나타나는 관계와 대상에 따라 도시와 지역이 어떤 의미를 갖는가 하는) 공간 내에서 역사적 상황에 따라 달리 나타나는 이념, 태도, 행동을 비교할 수 있다. 그러나 정보 기술은 우리의 커뮤니케이션, 예를 들어 팩스나 이메일을 훨씬 뛰어넘는다. 반면에 매스 미디어는 사람들이 공간과 장소를 어떻게 인식하는가에 영향을 미치면서 지구 곳곳에 전파된다. 그만큼 시공간이 줄어든단 말인가! 폴 비릴리오(Paul Virilio)가 지적한 것처럼 지금의 문제는 우리가 알고 있는 시간의 (연대기적인)길이나 (지리학적인)공간이 아니라, '시-공간이 무엇인가?' 하는 데 있다. 이것은 엄청난 속도로 변화하고 있다.

시간과 공간의 경험

시간과 공간은 '세계 여기저기'에 흩어져 있는 서로 다른 특징으로 볼 수 있다. 그러나 분명한 것은 우리 행동을 계획하고, 계산하고, 실행하는 데 있어서 시간과 공간은 서로 연관되어 있다는 점이다. 거리는 지나간 시간에 의해 측정되는 경향이 있다. 목적지가 먼 곳인지 가까운 곳인지에 대한 평가는 도달하는 데 필요한 시간에 달린 것이다. 그러므로 측정의 결과는 우리가 움직일 수 있는 속도에 좌우된다. 바꾸어 말해, 속도라는 것은 우리가 일상적으로 접근할 수 있는 이동의 도구나 운송수단에 의존한다. 그러한 도구를 사용하는 데 비용을 지불한다면 우리가 움직이는 속도는 비용을 지불할 수 있는 돈에 의존할 수밖에 없다.

사람의 도보나 말이 유일한 여행수단이었던(그렇게 오래전 고대는 아닌) 시기에, '이웃마을까지 거리가 얼마나 되는가?'하는 질문에 대한 답은 '지금 출발한다면 정오에 이른다' 혹은 '해질녘까지 도착하지 못하기에 밤에 숙소를 잡는게 낫다'는 것이었다. 나중에 '인공다리' — 인간이 만든 엔진 — 가 도보와 말을 대신하게 되면서 그런 대답은 없어졌다. 그래서 거리는 사용된 수송형태의 문제였다. 그것은 정확히 기차, 버스, 자가용 혹은 비행기로 여행할 여유를 갖고 있는가 하는 것과는 다르다.

위의 내용은 사람이나 사물을 한 장소에서 다른 장소로 나르고 이동하는 수송수단에 관한 것이다. 한편 앞의 첫 문단에서 말한 커뮤니케이션의 수단은 정보의 이동과 통과에 관한 것이다. 대부분의 인류역사에서는 수송과 커뮤니케이션을 크게 구분하지 않고 있다. 정보는 인간 이송체에 의해 전달될 수 있다. 예를 들어 여행자, 심부름꾼, 순회 무역상과 장인들 혹은 여기저기 마을을 돌면서 구호활동을 하거나 임시 일자리를 찾는 사람들이다. 미국대평원의 광학메시지나 아프리카의 북소리 전달과 같은 예외는 있다. 인간 이송체와 별개로 흔하지 않는 정보가 갖는 능력은 그 수단에 접근하는 사람들에게 크게 유리했다. 통신비둘기를 이용해서 워터루 전쟁에서 나폴레옹이 패배한 것을 미리 알게 된 은행가인 로스쉴드(Rothschild)가 런던 주식시장에서 부를 배로 늘릴 수 있었던 것은 정보를 특권적으로 사용해서 가능했던 것이다. 사실 불법적이긴 해도 주식거래에서 부를 쌓으려는 많은 사람들에게 유혹적인 '내부자 거래'는 같은 모습의 정보이용인 것이다.

일정 기간 내에 가장 놀라운 기술발달은 수송의 욕구를 채우게 하였다. 그래서 증기, 전기와 내연기관, 철도망, 항해선박과 자동차를 발명하였다. 그러나 이러한 발명과 함께 새로운 '소프트웨어' 시대는 전신과 라디오와 같은 것을 내놓았다. 여기서 장소를 따라 움직이는 사람 없이도 혹은 기타 물리적 실체를 이용하지 않으면서도 먼 거리까지 전달하는 순수한 정보의 수단을 찾게 된다. 비교해보면 수송은 '동시적'이지 않다. 과학소설의 환상 속에서는 예외일지 몰라도, 인간과 그 소유물을 한 장소에서 다른 장소로 이동하는 데는 항상 시간이 소요된다. 그리고 거리가 멀면 멀수록 거기에 따른 장애와 비용은 더 늘어난다. '하드웨어' 용어상으로 이러한 것이 장소에 관련된 문제이고 여기에 공간의 가치가 더해진다. '적절한 장소'일 때 가격은 싸고 문제도 크지 않게 된다. 공장의 소유주들은 최종 생산물의 모든 부분을 한 지붕 아래에서 생산하기를 원했고, 같은 공장 내에서 생산품에 필요한 기계나 노동을 유지하길 원했다. 이것은 수송에 대한 욕구를 한정했고, 그러한 규모의 경제학은 비용을 줄였다.

이러한 관행을 둘러싼 규율 형태는 공간과 시간에 대한 통제에서 나온다. 통제자가 피통제자를 가까이할수록, 일상적 행동에 대한 그들의 규칙은 더 복잡하다. 19세기 초, 가장 영향력 있는 정치학자이자 철학자인 제레미 벤담은 급증하는 인구에 대해 경제학자들이 가진 가난, 식량, 생산성에 대한 관심과는 다른 해결책을 제시했다. 그의 제안 가운데 하나는 사람들을 하루 24시간 내내 감시하는 빌딩의 고안이었다. 그러나 그들이 감시당하고 있다는 것을 결코 알아서는 안된다. '판놉티콘'은 최상위에서 최하위까지의 모든 근대 권력을 위한 이상적인 유형이다. 권력이 판놉티콘과 같다면, 일정한 감시대상은 반발하기보다는 복종해야 하고 불순종을 억제하게 된다. 왜냐하면 규칙에서 이탈하는 것은 그들에게 상당한 비용이 든다는 것을 알기 때문이다. 결과적으로 미셸 푸코의 말로 표현하자면 타자에 대한 주시에서 주시의 내면화로 추적과정에 변화가 생긴다. 즉 타자에 대한 규율에서 자기규율의 실천으로 방법이 변하게 된다.

시대는 변했다. 왜냐하면 정보는 이제 물리적 실체와 다르게 움직일 수 있기 때문이다. 이렇게 된다면 커뮤니케이션의 속도는 사람과 물질이라는 한계로 제한받지는 않는다. 실천적 목적에서 커뮤니케이션은 이제 즉각적이다. 그래서 지구의 어느 구석에 있더라도 동시에 다다르기 때문에 거리는 문제되지 않는다. 정보의 접근과 속도에 관한 한, '근접하다'와 '떨어져 있다'는 명령을 하게 될 때 더 이상 중요하지 않다. 인터넷집단에서는 대화 상대를 선택할 때 거리 때문에 방해받지 않는다. 맨해튼에 사는 사람이 멜버른이나 캘커타에 사는 사람과 대화를 할 때 시간적으로 브롱스 지역의 누군가와 대화하는 것과 같이 여긴다.

'전자시대'에 태어났다면 이러한 모든 것을 당연하게 받아들이고, 사실 그렇게 중요한 것도 아니다. 이것은 태양이 뜨고 지는 것처럼 대부분의 일상이 되었다. 최근 이러한 **'시간의 평가절하'**가 얼마나 심해지고 있는가 하는 것을 잘 알지 못하는 경우가 있다. 멈추자! 잠깐 멈추어 생각해 보자. 주요한 이동 기구인 수송이 커뮤니케이션으로 옮겨지면서 인간조건은 어떻게 변화되었는가? 그리고 정보여행의 편의와 다급함이 언제부터 거리에 영향을 받지 않았는가? 예를 들어 '공동체'라는 개념이 어떻게 달라지는가? 이미 알고 있듯이 공동체는 대개 물리적 거리가 서로 근접한 사람들끼리 알고 지낸다는 개념과 관계 있다. 그래서 공동체는 영토 혹은 '지역'의 창의물이다. 왜냐하면 인간이 움직일 수 있는 능력에 따라 그려지는 경계라는 공간에 국한되기 때문이다. 그래서 공동체의 '내부'와 '외부'의 차이는 '여기 현재'와 '저기 먼 곳'의 차이이다.

어떤 공동체이든 그 중심은 영토로 인한 사회네트워크 내에 있는 구성원들 간의 커뮤니케이션 망이었다. 그러한 것과 마찬가지로 일상적인 '커뮤니케이션 상호작용'이 뻗어가는 거리가 공동체의 경계를 나타낸다. 아주 먼 거리의 커뮤니케이션은 어색한 것이고 비용이 들어간다는 이유 때문에 상대적으로 흔치는 않았다. 이런 의미에서 지역성은 일정한 범위 안에서 논의된 개념으로 '먼 곳'보다 유리하게 된다. 이러한 상황이 이제 크게 변했다. 커뮤니케이션의 물리적 근접성과 빈번함은 지구 곳곳에 세세한 점들로 나타나는 사람들의 상호작용의 경우에 더 이상 필요가 없게 되었다. 이들은 지역 공동체가 아니다. 설령 그렇다고 하더라도 거의 만나지도 않고, 공동의 장소 내에 공간적으로 정한 네트워크에 소속되어 있다는 것도 서로 알지 못한다.

이러한 공동체는 커뮤니케이션 활동으로 만들어지고 활동을 묶어 주기도 한다. 그러나 사람들이 갖는 생각이 반드시 그 세계에서 나오는 것은 아니다. 어빙 고프만이 말한 '공존'(co-presence)의 상황에서 다른 사람과 알게 되는 것과 달리, 글을 통해 얻은 지식은 세계지도 위에 작은 점에 불과한 사람들로부터 나오지 않을 수도 있다. 우선 우리는 매일 신문을 읽으면서 많은 지식을 얻는다. 더구나 텔레비전도 보고 라디오도 듣지만 기사가 어디서 쓰였고, 프로그램이 어디서 만들어졌는지는 알지 못한다. 전자적으로 전송된 소리나 이미지 덕분에 우리는 한 장소에 머물면서 세계를 돌아다닐 수 있다. 이러한 과정은 지식이 '귀속'과 '이탈'하는 과정에서 커뮤니케이션의 상호성이 없다는 것을 의미한다. 우리는 대화하는 사람을 스크린을 통해서 보고 눈을 통해 확인하지만, 그 사람들은 많은 무리 속에 있는 '우리'를 알지 못한다.

이와 같이 본다면 판놉티콘 모형은 그 반대일 수 있다. 많은 사람들은 이제 소수의 사람들을 관찰한다. 유명인사들은 그가 쓴 책이나 쇼 혹은 영화나 판매된 CD를 통해 대중의 관심을 받는다. 유명인사들이 '리더'는 아니지만 대중 소비를 성공적으로 이끌 수 있다. 이런 이미지를 상상해 보면, 지식을 전송하고 받아들이는 사람들은 지역에 머물고 있지만 경험으로 쌓이는 정보는 탈영토적일 수 있다. 그래서 지역적 연결 없이 그것에서 벗어났다는 의미에서 정보는 **전지구적**이라고 하게 된다. 정보는 지역, 국가, 대륙을 자유롭게 넘나든다. 과거의 경계를 허물고 뛰어넘는다. 새롭게 부상되는 문제는 정보의 속도이다. 그러나 전자적 신호에 맞설 때, 그 경쟁에서 누가 승리할 것인가? 이 모든 것이 우리의 삶을 지배하고 권력의 특징과 분배를 보여주게 된다. 이러한 문제를 도외시할 순 없다. 그러나 동시에 해답을 찾기도 어렵다. 그렇다고 그저 수동적으로 아무것도 하지 않고 머물러 있기보다는 정보시대의 결과에 맞게 이해하고 행동하기 위해 무기력하게 있어서는 안 된다.

위험사회

사회 변혁과정에서 일어나는 쟁점을 제기하면서, 울리히 벡은 우리가 지금 '위험사회'에 살고 있다고 주장했다. 위험이라고 했을 때 우리는 무엇을 해야 하고 무엇을 하지 말아야 하는지에 따라 유해나 위협으로 생각한다. 원하지 않는 상황에 자신이 노출되는 것을 가리켜서 흔히 '감수해야 할 위험단계'라고 말한다. 그러나 위험사회에서 이런 문제는 사람들이 고립되었기에 나온다기보다는 고립으로 인한 분산과 비협동적인 행동에서 나온다. 그래서 결과와 부작용을 예측하고 판단하기 어려우며, 우리를 놀라게 할 가능성이 있다. 여기에 어떻게 대처해야 하는가?

만약 원치 않는 결과를 막았다면 우리 행동은 아주 높이 평가받을 수 있지만, 아무것도 하지 못한 것에 대해선 비난받을 수밖에 없다. 동시에 위험은 무지의 결과도 아니고 기술부족의 결과도 아니다. 사실 반대의 경우가 있을 수 있다. 왜냐하면 위험은 한두 가지 중요하다고 생각되는 가치에 집중하는 데 노력하다가 나올 수 있기 때문이다. 아주 유명한 말이 있다. '다리에 다가가야 다리를 건널 수 있다.' 물론 이것은 다리의 존재를 가정해야 하고 다리가 없을 때 어떻게 할 것인가에 대해서는 말하지 않고 있다.

예를 들어 유전자조작(GM) 식품의 경우를 보자. 해충과 질병을 이겨

내도록 유전자를 조작한 곡물의 경작지가 늘어나고 또 곡물가게의 선반에 팔리도록 정렬된 경우를 보자. 일부는 이러한 곡물이 가난을 줄이는 잠재력이 된다고 주장한다. 그러나 이것은 과학 발전의 문제가 아니라 서구와 '개발도상'의 많은 국가들 사이의 상대적인 부의 문제와 연관이 있다. 과거의 경험으로 판단해 볼 때, 목적을 성취하는 데 있어 의도치 않은 결과는 지불해야 할 비용이 될 수밖에 없다고 일부 사람들은 생각한다. 그들은 토양성분의 황폐화와 장기적으로는 소비자의 건강과 수명에 악영향을 미치게 된다고 주장한다. 그래서 관심은 생산의 증대가 아니라 기존자원의 분배와 곡물이 어떻게 자라고 환경에 어떤 영향을 미치는가 하는 것이다. 논쟁은 현재의 결정에 대해 미래에 지불해야 할 비용을 알지 못하게 되는 불확실성에 대한 것으로, 현재 행동으로 장단기 결과가 어떻게 달라지는가 하는 것이다.

이러한 상황에서 기술을 가진 회사들은 다른 곳으로 옮기거나 이익을 창출하는 다른 지역으로 투자를 다각화한다. 시간(time) 사회학자인 바바라 아담(Barbara Adam)이 말한 것처럼 시간은 상품화되고, 속도는 이제 경제적 가치가 되었다. 즉 '재화가 빠른 속도로 이동하면 경제는 더 좋아진다. 속도는 이익을 만들어내고 국가의 GNP도 올려준다.' 또한 정보의 새로운 변화들이 (이전에 봤듯이) 매일 1조 달러나 거래되는 세계 화폐 시장에서 돈의 흐름을 자유롭게 한다. 이것은 청정 환경의 잠재력만이 아니라 품격 있는 삶을 사는 기회, 취업과 교육 그리고 건강에 기여하는 중요한 요소들이 된다.

판놉티콘에서 한 때 감시와 근접성이 중요하긴 했지만, 이제 권력의 기술은 피통제자들이 멀리 있어도 위협을 가할 수 있다. 예를 들어 공장근로자와 사무실 직원이 불만을 갖고 규칙을 지키지 않으며 더 나은 조건을 요구한다면, 회사는 감시를 철저히 하거나 엄격한 규칙을 만들기보다는 '규모를 줄이거나', '매각하여' 회사를 문 닫을 수도 있다. 권력은 글로벌하게 탈영토성을 보이면서 특정한 장소에 매이지 않고 예고 없이 떠날 채비를 늘 하고 있다. 리차드 세넷(Richard Sennett)이 마이크소프트사의 빌 게이츠에 대해 말하면서, '특정한 것에 매여 있지 않는 자유로운 인물처럼 보인다'고 했다. 그렇지만 한 측면에서 자유로운 것은 다른 측면에서는 그렇지 않을 수 있다. 왜냐하면 만약 '지역적인 것'이 '글로벌'을 추구하게 되면 세넷이 경고한 것처럼 '유연한 나라에서 하층민들의 경우에는 일시성의 특성으로 인해 더욱 자기-파괴적이 될 수 있다.'

글로벌리제이션은 누구도 통제할 수 없는 과정이다. 그러나 엄청나면서도 추상적으로 보이는 힘인데도 불구하고 활발하게 움직이는 것으로 보이지는 않는다. 정부정책은 이러한 것에 대해 저항하면서 그 결과들을 줄이고 약화시키거나 소극성과 무관심으로 그 결과를 재생산하기도 한다. 글로벌리제이션은 개인수준에 다양하게 영향을 미친다. 왜냐하면 우리 주변에 영향을 미치는 것은 차치하더라도, 언제 그런 것들이 일어나는지 알 수 없어서 걱정과 근심을 던져주기 때문이다. 다른 한편에서 특정기관이 부정적 결과를 통제하는 잠재력을 가지고 있다면 그것은 개인, 집단, 국민국가의 범위를 넘어선 것이다. 이런 상황에 맞춰 자발적으로 행동하는 것은 이익을 보는 사람들이 제 위치에 있다는 것을 인식하게 되면서 나오는데 그것은 결과적으로 다른 사람들이 배제되고 있다는 것을 알기 때문이다.

위험과 관련해서 생각해야 할 또 다른 쟁점이 있다. 욕구만족을 위한 수단이 공평하게 분배되어 있지 않다면 우리는 욕구를 어떻게 만족해야 하는가에 대해 생각할 수 있다는 것이다. 그러나 위험을 중화시키거나 줄이는 욕구는 다른 욕구와 다르다. 왜냐하면 위험은 다가오는 것을 볼 수도 들을 수도 없고 완전히 인식하지도 못하기 때문이다. 우리가 숨 쉬는 공기 중에 이산화탄소가 증가하고 있다는 것과 서서히 지구온난화가 진행되는 것 — 보고, 듣고, 만지고, 냄새 맡는 것 — 을 직접 경험할 수는 없다. 우리가 먹는 고기에 화학사료가 들었다는 것을 알아차리지 못하지만 화학사료는 박테리아 감염에 저항하는 면역체계 능력에 손상을 일으킨다.

'전문가'의 도움 없이 우리는 이런 위험을 알지 못한다. 전문가들은 미디어에 출현해서 우리의 제한된 지식과 경험을 일깨워 우리가 알 수 있도록 세상과 상황을 해석한다. 우리는 우리가 처한 환경, 먹거리 습관, 피해야 할 것들에 대해 알려주는 이런 사람들을 믿어야 한다. 우리 경험에 대해 주는 충고를 검증할 방법은 없기 때문에 — 적어도 우리의 실수를 깨닫기에는 너무 늦을 수 있기에 — 전문가들의 해석이 틀릴 수 있는 가능성도 있다. 이런 점에서 울리히 벡이 지적한 것처럼 위험은 '해석되어' 나타나는 것이고 '비실재적인' 것이다. 그래서 우리가 자극받을 필요는 없다. 이러한 유형이 이례적인 것은 아니다. 우리를 보호하는 사람들이 실제로 우리에게 해를 끼치는 사람의 대변인이라는 음모가 있다는 믿음을 지지하는 것일 수 있다.

독일계 미국인 윤리철학자 한스 요나스(Hans Jonas)는 글로벌 규모의 기술발전의 결과를 생각했다. 비록 우리의 행동이 지구반대편 생면부지의 사람에게 영향을 미친다고 하더라도, 우리의 도덕적 관점은 이러한 변화의 속도에 맞추어 가지 못한다. 사람들이 통제하지 못하는 사건에 대해 말하는 것이 얼마나 흔한가? 사람들 간에 차이를 인정하고 존경하는 글로벌 윤리를 어떻게 받아들이는가에 대한 의문을 던지는 것이다. 이런 것이 없다면 그 힘은 우리의 욕구에 따라 다스려지는 것이 아니라 다른 결과를 나오게 한다. 이것은 인류에게 다른 사람을 향한 도덕적 책임감을 없애는 것이다. 독일 철학자 칼-오토 아펠(Karl-Otto Apel)이 말한 것처럼, 우리는 어떻게 제도가 만들어지고 다시 고쳐지는가에 대해 책임이 있으며 '도덕의 사회적 이행을 촉구하는' 것에 대해 책임이 있다.

비록 우리가 미국의 인권선언과 비슷한 도덕적 의무에 대해 선언을 했다고 하더라도, 효과를 발휘하기 위해서는 인식에 큰 변화가 요구된다. 대부분의 사람들은 그들과 가까운 이웃의 범위를 넘어서 보지는 못한다. 그래서 집에서 가까운 사물, 사건, 사람들에 맞추어져 있다. 위협이라고 하는 애매한 감정은 가까운 범위 내에서 가시적이고 실제적인 표적에 고정되어 있을 수 있다. 단독이든 여럿이든 멀리 있고 희미하고 환상적인 표적을 맞추기 위해 우리가 할 수 있는 것은 없다. 사람들은 가까이에서 자신의 생활방식에 위협을 주는 사람들을 표적으로 하는 적극적인 시민들의 순찰대에 참여할 수 있다. CCTV 카메라, 범죄경보장치, 창문방범, 보안등 같은 것이 지역공간을 지키기 위해 설치될 수 있다. 경계지역을 넘은 곳에 이런 경향을 이해하려는 설명은 부적절하고 무책임한 것으로 배제될 수 있다.

글로벌리제이션의 결과는 없어지지 않을 것이다. 그래서 글로벌이 만든 불안감은 지역에서 나온 안전에 대한 선입견에서 그 출구를 찾을 수 있을 것이다. 그렇다면 우리는 울리히 벡이 경고했던 함정에 빠지게 되는가? 즉 우리는 적절하지 않은 위험의 근원을 찾고 있다. 지역에서 나온 안전에 대한 근심은 사람들을 분열시킨다 — 이런 분열은 오해를 만들고 멀리 지구 반대편 사람들의 행동결과에는 관심이 없다. 자신의 재산을 보호할 능력이 있는 사람들은 다른 사람들의 욕구를 보호할 뭔가를 가지고 있는 사람들이지만, 그렇게 할 수단은 부족하다. 도덕적으로 말하면 사람들 사이의 거리를 핑계로 그 사람들은 다른 멀리 있는 사람들의 행동결과에 관심을 두지 않을 수 있다.

이런 것들이 결과라고 할 수 있지만 글로벌리제이션은 위협일 뿐 아니라 커다란 기회이기도 하다. 칼-오토 아펠이 주장하는 것처럼, 우리는 차이를 포괄적이고 주의 깊게 보면서 전쟁을 막으려고 시도하는 진정한 전지구적 사회를 만드는 데 이성과 의지를 사용할 것이다. 위험에 대한 잘못된 해석과 비난은 행동을 가로막고 분열을 조장하며, 그래서 문제를 악화시키고 대처하지 못하게 만든다. 이것이 바로 '사회학적으로 생각하기'가 중요한 이유이다. 사회학은 세계의 결점을 수정할 수는 없지만 그 결점을 더 완벽한 방법으로 이해하게 하고, 인간발전을 위해 그 결점에 따라 행동할 수 있게 한다. 이러한 글로벌리제이션의 시대는 지식을 필요로 하는데 사회학은 이전보다 더 많이 그러한 지식을 제공할 수 있다. 무엇보다도 현재의 우리 자신을 이해하는 것은 현재의 조건과 관계에 영향을 미칠 수 있고 이러한 것 없이는 미래 모습에 대한 희망도 없다.

자율, 질서, 그리고 혼돈

미래에 대한 희망은 혼돈에 대한 인식과 혼돈의 이유 속에 있을 수 있다!

이 말은 놀라운 주장이다. 그러나 질서는 국경 내에서 작용하는 것이고 글로벌리제이션은 다른 결과를 보이면서 국경을 넘나든다. 서로에 대한 의존성이 크다는 것을 알게 되지만, 분리하고자 하는 욕구도 강하게 나타난다. 어떤 경로를 따를 것인가 하는 것은 이웃과 함께 시작하는 공동의 노력에 달린 것이지만 그 결과는 다를 수 있다. 그래서 한 측면에서는 인위적인 경계를 그리고, 표시하고, 보호하기 위한 시도가 더 큰 관심이 되어버린다. 다른 측면에서는 '자연적인' 분리 — 잘 정착되어 변화에 저항하는 — 와 다르다고 생각했던 것이 와해되고, 한때 분열된 사람들도 이제 하나로 뭉쳐져서 큰 공동을 이룬다.

분리를 유지하고 옹호하기 위한 노력은 복잡한 인간현실의 불안정성과 이에 가해지는 위험 정도에 따라 그만큼 커지게 된다고 말할 수 있다. 이러한 상황은 대개 3세기 전 서구세계에 정착된 사회유형에서 나타났지만 지금도 유지되고 있다. 그 시기 이전 — 흔히 '전근대'라고 하는 시기 — 에는 범주의 차이나 구분을 유지하려고 하는 데 관심을 보이지 않았고 오늘날과 같은 행동도 보이지 않았다. 차이는 분명히 있었고 영속적이었다. 왜냐하면 사람들의 간섭을 받지 않았기 때문이다. 차이는 인간통제를 넘어선 힘에 속한 것이었다. 예를 들어 '귀족'은 태어날 때부터 귀족이었고, 농노는 태어날 때부터 농노였다. 아주 드문 경우가 있었지만 인간조건은 굳혀져 있었고 다른 세계에서도 같은 형식으로 틀지어져 있었다. 다시 말해 자연과 문화 간의 구별은 없었다.

16세기 후반 경 서유럽 지역부터 세계의 모습이 달라지기 시작하였다. '신의 속박'에 적응하지 못하는 사람들이 늘어나면서, 자연스런 과정에서 살아야 하는 삶의 영역에 통제를 가하게 되고 이를 위한 입법 활동이 가

속화되었다. 사회적 구분과 차별이 의식적, 조직적, 전문적 노력으로 아주 중요하게 봐야 할 검토대상이 되었고 목적과 과제가 되었다. 사회질서는 인간이 만들어낸 산물이고 과제여서 조작하기 쉬운 것이었다. 그 결과 인간질서는 과학과 기술의 대상이 되었다.

질서는 근대시대에 나온 것이 아니라 질서에 대한 관심에서 나온 것이라 할 수 있으며 이러한 질서를 내버려 두면 분명히 혼돈으로 나타날 것이다. 이러한 상황의 혼돈은 질서를 유지하지 못한 실패의 결과에서 나타난다. 그래서 혼돈을 더욱 어지럽게 만드는 것은 상황을 통제하지 못하거나 예기치 않은 우연성을 제거하지 못하게 되는 경우이다. 이런 의미에서 혼돈은 **불확실성**이다. 전문가는 혼돈과 질서 사이에서 세심하게 지켜본다. 그러나 경계는 허물어지기 쉽고 이론의 여지가 있다. 우리가 결론을 내려고 하는 것은 사건의 흐름 속에서 일시적으로 상대적 자치권을 가질 수 있는 질서의 영역이다.

이렇게 말하면 우리는 수많은 경우를 만나는 상황에 부딪힌다. 질서를 부과하는 노력은 혼돈의 두려움이 일어나는 불확실성과 양면성을 낳는다. 인위적인 질서를 파악하기 위한 노력은 그들의 이상적인 목표와는 거리가 있게 된다. 상대적 자치권의 영역이 출현하지만, 동시에 그 인접한 영역이 양면성으로 바뀔 수 있다. 목적보다는 방법의 문제가 떠오른다. 즉 경계가 어떻게 될 때 더 확실한가? 그래서 자치권의 영역에 양면성의 영역이 밀어닥치지 못하도록 하는 것이다. 질서를 구축하는 것은 양면성과 싸우는 것이다. 그렇다면 그 대가는 무엇인가?

자격 있는 사람만이 통과하는 물리적인 경계의 선을 그릴 수 있다. 예를 들어 다른 나라들을 통과할 때 받는 여권심사가 그것이다. 좀 더 미묘한 예를 들면 파티에 손님으로 초대를 받은 경우이다. 만약 여권이나 초대장을 보여줄 수 없다면 국경이나 입구에서 거절당할 수 있다. 만약에 그것 없이 통과하거나 안으로 들어간다면 떠날 것을 요구받지 않을까 하는 두려움을 가지게 된다. 당신의 출현은 그 영역 내의 자치권을 위태롭게 하거나 침범하는 것이다. 이것은 통제와 질서의 상태를 손상시키는 것이다. 그래서 당신은 물리적 경계의 바깥에 있게 된다. 그렇지만 이것은 질서유지의 수단으로 경계 내에서 순응과 복종을 따르는 것보다 더 확실하게 지켜지는 문제이다.

사람의 성격을(마치 영화 『뻐꾸기 둥지 위로 날아간 새』에서 통렬하게 보여준 것처럼 그리고 어빙 고프만이 그의 저서 『수용소』(asylum)에서 지적한 것처럼, 전체 기관들이 적응하려고 노력하지만) 단순히 경계 내의 부분과 경계 외에 머물러야 하는 부분으로 나눌 수는 없다. 예를 들어 조직에 대한 완전한 충성을 얻기는 쉽지 않으며 대개 아주 독창적이고 창의적인 방법을 적용하려고 한다. 조직이나 사무실의 구성원들은 노동조합이나 정치운동에 관여하지 못할 수 있다. 질서를 유지하는 데 잠재적으로 방해가 되는 것을 찾아내기 위한 심리적 테스트도 할 수 있으며, 또한 조직의 문제를 조직구성원이 아닌 사람과 논의하는 것을 금하게 할 수도 있다.

하나의 예로 영국 공공 기밀법이 있다. 이것은 국가가 보호하는 시민의 관심을 충족시킬 수 있다 하더라도, 일부 정부의 관리는 정보 발설을 법으로 금지한다. 마찬가지로 어떤 이미지를 갖도록 조직이 바라게 되면 조직 내에서 조직원들을 비윤리적인 존재로 간주하게 되는 관행이 일어나게 된다. 영국 의료서비스의 경우, 병원 내의 일부 직원들은 모호한 관행이긴 하지만 공중의 관심을 이끌기 위해 '고발'이라는 관행을 채택했다. 조직 운영을 위한 확실한 수단으로 환자를 다루고 퇴원시키는 데 효율적이고 효과적으로 보이기 위해서, 일부 환자가 완전히 회복되지도 않았는데 퇴원시킨 후 나중에 다시 입원하게 했다. 개인별 치료의 질이 치료하고 퇴원하는 환자의 수에 따라 달라졌기 때문이었다.

이러한 방법으로 한계를 설정하고자 하는 욕구가 흔히 의도치 않게 사람들 간의 의존성과 연대에 영향을 미친다. 상대적으로 자율적인 집단 내에 직면한 문제를 적절하고 합리적으로 해결하는 듯이 보이는 것이 다른 집단에서는 문제가 되기도 한다. 겉보기와 반대로 집단들은 아주 밀접하게 상호의존적이기 때문에 문제해결을 위한 활동은 결국 처음에 시작했던 제도로 되돌아온다. 그것은 전반적인 상황에서 계획하지 않았던 그리고 예상하지 않았던 변화들을 일으킨다. 그 변화는 문제를 해결하는 데 드는 비용도 예상보다 더 높고 심지어 해결을 불가능하도록 만든다. 이것은 투입과 산출이라는 토대에서 단순한 집단들의 효율성 계산 측면에서 보면 더욱 복잡해질 수 있다. 겉보기에는 '합리적'이라고 해도 한 집단의 결정이 다른 행동에 영향을 미치는 것이어서 합리적이라고 말할 수 없다.

그러한 악영향의 결과가 지구의 생태학적 균형의 파괴나 기후의 변화이다. 지구의 자원은 이익을 낳기 위해 고갈되지만 그러한 이익을 위한 행동에는 자체적으로 제지할 만한 것이 없다. 대용량 화물탱크가 제시간에 도착하기 위해 위험을 무릅쓰고 지름길을 택할 수 있지만, 화물탱크 그 자체는 충돌 시 기름이 유출되는 것을 막기 위한 '외판'으로 설계되어 있어야 한다. 우선 그러한 설계는 회사입장에서 부담이 될 수 있지만 환경이란 측면에서 잠재적으로 드는 비용이 아닐까? 산업기관들은 공기와 수질을 오염시켜 사람들의 건강에 새로운 문제를 일으키고 도시와 지역 간 발전에도 영향을 미쳤다. 산업 활동의 개선을 위한 노력으로 회사는 근로자 과잉이라고 하면서 노동력의 이용을 합리화하는데, 이는 가난과 질병의 문제를 야기하는 만성적인 실업을 가져온다. 이동과 수송의 문제를 해결하리라고 기대했지만 자가용과 도로망의 확충, 공항과 비행기의 증가는 교통체증을 낳았고 공기오염과 소음공해를 낳았으며, 사람들의 주거지역을 훼손하고 문화생활이나 서비스 공급을 중심화시켜서 많은 지역을 살기에 부적합하게 만들고 있다. 그래서 반대로 여행은 이전보다 더욱 필요한 것이 되었지만 이동은 더 어렵고 힘겨운 것이 되어버렸다. 한때 자유로운 이동으로 여겨졌던 자동차 같은 것들은 집단적인 이동의 속박을 가져왔고 현재와 미래세대에 공기오염을 던져주게 된다. 그러나 이런 문제에 대한 해결은 더 많은 도로의 건설이다.

이러한 모든 것의 근원은 외관상 전체 우리 삶의 부분들이 왜곡될 수 있는 상대적 자율에 있는 것이다. 우리 모두는 전체와 더불어 살고 있기 때문에 그러한 자율은 기껏 일부일 수 있거나, 아니면 단순히 가상적일 수 있다. 자율은 결과를 무시할 때 이루어지거나, 모든 행위자들과 각 행위자들이 하는 모든 것에 대한 여러 광범위한 관계에 대해 우리가 눈을 감아버릴 때 이루어진다. 문제해결에 대한 계획과 실천에서 고려해야 할 요소들은 처음에 문제를 야기한 상황에 영향을 미치거나 의존했던 전체 요소들보다 언제나 작다. 권력이 — 질서를 만들고 강화하여 영향을 미치고 보전하는 능력 — 심사숙고해서 행동해야 할 주제라면 질서는 불가능한 것으로 만들 수 있는 그런 요소들을 무시하거나 무관심하게 제쳐버리는 능력이다. 권력을 가지고 있다는 것은 많은 것들 가운데 중요하지 않은 것과 관심주제가 되지 말아야 하는 것을 결정할 수 있다는 의미이다. 그러나 그 반대로 생활 속에서 '부적합한 요소'라고 하는 것은 떠올리지 못하게 한다.

적합성과 부적합성의 문제는 우연적인 것이다. 적합성이란 것은 아주 다양하게 설정할 수 있기 때문에 특정한 방법으로만 된다고 하는 근거는 확실히 없다. 그렇다면 적합성의 결정은 그 자체로 논쟁거리가 된다. 역사는 그러한 예들로 가득하다. 예를 들어 근대시대의 진입기에 가장 중요한 권력투쟁은 **관직임명권**(*patronage*)에서부터 **자본과의 연결**에 이르기까지 활발하였다. 초기 공장체계의 비판가들은 '공장 직공'(factory hands, 고용주들이 노동자들의 기술에만 관심을 갖고 붙인 이름)의 운명에 대해 공장주들의 냉담한 무관심에 접하면서, 모든 사람들이 연루된 '대가족'처럼 일하는 장인들 혹은 영지의 작업을 회상했다. 작업장의 반장과 영지의 지주는 무정하고 독재적인 두목처럼 굴었고 비양심적으로 그들 일꾼들에게 고역을 치르게 했다. 동시에 일꾼들은 고용주가 자신들의 욕구를 들어줄 것이라고 생각했고, 필요하면 자신들의 절박한 불행에서 구해줄 것이라고 기대했다.

오래된 전통방식과 달리 공장주들은 그런 기대를 정당하게 받아주지 않았다. 공장시간에 맞춰 일한 시간만큼 노동자들에게 돈을 주었고, 생활의 다른 부분은 노동자들 자신의 책임이었다. 비판가들과 공장노동자들을 옹호하는 사람들은 그런 '책임회피'(washing of hands)에 대해 분개했다. 공장의 규율에 따라 장기간 바보같이 분투하는 지친 일상은 노동자를 떠나게 한다고 지적했는데, 칼 마르크스의 말을 빌리면 '정신적으로 황폐해지고 육체적으로 지친다'는 것이다. 노동자들은 공장의 다른 생산품과 같이 생산 계획에서 쓸모없게 되면 처분될 수 있는 상품화가 되었다. 비판가들은 공장주와 공장노동자의 관계는 임금과 노동이라는 단순한 교환관계로 한정되는 것이 아니라고 지적했다. 왜 그럴까? 현금 총합을 공장주에게서 분리시킬 수 있는 것처럼 노동을 노동자에게서 따로 떼어 분리시키지 못하기 때문이다. '노동을 판다는 것'은 사람의 모든 것, 육체와 정신을 고용주가 정한 일에 쏟아 넣는다는 것을 의미하며 고용주의 목표를 위해 노동자는 그저 수단이 된다는 것이다. 이런 점에서 반대의 항변에도 불구하고 노동자들은 임금교환에서 자신의 인격과 자유 모두를 던지도록 요구받는다.

그래서 노동자에 대한 공장주의 권력은 비대칭이다. 이러한 이유 때문에 칼 마르크스는 적어도 공장주들이 자본주의가 아닌 노예의 상황에서 그들의 행복에 관심을 가졌다고 주장했다. 이러한 관계를 대체할 수 있었던 것이 교환형태인데 고용주는 노동자의 육체적, 정신적 행복에 관심을 갖지 않았다. 고용주는 고용의 의미에만 한정하고 권리도 그들 관심에 문제가 되는 것에만 국한했다. 그 권리는 피고용인들에게 부인되는 권리이다. 다르게 말하자면 생산과정의 운영에서 더 좋은 노동조건을 위한 노동자들의 투쟁은 작업장 질서의 범위와 내용에 대한 고용주의 권리에 대항하는 투쟁으로 바뀌어야 했다.

공장체계의 범위 한정을 둘러싼 노동자와 공장소유주 간의 갈등은 질서를 규정하는 데 반드시 야기될 수밖에 없는 싸움의 한 예이다. 규정을 정하는 것은 임의적이고, 마지막 설명에서처럼 특정인의 힘에 달려 있기 때문에, 원칙적으로 규정을 정하는 것은 공개적인 도전이다. 결과적 피해를 입는 희생자인 사람들이 실제로 경쟁하게 된다. 그래서 범위 한정의 결과를 개선하기 위한 행동을 요구하기 때문에 그런 논쟁이 공개영역에서 진행될 수 있다. 가장 고전적인 예가 영국복지국가의 경우이다. 이것은 역사적으로 그리 멀지 않은 1940년대 후반에 시작된 것으로 문제가 될 사람들의 복지에 관심을 갖지 않았던 체계의 변화와 동요에 안전망을 제공하는 것이 목적이었다. 가장 중요한 주창자 중 한 사람인 윌리엄 베버리지(William Beveridge)는 다음과 같이 말했다. '만약 완전한 고용이 획득되거나 지켜지지 않는다면, 노력을 들일 가치가 없는 사람들에게 자유는 없을 것이다.' 일부에게는 이런 논쟁이 더 이상 적절하지 않은 듯이 보인다. 그러나 역사의 교훈을 잊은 일부 다른 사람들은 현재의 상황에 맞지 않는다고 부인하면서 실수를 되풀이하게 된다.

이제 우리는 신선하게 공급되는 물의 오염, 독성폐기물의 처리, 또는 노천광산이나 도로건설로 인한 풍광의 훼손에 대한 비용을 누가 물게 될 것인지에 대해 다시 열띤 논쟁을 벌이게 된다. 어떤 사람에게는 필요 없는 것일지 몰라도 다른 사람의 생활조건에는 중요한 요소가 될 수 있다. 논쟁의 대상은 생각하는 입장에 따라 다르게 보이기도 하고 논쟁의 의미도 불공정한 질서에서 나온 위치에 따라 다르게 보이기도 한다. 흔히 모순적인 압력에 놓인 사람들은 이전에 미리 계획하지 않아 그것을 받아들일 수도 없는 모습이라고 가정할 수 있다. 불공정한 질서에 영향을 받게 되면 그 누구도 그런 질서의 존재와 결과에 대한 책임을 생각하지 않는 듯하다.

근대시대 인간행동에서 기술적 도구의 힘이 커지고 그것을 적용하게 되면서 문제는 더욱 예민하게 되는 경향이 있다. 각 질서의 영역이 간소화 합리화되고, 그 실행에 있어서도 더욱 관리가 잘되고 효과를 나타내게 되면서 완벽하게 된 불공정한 질서는 전반적인 혼란이란 결과를 낳을 수 있다. 의도적으로 계획되고 합리적으로 설계되며 철저하게 통제된 인간행동의 먼 결과는 예상치 못하는 것이어서 통제하지 못하는 재난으로 되돌아 올 수 있다. 온실효과에 대해 생각해보라. 이것은 효율성의 증대와 생산성 때문에 에너지를 많이 사용하게 되면서 나온 예상치 못한 결과이다. 각 노력들은 따로 생각해보면 단기간의 목표에 따라 해결책으로 그리고 정당화된 기술발전으로 환영받을 수 있다. 마찬가지로 독성물질을 공기나 강물에 배출하는 것도 아주 드문 경우이긴 하지만 공공선에 도움이 되는 안전인식 과정에서 정당화될 수도 있다. 이러한 각각의 것들은 여기저기 상대적으로 자율적인 조직이 직면한 특정한 과제에 대한 가장 최선의 최상의 '합리적' 해결을 위한 진지한 연구를 보여주는 것이다. 새롭게 개발된 바이러스나 박테리아는 명확한 목적을 가지고 있고 구체적인 쓰임이 있다. 그러나 그렇게 적용시킬 때 나중에 예상치 못한 결과로 부작용이 나오기도 한다.

그러한 결과를 둘러싼 많은 논쟁들은 '소유권'의 영역에 속한다. 사기업이 일반적으로 이익을 위한 성과를 내려고 하지만 — 이런 가정에 누구도 이의를 제기하지 않는 것으로 판단하면 — 민주적으로 선출된 정부는 그 자체 동기화를 발견할 수도 있다. 그런 영역의 하나는 인간유전자 지도를 만들어 조작할 수 있는 잠재력을 갖는 것이다. 거대 제약회사는 궁극적으로 공공선을 위해 활동한다고 주장하지만, 인간유전자에 대한 특허는 누가 갖는가? 인간유전자가 지불능력에 따라 시장에서 거래되고 통제되는 상품이란 의미에서 '소유되는' 것인가? 이러한 것은 우리 모두에게 근본적으로 영향을 주는 논쟁거리이다.

동시에 그러한 연구의 결과는 바람직하고 직접적인 목표, 예를 들어 특정한 질병에 쉽게 걸리지 않도록 막는 것을 목적으로 할 수도 있다. 그러나 '초점 둔'(in focus) 상황이 변화되어 '초점에서 벗어난'(out of focus) 것들에 영향을 미칠 수 있다. 곡물생산을 늘리기 위한 인공비료가 확실한 예이다. 토양에 스며든 질산염은 곡물생산을 늘리는 데 확실히 효과적일 수 있다. 그러나 강우가 화학비료의 상당량을 지하수로 스며들게 하여 새로이 심상찮은 문제를 만드는데, 그 문제로 인해 이용하기에 적합한 물을 요구하게 된다. 이러한 것은 조만간 새로운 과정들, 예를 들어 독성 녹조류를 위한 무성한 목초지로 변하는 오염의 결과를 낳게 될 것이다.

이러한 점에서 혼돈을 막으려는 투쟁은 계속된다. 만약 생각과 행동을 다르게 하려는 마음이 있다면, 미래의 위험을 줄이는 확실한 방법은 있다. 그럼에도 불구하고 미래에 담겨진 그리고 미래에 정복되어야 할 혼돈은 특정한 질서-구축에서 나온 인간행동의 산물이다. 문제해결의 활동은 새로운 문제를 만들 수 있고 그래서 새로운 해결을 위한 연구를 하게 된다. 이런 모든 것에 대해 흔히 현재의 문제를 처리하는 가장 간단하고 저렴하면서도 '합리적인' 방법은 그 업무를 담당하는 팀을 꾸리도록 하는 것이었다. 이러한 과정에서 나온 문제와 해결책이 맞지 않고 그것을 계속해야 한다면 —적어도 단기간의 논리와 비용의 측면에서 — 더 간단하고 저렴하고 외관상 합리적인 것들이 추천될 수 있을 것이다.

요약

혼란을 질서로 바꾸려고 노력하기 위해 규칙을 만들어 세상을 예상하고 통제한다고 해서 결론이 나는 것은 아님을 보았다. 질서를 위한 노력이지만 그 결과는 성공하지 못하게 된다. 그 이유는 협소하게 초점을 두고 목표하는 하나의 문제만 풀려고 하는 행동으로 인해 혼란스런 현상이 일어나기 때문이다. 인간세계의 일부가 되고 인간 활동의 특정영역이 된 각 노력은 이전의 세계와 활동을 없애려고 하기 때문에 새로운 문제를 낳게 된다. 각 시도들은 새로운 형태의 양면성을 만들고 그러한 결과에 필요한 또 다른 시도들을 하게 된다.

이러한 측면에서 인위적인 질서의 추구가 아주 심각하면서도 풀기 어려운 사회불안정의 원인으로 나타난다. 다루기 힘든 총체적인 인간조건을 세분하여 당면한 여러 과제로 분리시키면 인간행동은 이전보다 훨씬 효과적이 된다. 왜냐하면 인간행동이 적절하게 세분되어 제한되면서 완전하게 조사되고 통제되고 조정될 수 있기 때문이다. 엄격하게 제한된 분명한 일은 더 쉽게 풀린다. 사실 일을 이렇게 처리하는 방법은 이전보다 더 개선된 것이다 — 돈의 가치로 측정하거나 비용과 편익으로 보면 더욱 그렇다. 말하자면 이러한 것을 사람들이 합리적이라고 한다. 도구적 이성은 투입과 산출에 의한 원래 목적과 달리 실제 결과를 측정하는 것이다.

합리성을 실천하면서 이러한 계산에는 희생이 있다는 것을 잊기 쉽기 때문에 주의를 기울여야 한다. 합리성 개념의 당사자가 아닌 행위자들의 계산과 합리성의 효율성을 증명하기 위해 나온 통제되지 않은 계산결과는 대체로 환경과 함께 비용이 들게 된다. 다른 한편에서 더 포괄적인 방법으로 손실과 이득을 계산한다면, 근대적 방법으로 무언가를 한다는 것은 아주 유리하게 보이지는 않을 것이다. 부분적이고 개별적으로 보이는 많은 합리적 행동의 궁극적 결과는 오히려 비이성적으로 보일 수 있다. 이것은 질서를 추구하는 데 있어 번거로우면서도 피할 수 없는 긴장이다. 사실 근대의 인간역사에서 확연히 드러났던 양면성을 막아보려는 노력에도 마찬가지였다.

문제와 해결의 관계는 인간조건의 특징이다. 문제를 제기하는 것이 사회학적인 관점에서 누구에게 해당된다는 것인가? 왜 이것이 문제가 되고, 이러한 문제화의 결과와 해결책은 무엇인가? 우리는 우리 삶에서 과업은 수행해야 하고 문제는 풀어야 한다는 생각을 하게끔 훈련받는다. 문제에 주목하게 될 때, 우리는 그 과제를 특정한 기준에 따라 즉각 개입하는 주제가 될 수 있도록 규정해야 한다는 생각에 익숙하다. 이런 일이 일어나게 되었을 때, 성가신 문제를 제거한다는 것은 정확한 근원을 찾아서 그것을 문제에 적용시키는 것이다. 변화가 일어나지 않거나 문제가 풀리지 않는 경우, 우리는 자신을 무지하거나 부주의하거나 혹은 게으르거나 무능력하다고 자책한다. 동시에 이러한 나태한 생각이 계속된다면 우리는 해결해야 할 결단이 부족하거나 — 다루어야 할 '문제'의 — 원인을 잘못 보고 있는 것이다. 아무리 복잡하더라도 각 상황이 작은 문제로 흩어질 수도 있다는 믿음은 실망과 좌절의 크기에 따라 약화될 것 같지는 않다. 그리고 그러한 문제들이 적절한 지식, 기술과 노력을 통해 해결된다는 믿음도 실망과 좌절이 크다고 해서 약화되지는 않는다. 간단히 말해 각 문제는 의도적으로 아주 일반적인 궁금증까지 포함한 적절한 적용방법에 맞는 해결책이 있기 때문에 삶의 비즈니스는 간단한 문제로 세분될 수도 있다.

근대시대 들어서 놀라운 발전이 있었다는 것에 대해 의심할 여지는 없다. 이것을 부인한다고 해서 쟁점이 되는 것은 아니다. 쟁점은 기술발전의 수혜에 초점을 맞추는 것이 아니라 비용에 초점을 맞추는 것이다. 질서의 작은 영역에 국한되는 문제로 봐서는 안 된다. 왜냐하면 이러한 것들이 우리 미래의 모든 분야에 영향을 미치기 때문이다. 지금 필요한 것은 우리 서로의 사고와 행동방식에 대한 강점과 약점에 대한 이해이고, 우리가 살고 있는 환경의 강점과 약점에 대한 이해이다. 이렇게 재사고하는 과정에서 세계를 보는 기존의 방식은 새로운 사고방식을 요구하는 새로운 상황 틀에 도전받을 수 있다. 이러한 것이 어떤 사람에게는 위협이 되기도 하고 다른 사람에게는 기회가 되기도 한다. 그러나 그러한 조건이 주는 긴급한 요구가 있다. 바로 변화의 의지이다. 물론 역사과정에서 인류는 수없이 변화를 거듭했다.

■ 생각해 볼 문제

1. 우리는 '하드웨어'와 '소프트웨어' 시대에 대해 말했다. 이러한 것은 무엇을 의미하는가? 우리의 삶을 이끄는 방법에서 이러한 것의 결과는 무엇인가?
2. '사람과 물질적 대상'에 의해 부과되는 한계 속에서 자유로운 커뮤니케이션은 가능한가?
3. 우리의 주변에 '위협'이 있다고 보는가? 아니면 실제 근원이 더 먼 곳에서 온다고 보는가?

4. 문제해결을 위한 활동과 경계 설정은 어떤 관계가 있는가?

■ 읽어 볼 거리

Adam, B. (1995) *Timewatch: The Social Analysis of Time* (Cambridge: Polity). 당대 최고의 사회이론가 중의 한 사람인 바바라 아담은 시간이 우리 삶의 여러 영역, 예를 들어 건강과 노동같은 것을 어떻게 특징짓는가 보여주고 있다.

Bauman, Z. (2000) *Liquid Modernity* (Cambridge, Mass.: Polity). 삶의 유연성에 대해 탐색한 책으로 특히 우리가 여기서 논의한 노동, 시간, 공간, 공동체, 해방과 개인성 같은 주제가 있다.

Water, M. (1995) *Globalization* (London and New York: Routledge). 우리의 삶 속에서 글로벌리제이션에 대한 의미를 훌륭하게 개괄한 저서이다.

Williams, R. (1989) *Culture* (London: Fontana) 레이몬드 윌리암스가 문화의 개념에 대해 정립한 것으로 문화유물론자의 입장에서뿐만 아니라 사회관계의 이해에서 문화개념이 왜 중요한지를 보여주고 있다.

C H A P T E R 8

경계짓기: 문화, 자연, 국가 그리고 영토

7장의 마지막 부분은 이 책에서 다루려는 쟁점을 명확하게 보여주었다. 그것은 다음의 말로 표현할 수 있다. 우리가 문제를 생각하고 조사하는 방법 그 자체가 적절한 해결책으로 간주될 수 있다. 이런 점에서 생각을 다르게 한다는 것은 아무렇게나 하는 활동이 아니다. 그것은 오히려 오늘날 우리가 직면한 쟁점을 가장 실천적이고 지속적으로 해결하려는 첫 발걸음이다.

자연과 문화

자연과 문화의 차이에 대해 '근대적' 방법으로 주목한 7장에서의 쟁점을 생각해보자. 그러한 새로운 상상은 자연과 사회를 확실하게 갈라놓는다. 자연과 사회는 동시에 '발견되었다'고 말할 수 있다. 사실 발견된 것은 자연과 사회가 아니라 이 둘 사이의 **구별(*distinction*)**이었다. 특히 각각이 할 수 있거나 혹은 일으킬 수 있는 실천들 사이의 구별이었다. 인간조건이 일반적으로 입법, 경영, 간섭의 결과로 점차 드러나게 되는 것처럼, '자연'

은 인간권력이 아직 모든 것을 만들지 못하거나 만들 야망도 없었던 때에 꿈을 위한 거대한 저장소 역할을 했다. 모든 것은 그 자체의 논리를 지니고 있는 것으로 생각되었으며 인간은 그것을 그냥 내버려 두고 있었다.

이러한 때에 사회사상의 변화가 일어났다. 철학자는 왕이나 의회에서 공포한 법을 유추하여 '자연법'에 대해 논하기 시작했다. 그러나 자연법은 왕이나 의회가 공포한 법과 구분되었다. '자연법'은 왕이 만든 법처럼 강제적이지만 왕의 칙령과 달리 입안자를 알지 못한다. 그래서 그 힘은 '초인간적'인 것으로, 신의 의지에 의해 목적을 모른 채 만들어졌으며 반론의 여지도 없다. 우주의 정해진 원리에 따라 직접적으로 우연히 정해진 것으로 (앞서 본 것처럼) 그러한 구별이 사회적 경계를 만들었다. 예를 들어 남자는 '합리적'이어서 자연의 요구를 이겨낼 수 있지만, 여자는 '감정적'이기 때문에 자연의 강압적 힘에 순응한다. 마찬가지로 나라 간에도 외양적으로 특정 원리를 보여주는 발전된 나라들과 '문명화되지 않은' 다른 나라들로 구별되었다.

이러한 변화들은 우리가 관찰하고(seeing) 실행하는(doing) 방법에 변형을 일으킨다. 예를 들어 욕구, 이상, 목표에 따라 달라지는 '인간권력' 내에 우리가 적용하는 구별을 생각해보라. 이러한 구별에 기준이 있는지, 규범이 있는지 질문하게 되는데 거기에 맞추어 '무엇인가' 복종해야 한다. 다시 말해 인간의 관여로 변화될 수 있는 것이 있으며 특정한 기대를 통해 만들어지는 것도 있다. 그러나 인간의 권력이 미치지 않는 여타의 다른 것과는 다르게 취급되는 것도 있다. 전자를 **문화**라고 하고 후자를 **자연**이라고 한다. 그래서 자연보다는 문화의 문제로 취급해야 할 때 해당 대상은 조작할 수 있는 것이고 그러한 조작은 바람직한 '적정한'

목표 상태를 갖는다.

문화는 사물을 원래의 것과 다르게 만들거나 아니면 그것을 만들어서 인공적인 형태로 유지하는 것이기도 하다. 문화는 질서를 가지고 그것을 지켜가는 것이며 혼돈이 일어날 징후가 포착되면 타파하려는 것과 관련 있다. 문화는 인공적인 혹은 설계된 상태로 '자연의 질서'(즉 인간간섭이 없는 원래 사물의 상태)의 자리를 대체하거나 보완한다. 문화는 성장할 뿐만 아니라 가치도 있으며 질서도 갖는다. 그래서 생산성의 이름하에 취급되는 많은 비스니즈의 '해결책'은 '올바른' 문화를 조직에 도입하는 것이다. 바꾸어 말해 문화가 조직 내에 파고들어서 기대에 부응하도록 각 사람들의 능력을 발휘하도록 하는 것이다. 이러한 과정에서 변화를 이끄는 이념과 일치하지 않거나 심지어 의심을 하게 되면 '품질', '효율성', '효과성'과 같은 목표추구에 '혼란을 일으키는' 방해요소가 된다.

물론 자연과 문화를 나누는 정확한 선은 어떤 기술, 어떤 지식, 어떤 자원이 이용되는가에 달려 있으며 이전에 시도된 적이 없는 목적을 위해 그러한 것들을 활용할 뜻이 있는가에 좌우된다. 대체로 과학과 기술의 발전은 가능한 조작의 영역을 넓히고 문화의 영역을 확대한다. 우리가 처음에 들었던 예로 돌아가서, 화학공학이나 의학 전문가와 함께 유전공학의 지식과 실천은 '정상적인' 인간존재의 기준을 바꿀 수도 있다. 이런 것을 더 전진시켜서 유전조작으로 키를 통제한다면 부모는 자식의 키를 얼마로 할 것인지 결정하게 되고, 국가는 법을 통해서 시민의 키마저도 정상적으로 받아들일 수 있는 정도까지 규정하게 될 것이다. 이런 측면에서 문화는 자연의 법칙과 똑같은 방법으로 개인에게 나타날 수 있다. 즉 문화는 개인이 반항할 수 없는 운명이거나, 반항이 궁극적으로 쓸

모없는 제스처가 되는 운명인 것이다.

우리의 삶에서 '인간이 만든 요소'(human-made elements)를 면밀히 살펴보자. 인간이 만든 요소는 우리가 차지하는 공간에 두 가지 방법으로 들어가 있을 수 있다. 첫 번째는 우리의 개인적 삶의 과정을 이끄는 맥락을 통제하고 질서 있게 하는 것이다. 두 번째는 우리 삶의 과정 자체의 동기와 목적을 만드는 것이다. 전자는 다른 행동 형태와 비교해서 아주 감각적이고 이성적으로 되면서 우리 행동을 합리화하는 것이다. 후자는 우리의 상상력을 뛰어넘는 수많은 일반 타자들에게서 나오는 특정한 동기나 목적들 가운데에서 우리가 선택하는 것이다. 이러한 것들은 우리가 만나게 되는 다른 환경과 다르지 않다. 왜냐하면 우리의 각 행동은 우리가 거주하는 일상생활에서 상호작용하게 되는 다른 환경에 영향을 미치기 때문이다. 근대 기술의 한 예로 휴대폰을 보면 휴대폰 소지자는 개선된 커뮤니케이션 환경 속에 있다고 할 수 있지만, 어떤 측면에서는 반사회적이기도 하고 심지어 그 사용에서 손해를 볼 수도 있다.

모든 것이 정돈된 상황에서 일어나지 않을 수 있다는 관찰을 통해 우리는 문화적 창조물이 만들어 내는 질서와 변칙이나 혼돈을 구분할 수 있다. 실제로 생각할 수 있는 사건들은 무한하지만 일어나는 사건들은 유한하다. 그래서 여러 사건들이 일어날 개연성도 다르다. 성공의 기준은 질서의 정착에 달려 있다. 한때 일어나지 않았지만 필요하거나 피할 수 없는 변화를 통해 나온 것이다. 이러한 의미에서 질서를 설계한다는 것은 사건의 개연성을 조작한다는 것을 의미한다. 이러한 과정에서 특정한 가치에 따라 모든 인위적인 질서를 추려내고 통합하는 선호도와 우선권을 알게 된다. 이러한 질서가 굳건히 안전하게 잘 확립되었을 때, 질서가 상상가능한 것으로 인지되면서 진실이 잊혀질 수 있다.

인간존재로서 우리들은 정돈된 환경을 만들고 유지하는 데 기득권을 가지고 있다. 이것은 대부분의 우리 행동이 학습되어 있고, 이야기나 기록의 수단을 통한 과거의 기억에 의해 축적되어 있기 때문이다. 이러한 축적된 지식과 기술이 변화하지 않고 유지되는 한 도움이 된다. 우리를 둘러싼 세계의 항구성 덕택에 이전에 성공했던 행동들은 오늘과 내일 반복되더라도 계속 남아 있게 된다. 예를 들어 신호등의 색깔이 아무런 예고도 없이 바뀐다면 어떤 혼란이 일어날 것인지 생각해보라. 변칙적인 변화의 세상에서 기억과 학습은 축복에서 저주로 바뀔 수 있다. 이런 맥락에서 과거의 경험을 통한 학습은 실제로 자멸하게 만들 수 있다.

우리를 둘러싼 세상의 질서는 우리 자신의 행동의 규칙성에 따른 상대물을 가진다. 일반적으로 우리는 걷거나 운전할 때 서로 다른 방향을 선택한다. 또 대학 세미나 혹은 비즈니스 회의에서 하는 것처럼 파티에서 행동하지 않는다. 휴가 때 부모님 집에서는 다르게 행동하게 되며, 생면부지의 사람과 공식적인 만남을 할 때도 다르게 행동한다. 회사의 사장을 부를 때와 친구를 부를 때, 다른 목소리 톤을 사용하며 다른 단어를 구사한다. 어떤 경우에 쓰는 말을 다른 경우에는 피하게 된다. 공적인 곳에서 하는 행동들이 있고, 주목받지 않는다고 느끼는 '사적인' 행동도 있다. 놀랍게도 어떤 경우 '적절한' 행동을 선택할 때, 우리와 정확히 같게 행동하는 타자도 함께 있다는 것을 알게 된다. 이와 같이 규칙적인 것에서 벗어나지 않게 되면서 우리 자신의 행동, 타인의 행동 그리고 우리가 다루는 제도와 우리의 삶을 운영하는 제도에 **예측가능성**을 제공한다.

인위적인 질서를 만드는 노력으로써의 문화는 구별을 요구한다. 즉 분리와 차별행위를 통해 사물과 사람을 구분하는 것이다. 사막과 같은 곳, 즉 인간의 활동이 전혀 없고 인간의 목표도 찾을 수 없는 곳에는 반대편 차선과 구분하기 위한 교통표지 기둥이나 펜스가 없으며 그 외 다른 형태도 없다. 한편으로 문화의 영향을 받은 환경에는 일정하고 평평한 표면을 사람을 끌어들이고 내쫓는 지역으로 나누어 자동차가 다니는 선을 긋고 보행자를 위한 선을 그어 영역을 표시한다. 그래서 세상은 활동에 맞는 구조를 얻게 된다. 사람들은 우수자와 열등자로 구분되고, 권위자와 평범한 사람으로 나뉘게 되며, 말을 하는 사람과 듣는 사람 혹은 들어야 할 위치에 있는 사람으로 구분된다. 마찬가지로 시간도 활동에 의한 일정한 흐름에 따라 구분된다. 예를 들어 조식시간, 커피 마시는 시간, 점심시간, 오후 티타임과 만찬이 다르다. 공간적으로 보면 '물리적' 구성에 따라 경계가 있으며 특별한 모임의 장소에 따라 구분된다. 예를 들어 세미나, 회의, 맥주 페스티벌, 만찬파티나 비즈니스 회의에 따라 나누어진다.

이런 구분은 두 가지 면에서 볼 수 있다. 첫째는 행동이 일어나는 '세상의 모습'(shape of world)이고 둘째는 '행동 자체'(action itself)이다. 세상의 면면들은 시간의 흐름 속에서 구분되는 간격에 의해 달라질 뿐 아니라, 그 자체가 서로 다르게 만들어져 있다(같은 건물이 아침에는 학교가 될 수도 있지만, 저녁에는 배드민턴 코트가 될 수 있다). 여기서 발생하는 행동 역시 다를 수밖에 없다. 테이블에서의 행동은 테이블에 무엇이 놓여 있는지, 주변이 어떤 환경인지, 그 주위에 누가 둘러앉아 있는지에 따라 달라진다. 테이블에서의 매너도 식사가 공식적이냐 혹은 비공식적이냐에 따라 달라질 수 있다. 더구나 어빙 고프만과 피에르 부르디외가 보여준 사회학적 연구의 결과에서 알 수 있는 것처럼 참가자의 계급적 위치에 의해 달라지기도 한다. 그렇지만 우리가 두 면을 분리해서 보는 것이 추상적인 산물이라는 것을 알아야 한다. 무엇보다도 두 면은 완전히 상호독립적이지 않다. 왜냐하면 공식적인 만찬에는 공식적인 매너를 보이지 않을 수 없기 때문이다.

우리는 이러한 조정행위(acts of coordination)를 관찰을 통한 다른 방법으로 나타낼 수 있다. 즉 문화적으로 조직된 사회세계와 문화적으로 훈련된 개인의 행동은 '정교하게' 만들어져 있다는 것과 서로의 대비를 통해 각각의 사회적 맥락으로 구분되어 있음을 관찰할 수 있다. 다시 말해 각 경우는 알맞은 행동의 뚜렷한 표시와 구분된 행위유형을 요구한다. 게다가 이러한 두 정교함은 서로에 대해 '부합하면서' 기술적인 용어로 말해 이질동상(異質同像, isomorphic)을 보인다. 사회현실구조와 문화적으로 통제된 행위구조 사이의 '중복되는' 장치는 **문화코드**이다. 대개 지금까지 추측해 온 것처럼, 코드는 무엇보다도 대립체계이다. 사실 이러한 체계에서 대립되는 것은 **기호(*signs*)**이다. 기호는 다양한 색깔의 빛, 옷, 비문(inscription), 구두진술, 목소리, 제스처, 인상, 향기와 같은 가시적인, 청각적인, 촉각적인, 후각적인 대상이나 사건들이다. 이런 것들은 행위자의 행동과 그 행동에 연결된 사회형태와 연관이 있다. 말하자면 기호는 동시에 두 가지 방향을 나타낸다. 행위자의 의도를 향한 것과 사회현실의 주어진 부분을 향한 것이다. 이 둘 가운데 어떤 것도 다른 한 쪽을 위한 반영이 아니며, 일차적이거나 이차적인 것도 아니다. 다시 말하면 둘 다 문화코드의 똑같은 이용이라는 토대에서만이 함께 존재한다.

예를 들어 '출입금지'라는 표시가 붙은 사무실 문을 생각해보자. 그 표시는 대체로 문의 한쪽에 붙여져 있으며 그 표시가 붙은 문은 대체로 잠겨 있지 않다(만약 열 수 없다면 그 표시를 붙일 필요가 없을 것이다). 그래서 그 표시는 문 자체의 '목적에 맞는' 정보는 아니다. 오히려 일어나서는 안 되는 상황을 만들거나 유지하는 데 사용되는 정보를 주는 지침이다. '출입금지'가 무엇인가 하는 것은 문의 양면을 구분하는 것이다. 즉 문 양쪽에서 접근하는 사람들과 그 사람들이 지키는 행동을 구분하는 것이다. 문에 표시된 건너 쪽의 공간은 그 반대인 표시가 된 쪽에서 접근하는 사람들이 문에 접근하는 것을 막는다. 그러나 그 반대쪽 사람들은 그러한 제한을 받지 않는다. 기호는 정확히 이런 것을 구분하게 한다. 그 결과는 차별이다. 똑같이 일정한 공간에 똑같은 사람들이 있지만 차별하는 것이다.

위에서 알 수 있듯이 코드를 안다는 것은 기호의 의미를 이해하는 것이라고 말할 수 있다. 다시 말해 이것은 기호가 나타나는 상황에서 어떻게 처신하는가를 알게 해주고, 나아가 그러한 상황을 만들기 위해 기호를 어떻게 이용하는가를 알게 한다. 이해한다는 것은 효과적으로 행동하도록 하는 것이고 그로 인해 상황의 구조와 자신의 행동 사이의 조정을 유지하도록 한다. 기호를 이해한다는 것은 흔히 그 의미를 파악하는 것이라고 할 수 있다. 그러나 이것이 우리 자신의 마음속에 있는 정신적 이미지에 의해 사고(thought)가 생긴다는 것을 의미하는 것은 아니다. '기호를 크게 읽음'으로써 기호의 모습이나 소리는 실제로 우리 머릿속에 동반하게 된다. 그러나 의미를 파악한다는 것은 그저 어떻게 처신하는가를 아는 것이다. 그리고 기호의 의미는 소위 기호의 존재와 부재가 만드는 차이에서 알게 된다. 또 다른 방법으로, 기호의 의미는 다른 기호와의 관계에서 알게 된다. 여기서 더 나아가 자크 데리다와 같은 학자는 의미는 기호 간의 관계에서만 나오기 때문에 절대 고정될 수 없는 것이라고 주장한다. 차연(*différence*)이라는 개념을 토대로 나오는 것이어서 우리는 결정할 능력을 갖지 못한다는 것이다. 이런 점에서 오랜 시간을 걸친 고정된 의미는 우리에게 뭔가를 암시하는 것으로 그것은 계속적인 설명과 정의의 필요 때문에 그런 것이다.

실제로 하나의 기호가 반드시 행동에 알맞는 충분한 정보를 지니고 있지는 않다. 하나의 기호는 부정확하게 읽힐 수도 있으며 만약에 잘못 읽혀졌을 경우 실수를 수정하지 못하는 수도 있다. 예를 들어 군복의 모습은 명확하게 그 사람이 군인이라는 의미를 우리에게 전달한다. 대부분 시민들의 경우 이러한 정보를 통한 우연한 마주침을 '체계화'한다. 그럼에도 불구하고 복잡한 권력위계와 의무분담을 가진 군인들의 경우, 군복만을 가지고 정보를 충분히 알지 못한다. 그래서 일차적이고 일반적인 기호(군복)에 계급을 나타내는 다른 기호가 '더해져서' 더 많은 정보를 제공하게 된다. 어떤 경우 기호의 과잉이 되면서 이미 가진 정보에 아무런 도움이 안 되기도 한다. 예를 들어 상품과 상품 사이의 차이를 조사하는 특정한 마케팅 전술은 다른 기호가 이미 가진 정보를 단순히 반복하는 것이다.

이런 경우 우리는 기호의 과잉이라고 한다. 여기서 우리는 잘못된 해석으로 인한 잠재적 애매함을 제거함으로써 실수에 대비하려 한다. 만약에 기호의 과잉이 없다면, 기호를 우연히 잘못 보거나 왜곡하게 되면서 엉뚱한 행동을 하게 될 수도 있다. 기존 질서의 유지와 진전을 위한 기호들 간에 대립이 중요하다고 본다면 우리는 더 많은 과잉을 기대하게 된다고 주장할 수 있다. 어떤 점에서 잘못된 해석과 관련한 문제를 줄일 수 있으며 그래서 기호의 초과로 인한 '잘못된' 이해를 줄이고자 한다. 그러나 동시에 이런 초과는 애매함을 증가시킬 수 있으며 그럴 듯한 의미들이 대안으로 등장하게 된다. 따라서 활동을 조정하기 위한 커뮤니케이션의 효과를 추구하지만, 지나치게 모험적 시도를 하게 되면 애매함과 왜곡된 커뮤니케이션이라는 위험이 나올 수 있다.

다시 살펴보자. 기호는 기호 간의 **대립(*opposition*)**을 통해 의미를 갖는 것이지 따로 떨어져서는 의미가 없다. 이것은 판독되고 이해된다는 의미가 기호의 체계, 즉 전체적으로 서로 구별되는 문화코드 안에서 이루어진다는 것을 말하는 것이지, 기호와 기호에 연관된 것들 간의 억지 연결로 되는 것은 아니라는 것이다. 데리다의 주장과 관련해서 보자면 서로의 기호들은 **자의적(*arbitrary*)**이다. 이러한 자의의 특성은 문화적으로 나온 기호(대개 인간이 만든 의미화의 체계)들로써 자연적으로 발견된 것들과 구분된다. 그 결과 문화코드는 완전히 새로운 것이다.

자연현상에 대한 지식을 얻는 방법과 같이 우리는 기호를 말할 때 자연이 '알려주는' 바대로 '기호'에 대해 언급하게 된다. 기호는 기호가 담고 있는 정보를 끌어내기 위해 읽혀져야 한다. 그래서 창유리에 흘러내리는 물방울을 보고 '비가 내린다'고 말한다. 또는 젖은 포장도로를 보고 비가 왔었다는 것 등을 말하게 된다. 이와 같은 기호에 대한 특징이 무엇인가 하는 것은 이전에 우리가 논의했던 문화기호와 달리, 모두 **정해져** 있다. 즉 각각의 원인에 대한 결과이다. 비는 창유리에 물방울을 떨어뜨리고 도로를 젖게 한다. 질병은 사람의 체온을 변하게 하고 머리에 열이 나게 하면서 열이 난다는 판단을 하게 한다. 그러한 인과의 연결성을 알게 될 때, 관찰된 결과로부터 '보이지 않는' 원인을 재구성할 수 있다. 혼란을 피하기 위해 우리의 추론에 인과적으로 결정된 단서를 말할 때, 기호에 대해서 이야기하는 것보다 지표(*indices*)로 이야기하는 것이 훨씬 나을 수 있다.

위에서 본 예처럼 우리는 자연적인 원인은 실제 현상이 어떻게 된 것인지를 해석하는 데 한계를 지닌다고 주장해왔다. 여기서 두 가지 요소가 만들어져야 한다. 첫째, 과학실천을 사회적으로 연구한다는 것은 소위 자연현상에 대한 확실한 해석이 사실 사회적으로 생산된 것임을 말한다. 예를 들어 과학적 실험으로 수행되는 작업은 사회적 활동이다. 즉 사회적 의미가 아주 크게 작용하고 중요한 역할을 하는 것이며, 반면에 물리학의 많은 추론은 관찰되지 않은 현상과 관련이 있다. 후자의 경우 관찰을 통해 가능한 해석을 못하는 한계의 영역은 없다. 둘째, 문화기호의 자의적 특성에 주목하긴 하지만, 그것이 효과 면에서 실제가 아니라고 말하진 못한다. 즉 문화기호들은 사회생활에서 우리 모두가 마주치게 되는 것으로 우리의 행동에 긴장을 준다. 이런 점에서 우리의 활동을 활성화하기도 하고 제한하기도 한다. 그리고 그 효과의 측면은 우리가 그 효과를 바꾸려고 하는 상황과 권력에 따라 달라질 수 있다. 예를 들어, '가난하다'라고 규정하는 것은 단순히 자의적으로 문화적 범주를 말하는 것이 아니라, 물질적으로 사람들이 보는 사회의 기본적 기준에 따라 일상적인 욕구를 충족시킬 충분한 돈을 가질 수 있는가 하는 능력의 범주이다.

그래서 문화기호가 자의적이라는 관찰은 완전한 선택의 자유와 동등하지 않다. 가장 자유로운 것은 문화적 차별기능을 수행하고 있는 커뮤니케이션에 기여하는 기호들인 것이다. 이런 것들 가운데 무엇보다도 언어의 기호가 있다. 커뮤니케이션 기능을 하는 기호-체계이다. 그래서 언어에는 (오직 언어에서만) 기호의 인위성이 구속성을 갖지 않는다. 만약에 인간이 만들어내는 소리들에 요구되는 대립(opposition)들이 충분이 제공된다면 상당히 인위적인 방법으로 변화될 수 있다. 즉 여러 가지 언어의 대립들이 짝을 이루면서 해석될 수 있다는 것이다. 소년과 소녀, 뜨거운 것과 차가운 것, 큰 것과 작은 것 등등이다. 미셸 푸코와 피에르 부르디외, 비판언어학자들 모두가 지적하는 것처럼 언어와 권력은 들을 수 있는 것을 제한하는 방법을 통해 공존한다.

기호체계는 여타 인간의 욕구와 밀접하게 관련될 수 있으며 그래서 다른 기능에 의해 구속될 수 있다. 예를 들어 옷은 인위적인 기호들을 수반하지만 아주 변화무쌍한 추운 날씨에는 보호기능을 한다. 즉 몸의 열을 보호하고, 피부에 노출되는 부분을 보호하며, 품위의 기준을 함께 지니게 한다. 마찬가지로 여러 가지 종류의 음식과 식사에서 나타나는 의미있는 구분들이 아무리 풍족하고 정확하다고 하더라도, 인간의 소화체계에 맞게 먹을 수 있는 물질로 표현되는 것이 아닌 문화적 차별을 드러내는 물질로 제한을 갖기도 한다. 게다가 차나 저녁식사, 공식적인 식사나 비공식적인 식사의 경우 특수한 성격의 의미부여 이외에 영양 있는 물질을 제공해야 한다. 무엇보다도 그것은 음식을 섭취하는 것이다. 인간의 언어능력이 커뮤니케이션을 위한 목적으로 이용되긴 하지만, 커뮤니케이션의 다른 수단은 기호학적 (의미를 전하고 전달하는) 기능을 다른 욕구에 맞추어 공유한다는 것이다. 말하자면 커뮤니케이션 코드는 일차적으로 커뮤니케이션이 아닌 다른 기능의 표면 위에 만들어진다.

우리가 계속 주목해 온 것처럼 행위의 가능성을 이끌기 위해 준비하는 것들은 가능성에 제한을 가하면서 그 잠재성을 속박하게 되는 수가 있다. 이러한 경우 문화가 자연으로 위장했을 때 가장 효과적이다. 인위적인 것은 바로 '사물의 특성'에 뿌리를 두고 있는 듯이 보이고 가급적 인간의 결정이나 행동은 그것을 변화시킬 수 없을 것으로 본다. 남성과 여성에 대해 엄격히 구분된 관행은 아주 어릴 때부터 잘 정착되었고 미리 결정된 것으로 성 차이는 어쨌든 의심 없이 받아들이고 있다. 문화적으로 만들어지긴 했지만 남성과 여성 사이의 사회적 차이는 수컷과 암컷의 성기관과 생식기관이라는 생물학적인 차이만큼이나 자연스럽게 보인다.

이러한 과정은 문화가 퍼트리는 규범의 인위적 특성이 노출되지 않는 한 계속된다. 문화는 다른 대안적인 관습을 보이지 않고, 알지 못하는 한 자연처럼 보이고 작동한다. 그러나 실제로 우리들 각자는 다른 많은 생활방식이 있다는 것을 알고 있다. 주변의 사람들이 우리와 다르게 옷을 입고 말을 하고 행동하는 것을 본다. 거기에는 다른 문화가 있다는 것을 알게 된다. 그래서 문화는 선택적인 질서에서 벗어난 보편적인 조건처럼 똑같은 이해로 인간행동을 파악하는 것은 불가능하다. 그 과정에서 우리는 기존 상황에 관한 설명과 정당성을 요구하는 의심의 시기를 만나게 되는 수도 있다. 이러한 질문들은 개방된 탐구적인 문화를 통해 제시될 수 있으나, 사물의 자연적 질서로 가정되는 것에 더 강력하게 적용될 수도 있다.

국가, 민족 그리고 민족주의

의문이 일어나는 과정에서 그리고 정당성을 추구하는 과정에서 불확실성이 일어날 수 있다. 이것은 대개 유쾌한 상황이 아니어서 흔히 그것에서 벗어나려고 시도하게 된다. 문화적 훈련으로 촉진된 규범에 순응해야 한다는 압력은 어쩌면 다른 문화의 규범을 믿지 못하고 경시하는 노력들이 수반될 수 있다. '자연스러움'(naturalness)은 한쪽에서는 '순수함'과 '오염'이라는 수사학에 힘입어 전파되며 그 반대쪽에서는 다른 것과 구분되는 문화실천의 권리에 힘입어 전파된다. 비록 삶의 다양한 방식들이 그 자체의 권리를 가지면서 중요한 문화로 인식된다고 하더라도, 엉뚱하고 애매하게 위협적인 것으로 보여질 수도 있다. 삶의 다양한 방식들이 일부 사람들에게 받아들여질 수도 있지만 차별하는 사람들에게는 만족스러울 수 없다. 여기서 우리가 목격하게 되는 것은 애매성에 대한 질서 확보의 방법으로써 **외국인혐오증**(*xenophobia*) 혹은 **이성혐오증**(*heterophobia*)이 다양하다는 것이다.

'우리'와 '그들', '여기'와 '저기', '내부'와 '외부', '자국'과 '타국'의 구분과 더불어 우리는 흔히 영역의 설정을 확인하게 된다. 거기에는 분열되지 않는 규칙의 요구가 있으며 그리고 의심할 수 없는 확실한 문화의 이름하에서 모든 경쟁을 막으려는 의도가 있다. 문화관용은 대체로 거리가 떨어져 있어도 작용한다. 문화관용이 위협받을 때 침입과 순수함의 수사학은 대개 감추어지는데, 그것은 사람들이 '자신의 나라'에 살고 있는 한 원하는 대로 하게 하는 모든 사람들의 권리이다.

이러한 종류의 활동은 문화적 **헤게모니**로 이해되어 왔다. 이 말은 애매하긴 하지만 특별한 질서를 세우기 위한 규범과 가치의 독점을 확보하는 데 목표를 둔다면 효과적이다. 그래서 문화는 과거의 습관이나 신념을 포기하게 하고 대신에 다른 것을 받아들이도록 유도함으로써 또한 다른 우월성에 기초한 다른 문화를 수정함으로써 전환하는 것을 목표로 하는 전향 활동(proselytizing activity)이 될 수 있다. 다른 한편에서는 자신들의 문화영향이 미치는 영역의 경계를 훼손하지 않으면서 문화모습이 공존하는 그러한 상황에서 '문화 다원주의'의 조건을 발견하게 된다. 여기서 상대측의 가치와 정당성을 인정하는 상호관용은 건설적 평화적 공존을 위한 태도이며 또한 필요한 것이다.

■ 시민권과 국가

이러한 쟁점과 관련이 있는 것은 정체성의 문제로 바로 시민권과 연관이 있다. 시민권은 사람이 출생한 장소에 의해 부여되는 것일 수 있다. 또한 특정 나라에 신청해서 얻는 경우도 있을 수 있으며 혹은 과거의 연관이나 보상으로 그 나라로부터 받을 수도 있다. 또 다른 경우에 사람들은 박해를 피해 도피하는 경우도 있으며, 정치적 망명이나 체류를 신청할 수도 있다. 이러한 상황 속에서 민족주의와 관련한 문화, 민족, 신념은 사람들에게 지위를 주게 되고, 그들의 신청을 받아들이거나 거부하기도 한다. 그들의 신청이 받아들이게 되었을 때 일어날 수 있는 것은 개인의 정체성과 국가의 부분적 소속감 사이의 연결이다.

특정한 경우 지원한다고 했을 때 통상적으로 채워야 하는 모든 형식을 생각해보자. 거기에는 민족성에 대한 질문을 포함해 많은 것을 물을 것이다. 질문에는 '미국인', '영국인', '독일인', '이탈리아인', '프랑스인', '포르투갈인' 등을 물을 것이다. 그렇지만 영국인이라고 한다면 '잉글랜드인' (혹은 '웨일즈인', '스코틀랜드인', '유대인', '그리스인')이라고 대답할 수 있다. 그렇게 되었을 때 그 대답이 국가에 대한 질문에 적절한 답이 될 수도 있지만, 의미가 다른 것이다. '영국인'이라고 대답했을 때, 그들은 '영국적 주체'(British subject)를 가리킨다. 즉 대영제국 혹은 유나이티드 킹덤(UK)의 시민이다. '잉글랜드인'으로 대답했을 때 그들은 잉글랜드 **민족**에 속한다는 것을 말하는 것이다. 민족성에 대한 질문은 두 가지 답을 가능하게 하고 받아들이게 한다. 그리고 두 소속감 사이에서 분명한 구분을 하지 않는다는 것을 보여준다. 그래서 혼란스러울 수도 있다. 국가와 민족은 중첩되기도 하지만 아주 다른 것이다. 각 개인의 소속은 서로 다른 종류의 관계에 연루되어 있다.

우선 중심권력을 가진 특정한 영토가 없는 국가는 없다는 것을 보게 된다. 국가의 권위가 뻗쳐 있는 지역의 모든 주민들은 국가에 속한다. 이런 경우 소속은 무엇보다 법적인 의미를 가진다. '국가의 권위'는 '영토법'을 강화하고 강조하는 능력을 의미한다. (만약 국가 자체가 그러한 복종에 주체들을 자유롭게 하지 않았다면) 영토법은 이러한 권위에 속한 모든 주체들이 지켜야 하는 규칙이다. 여기는 시민들만이 아니라 물리적 존재로 그 영토 내 있는 모든 사람들을 포함한다. 만약에 법이 지켜지지 않는다면 그 사람은 범법자로 처벌을 받게 된다. 따라서 좋든 싫든 법에 따라야 할 것이다. 막스 베버에 따르면 국가는 폭력을 정당하게 사용하는 수단에 대한 독점권을 가진다. 그래서 국가는 강압적인 힘을 행사하는 유일한 권력을 주장한다(법을 지키기 위해 무기를 사용하고, 법을 어긴 사람들을 감옥에 넣어서 자유를 박탈하며, 만약 개선의 여지가 없다면 혹은 법 위반의 정도가 아주 심각하다면 처벌의 형태를 죽음으로 하여 궁극적으로 죽임에 처한다). 이러한 경우 사람들이 국가의 명령에 의해 실행할 때, 죽이는 행위는 합법적인 처벌이지 살인이 아니다. 그렇지만 분명히 이러한 해석에는 상당한 논란의 여지가 있다. 물리적 강압에 대한 국가 독점권의 반대 측면인 국가가 권한을 주지 않은 혹은 다른 권위기관에 의해 권한이 부여되지 않은 사람이 행사하는 힘의 사용은 폭력행위로 비난을 받는다. 물론 주목할 것은 국가를 대표해서 행동하는 사람들이 폭력과 테러의 비합법적 행위에 연계되지 않았다고 주장하는 일은 없다는 점이다.

국가에 의해 발표되고 지켜지는 법은 국가 주체의 의무와 권리를 결정한다. 이러한 의무의 가장 중요한 것 가운데 하나는 세금이다—우리는 수입의 일부를 국가에 주어야 하고, 국가는 그것을 여러 용도로 사용한다. 한편 권리는 **개인적**일 수 있다. 만약에 우리 자신의 의견과 신념을 토로할 권리도 없고 권위 있는 국가기관의 결정만으로 지배하는 것이 아니라면, 우리는 신체와 재산의 보호를 포함시켜야 한다. 그 권리는 국가기관의 구성과 정체에 영향을 미침으로 인해 **정치적**으로 될 수 있다. 예를 들어 통치자나 국가기관의 행정가를 뽑는 대표기관의 선거에 참여하는 것이다. 사회학자 T. H. 마샬이 주장한 것처럼 권리에는 또한 **사회적** 권리도 포함된다. 기존의 개인들이 노력함으로써 확보될 수 없는 기본적 생계와 본질적 욕구마저도 국가가 보장하는 권리들이다.

우리가 여기서 주목해야 할 것은 사회적 권리는 영국의 철학자 이사야 벌린(Isaiah Berlin)의 자유에 대한 두 개념, '긍정적 자유와 부정적 자유'와 연결된다는 점에서 재산권리에 도전할 수 있다. '부정적 자유'는 재산 소유에 근거한 침해로부터의 자유를 의미한다. 이것은 사람들에게 그들의 토지와 소유물에 권리를 주는 것이며 그들의 부를 처분하는 수단에 대해 국가가 최소한의 관여만 하는 것을 말한다. 한편 '긍정적 자유'는 단순히 어쩌다가 나올 수 있는 그러한 소유권이 아니라 특정한 권리를 사람들에게 제공하는 것이다. 자선기부는 전자와 관계가 있을 수 있으며, 동시에 부자들은 자신의 수입의 작은 부분을 가치 있는 명분에 쓰기 위해 선택한다. 그렇지만 받는 사람 입장에서 이것은 다른 시민권의 결과로써 '권리'보다는 '선물'의 형태로 온다. 이러한 쟁점은 흔히 권리의 침해 혹은 권리에 대한 주장을 둘러싼 캠페인 슬로건에서 잘 보여주고 있다. 예를 들어 '자선이 아닌 권리' 그리고 '교육은 권리이지, 특권이 아니다' 등이 있다.

권리와 의무의 조화는 개인들을 국가의 주체로 만든다. 우리가 알고 있는 국가 주체가 되는 첫 번째 방식은 아무리 싫어해도 소득세, 지방세, 부가세를 납부해야 한다는 것이다. 그러나 우리는 정부에 불평할 수 있으며 우리의 신체가 위협받거나 재산이 침해되었을 때 정부의 도움을 구할 수 있다. 또한 국가에 의존할 수 있으며 건강서비스(예를 들어 영국 국가건강서비스 NHS는 모든 사람들의 건강보호에 신경을 쓰고 아주 보편적인 경제적 사회적 복지를 위해 더 많은 사람들이 건강을 추구할 수 있도록 설립된 훌륭한 기관임에 분명하다)뿐만 아니라 돈이 없어도 일차 교육과 이차 교육에 접근할 수 있는 기회를 기대할 수 있다.

위에서 알 수 있는 것은 사람들이 보호받으면서 동시에 억압받고 있다고 느끼는 잠재력이다. 우리는 삶의 상대적 평화로움을 즐긴다. 여기서 우리는 평화의 파괴자를 누르기 위해 어딘가에서 대비하는 놀라운 힘에 빚지고 있다는 것을 알 수 있다. 냉전시기 동안 핵시대로 이러한 균형은 MAD(상호 인정된 파멸)로 알려진 과정에 의해 결정되었다. 국가는 허용되는 것과 허용되지 않는 것을 구분하는 유일한 힘이었기 때문에 그리고 국가기관에 의한 법 집행은 그러한 구분을 영속시키고 안정화시키는 유일한 방법이었기 때문에, 국가가 처음에 응징하는 자세를 가지지 않았다면 세계에는 폭력과 무질서가 난무했을 것이라고 믿는다. 우리의 안전과 마음의 평화는 국가권력 때문이며 국가권력이 없다면 우리의 안전과 마음의 평화는 없을 것이라고 믿는다. 그렇지만 많은 경우 사생활에 국가가 지나치게 개입하는 것을 불쾌하게 여긴다. 만약 국가의 **보호**기능이 우리를 무엇인가 하도록 하게 한다면—방해받지 않고 계획이 실행될 수 있다는 믿음에서 우리 행동을 계획하도록 한다면—국가의 **억압**기능은 필요 없는 것으로 느껴질 것이다. 그래서 국가에 대한 우리의 경험은 본질적으로 양면적이다. 즉 국가를 좋아하고 필요로 할 수도 있으며 동시에 싫어하고 원망하기도 한다.

이러한 두 감정이 어떻게 균형을 맞추는가 하는 것은 우리의 환경에 달려 있다. 만약에 우리가 살기 좋아지고 돈이 문제가 되지 않는다면, 보통의 사람들에게 제공되는 것 이상의 건강서비스를 우리 자신을 위해 보장하도록 기대하게 된다. 그래서 영국의 상황에서 국가가 세금을 국민에게 가하고 국가건강서비스 NHS를 운영하는 것에 대해서 국민은 원망할 수도 있다. 한편으로 소득이 그렇게 많지 않아서 독점적 건강서비스를 구매할 수 없다면 아플 때 국민을 보호하는 장치인 국가는 환영받게 될 것이다. 일반적으로 국민국가와 관련된 세금과 편익체계가 여러 다른 방법으로 생활기회에 어떻게 영향을 미치는가를 보는 데 실패할 수도 있다는 것에 주목해야 한다. 우리의 초점은 우리 자신이며 우리가 어떻게 우리 환경에 의해 영향을 받는가 하는 것이다. 물론 이것은 완벽하게 이해할 수 있다. 그렇지만 만약에 의사와 간호사를 훈련시키고 사적 영역에서 요구하는 기술과 지식을 제공하는 국가건강서비스 NHS가 없다면, 영국에서 개인의 건강보호를 감당할 능력이 없는 사람은 어떻게 할 것인가? 마찬가지로 취업시장에 숙련된 지식을 갖춘 개인들을 공급하는 국가의 교육영역이 없다면 경제는 어떻게 효율적으로 운영될 수 있을 것인가?

우리가 이러한 논의에서 알 수 있는 것은 그 상황에 의존함으로써 일부 사람들은 국가 활동의 결과로 자유가 확대되고 선택도 확대되는 것을 경험한다는 것이다. 또한 일부 다른 사람들은 그러한 국가 활동을 구속으로 보기도 하고 선택의 폭이 줄어드는 것으로 생각하기도 한다. 그렇지만 전반적으로 모든 사람들은 가능한 많은 것을 할 수 있어서 좋아하고, 진정으로 필요하게 될 때 억압이 없는 것을 좋아한다. 가능하게 하는 것이 무엇인지 그리고 억압이 무엇인지는 다를 수 있을 것이다. 그러나 통제의 충동이나 적어도 복합적인 구성에 영향을 미치는 충동은 다르지 않다. 국가 활동에 의존하는 우리 삶의 부분이 크면 클수록, 이러한 충동은 더 확대되고 강렬하게 될 것이다.

시민이 된다는 것은 국가가 규정한 권리와 의무를 가진 주체가 된다는 것일 뿐 아니라, 권리와 의무를 특징짓는 국가정책에 대한 결정권을 가진다는 것을 의미한다. 바꿔 말하면 시민권은 이제 국가 활동에 영향을 미치는 능력이다. 그래서 '법과 질서'의 규정과 운영에 참여하는 것이다. 그러한 영향력을 실천적으로 실행하기 위해서 시민들은 국가규제와 관련한 자치권을 즐겨야 한다. 다른 말로, 국민들의 활동에 관여하는 국가의 능력에 제한이 있어야 한다. 여기서 다시 한 번 우리는 국가 활동의 수권적(enabling) 측면과 억압적(oppressive) 측면 사이의 갈등에 직면한다. 예를 들어 국가 활동이 비밀로 둘러싸여 있고 '평범한 사람들'이 통치자의 의도와 행동을 간파하지 못하면 시민의 권리는 완전히 실행될 수 없다. 정부가 시민권에 의해 국가의 목표와 자신의 목표를 혼동하게 되면 국가의 진정한 활동결과를 평가하기 위한 시민들의 접근이 거부되어 시민권을 손상시킬 수 있다.

이런 저런 이유로 국가와 국민 사이의 관계는 자주 긴장하게 된다. 국민들은 국가의 커지는 야망에 협박을 받게 되면서, 시민으로서의 지위를 보호받기 위해 어느덧 자신들이 투쟁하게 되는 것을 발견하게 된다. 이러한 투쟁에 그들이 접하는 주요한 방해물은 규율체계와 관련한 사람들과 국가의 치료적 태도이다. 전자는 국민들을 마치 자신들을 위해 좋은 것을 결정할 수 없는 존재로 보고, 가장 최선의 관심에 따라 행동하지 못하는 존재로 보는 성향과 관련한 것이다. 후자는 의사가 환자를 다루는 것과 같은 방법으로 국가권력이 국민들을 다루는 성향에 관한 것이다. 이런 점에서 국민들은 자신들 스스로 해결할 수 없는 문제에 부담을 갖고 있는 개인들이다. 그래서 요구되는 것이 감시뿐만 아니라 말하자면 환자의 '내부에' 있는 문제를 해결하는 전문적인 안내이다. 의사의 처방에 따라 자신들의 몸을 작동시키기 위해서는 훈련과 감독이 치료법이다.

여기서 우리는 국가의 관점에서 국민들을 규제의 대상으로 보는 경향을 볼 수 있다. 국민을 권리박탈(proscription)과 권리부여(prescription)의 부단한 요구 속에 있는 존재로 볼 수 있다. 만약에 실제로 해야 하는 쪽으로 행동을 하지 않는다면 국민들은 자신들이 있어야 하는 상황과 어긋나는 것으로 국민 스스로가 잘못이라는 것이다. 사회문제를 개인화시키는 이러한 경향은 비대칭적 관계의 배경에서 생겨날 수 있다. 환자가 의사를 선택한다고 하더라도, 즉 의사가 선택받는 입장이라고 하더라도 환자는 의사의 말을 듣고 따라야 한다. 의사는 규정을 알려주는 것이지 의논하는 것이 아니다. 그래서 국가는 시민의 최선의 관심 속에 있다는 것을 암시하면서 국가의 지시를 의심 없이 이행해야 한다는 주장을 정당화한다. 이것은 개인의 의도가 맞지 않아도 개인을 보호하기 위한 **사목권력**(*pastoral power*)의 실행으로 불릴 수 있다.

이러한 과정에서 시민의 선을 위해 정보를 차단할 필요성에 대한 정당화가 있을 수 있다. 이러한 비밀주의의 실천은 국가가 수집하고 저장하며 처리하는 세밀한 정보 속에 넘쳐나고 있다. 물론 많은 것들은 정책결정과 실행에 영향을 주는 정보이다. 그러나 동시에 국가 자체의 활동에 관한 자료도 '공식적인 비밀'로 분류될 수 있을 것이다. 비밀의 누설은 처벌된다. 대부분 국가의 국민들은 그러한 정보 유형에 대한 접근이 거부되기 때문에 접근할 수 있는 극소수의 사람들은 다른 사람들에 비해 큰 이점을 가질 수 있다. 비밀주의의 실천과 함께 국가가 자유롭게 정보를 수집하는 것이 상호관계의 비대칭을 심화시킬 수 있다.

이런 가능성이 발생하게 되면 시민권은 국가가 갖는 명령의 입장에 저항하는 경향을 갖는다. 여기서 관련되어 있지만 방향이 다른 두 가지 노력들이 나오게 된다. 첫 번째는 **지역주의**(*regionalism*)이다. 지역주의는 국가권력을 지역자치권의 적대자로 본다. 지역의 관심과 쟁점의 특수성은 지역 현안의 자치 열망이라는 충분한 이유에서 나오게 된다. 여기에 동반하는 것으로 지역 사람들에게 더 가까이 있도록 하고 지역 관심에 더욱 민감하게 반응하도록 하는 지역대표기관에 대한 요구이다. 두 번째는 **탈영토화**(*de-territorialization*)이다. 여기서 우리는 국가권력의 영토적 토대가 도전을 받고 있다는 것을 알게 된다. 단순히 주거장소 이상의 의미가 있는 것으로 다른 현상들이 등장하게 된다. 예를 들어 민족성, 종교, 언어가 인간 삶의 총체성에 담겨진 더 큰 특성으로 등장하게 된다. 통제에서 떨어져 나온 자치를 위한 권리는 이제 통일된 영토적 권력에서 벗어나 통일성을 위한 압력에 대항한다.

이러한 성향의 결과로 가장 좋은 환경에 있더라도 국가와 국민 사이에 긴장의 잔류와 불신이 남아 있게 된다. 그래서 국가는 국민들이 국가의 명령을 따라야 하는 정당한 이유가 있다는 것을 국민들에게 확신시켜야 하는 **정당성(*legitimacy*)**을 확보할 필요가 있다. 정당성은 국민의 신뢰를 확보한다는 것을 의미한다. 거기에는 국가권력에 복종해야 한다는 확신과 함께 국가권력에서 나오는 무엇이든 따라야 하는 것이 내재되어 있다. 이러한 점에서 정당성은 국가에 대한 무조건적 충성을 발전시키는 것을 목표로 한다. 충성을 통해 '모국'(homeland)에 소속된다는 것은 안전을 보장받는 것이 되고 개별 시민들은 국가의 부를 통해 편익을 볼 수 있고 그렇게 되어야 한다. 이렇게 되면 모국을 사랑하게 되고 확실한 행복을 위해 보편적인 투지로 행동을 이끄는 **애국주의**가 나오게 된다. 합의와 규율의 조화는 모든 시민들이 더 잘 살 수 있다는 생각을 하게 하고, 갈등보다는 합의된 행동이 모든 시민들에게 더 유익할 것이라는 생각을 하게 한다.

만약 애국적인 복종이 이성의 이름으로 요구된다면, 모든 계산이 그 반대 계산을 생각하게 하면서 주장들이 이성의 검증 속에 얽매이게 된다. 적극적인 저항을 불러올 수 있는 이득 없는 비인기 정책의 복종에 대해서도 비용을 계산하게 될 것이다. 그리고 저항이 복종보다 비용이 덜 들

것인지 혹은 손해를 볼 것인지를 알려고 하거나 스스로 확인할 수도 있을 것이다. 시민의 불복종을 단순히 잘못 인도된 사람들의 왜곡된 열망으로 묘사해서는 안 된다. 왜냐하면 그것은 국가 활동을 정당화하는 공간에서도 발생하기 때문이다. 이러한 과정은 거의 결론도 없고 목표도 없기 때문에 이러한 종류의 행위들은 정책이 심하게 억압적인가 하는 지표로써 작용할 수 있다. 이것은 국가, 범죄, 일탈과 같은 문제에 대해 뒤르케임이 특히 강조했던 통찰력이다. 실제로 뒤르케임의 최후 유산은 사회는 활발한 도덕적인 힘이라고 주장했다는 점이다. 물론 도덕적 힘은 경제적 관심과 마찬가지로 국가의 활동과 정책에 의해 손상될 수도 있고 촉진될 수도 있다.

■ 민족과 민족주의

위에서 본 것과 반대로, 민족에 대한 무조건적인 충성은 국가를 향한 규율에 부담이 있는 것과 달리 내적 모순에서 자유롭다. **민족주의**는 이성에 대한 호소도 필요 없으며 계산적이지도 않다. 복종으로 인해 이득이 있을 수는 있지만, 일반적으로 그 자체의 권리 속에 가치가 있기 때문에 복종하게 되는 것이다. 민족에 대한 소속감은 개인을 초월한 강력한 운명으로 이해된다. 그래서 마음 내키는 대로 가입하고 벗어나는 그런 성질이 아니다. 민족주의가 의미하는 것은 민족이 개인 구성원들에게 정체성을 준다는 것이다. 국가와 달리 민족은 공공 관심사를 도모하기 위해 가입하는 결사체가 아니다. 반대로 민족의 단일성, 즉 민족의 공동운명은 모든 관심사항들보다 우선시되고 더구나 거기에 의미를 두려고 한다.

민족의 구성과 민족이 직면한 상황에 의존하고 있는 민족국가는 편익에 따라 자신들을 정당화하려고 노력하기보다는 민족주의의 잠재력을 이용할 수 있다. 민족국가는 민족의 이름에 근거해서 복종을 요구한다. 이러한 형태 속에서 국가를 향한 규율은 목표가 아닌 그 자체가 목적 추구 이상의 가치이다. 그 상황에서 국가를 따르지 않는 것은 법을 어기는 것보다 더 나쁜 것이다. 그것은 민족의 명분에서 배반 행위이다 — 범법자의 존엄성을 빼앗고 인간공동체 경계선 밖으로 내쫓고 증오할 비도덕적 행동이다. 아마도 정당성의 이유에서 그리고 더욱 일반적으로 행동의 통일성을 확보한다는 이유에서 국가와 민족 간에 일종의 상호끌림이 있을 수 있다. 국가는 민족의 권위를 통해 국가규율을 위한 자체의 요구를 강화하려고 한다. 동시에 민족은 민족 자체를 국가와 결속하여 국가의 강력한 힘을 민족의 충성에 맞추려고 한다. 주목할 것은 모든 국가가 민족적이지 않으며 모든 민족이 그 자체 국가를 이루고 있지도 않다는 점이다.

민족이란 무엇인가? 이것은 아주 까다롭고 어려운 질문으로 모든 사람들을 만족시킬 단순한 해답을 가지지 못한다. 민족을 국가를 정의한 것과 같이 한다면 '실재성'(reality)이 없게 된다. 국가는 지도에서 그리고 영토적으로 경계를 분명히 나타낼 수 있다는 점에서 '실재적'이다. 경계는 대체로 힘으로 지켜진다. 그래서 한 국가에서 다른 국가로 임의로 통과할 때, 즉 한 국가에 들어가고 나오게 될 때 제한된 관행을 통해 국가 자체가 실재적이라고 느끼게 되는 아주 현실적이고 구체적인 저항을 만나게 된다. 국가 경계 내에는 법이 있다. 이것은 다시 국가가 '실재적'이라는 것을 알게 하는데, 만약에 법이 없는 듯이 행동하거나 법의 존재를 무시하게 되면 다른 물질적인 실체를 무시하는 것과 같이 범죄인들도 '상처'를 입고 '해'를 입을 수 있다.

민족에 대해서는 똑같다고 할 수 없다. 민족은 '상상의 공동체'이다. 왜냐하면 그 구성원들이 정신적, 감정적으로 집합적 실체와 '동일시'하는 한에서 그 실체가 존재하기 때문이다. 사실 민족은 대개 영토를 영속적으로 차지하고 있다. 민족이 영토를 통해 특정한 성격을 갖게 된다는 주장은 신뢰성 있게 보인다. 그러나 '영토법'에 입각한 국가의 통일체에 의해 부과된 일관성과 비교해보면 민족은 영토를 통해 일관성을 갖는 것이 아니다. 민족은 특정 지역에 주거 독점권을 거의 가질 수 없다. 실제로 특정 영토 내에 서로 다른 민족에 속하고 서로 다른 민족주의에 충성하는 사람들이 나란히 살고 있는 곳들이 있다. 많은 영토에서 실제로 다수파라고 주장할 수 있는 그런 민족은 없다. 하물며 지역의 '민족적 특성'을 규정하는 데 확실한 우위의 입장에 있다고 주장할 민족도 없다.

민족은 대개 공동의 언어를 통해 구분되고 통합되는 게 사실이다. 그러나 공동의 그리고 구분된 언어라고 생각되는 것은 어느 정도 민족주의적(흔히 경쟁적) 결정의 문제이다. 지역 방언은 어휘, 구문, 숙어에서 아주 특이할 수 있으며 상호이해를 거의 방해할 수도 있지만 민족의 통일성을 훼손하는 두려움 때문에 밝혀지는 것을 거부하거나 적극적으로 막기도 한다. 다른 한편에서는 상대적으로 소소한 지역적 차이를 잘 이용하며 그 특징을 과대포장하기도 한다. 그래서 방언을 이질적 언어로 분류하여 가치 있게 보기도 하고 이질적 민족의 특징으로 평가하기도 한다(말하자면 노르웨이어와 스웨덴어 간의 차이, 네델란드어와 플랑드르말의 차이, 우크라이나와 러시아 언어의 차이는 논란의 여지는 있지만 동일한 민족

언어의 다양함으로 나타나는—인정하다면—많은 '국내' 방언의 차이만큼이나 차이가 나지는 않는다). 더구나 일부 집단의 사람들은 동일한 언어를 공유하면서도 여전히 자신들을 다른 민족으로 생각한다(영어를 사용하는 웨일즈인이나 스코틀랜드인을 생각해보라. 이전의 많은 영국 연방국가들이 영어를 사용하고 오스트리아와 스위스가 독일어를 공유하고 있는 것을 생각해보라).

영토와 언어가 민족의 '실재'(reality)를 이루는 중요한 요소가 되지 않는 충분한 다른 이유가 있다. 아주 간단히 말해 어떤 사람은 민족에 속할 수도 벗어날 수도 있다. 즉 민족에 대한 충성이 변했음을 선언할 수 있다. 이주해서 자신이 속하지 않았던 민족으로 주거지를 옮길 수 있으며 다른 민족 언어를 배울 수도 있다. 만약에 거주 영토(이것은 감시받는 경계의 영토가 아니라는 것을 기억하라)와 언어 공동체의 참여(민족 언어를 사용할 의무는 없다는 것을 기억하라. 모든 언어 중 권력자가 인정한 것은 없다)가 민족을 구성하는 유일한 특징이라면, 민족은 아주 '침투성이 있는 것이고', '저급하게 규정되는 것'이어서 모든 민족주의가 바라는 절대적이고 무조건적인 독점적 충성을 요구할 수는 없다.

만약에 민족을 선택이 아니라 운명으로 받아들인다면 민족주의가 요구하는 충성은 가장 설득력이 있다. 그래서 과거에 굳게 정착한 것으로 생각되는 것을 인간의 개입으로 바꿀 수는 없다. 민족주의는 문화의 인위적 특성으로 간주되는 그 이상이라고 여겼기 때문에, 민족주의는 **기원신화**(*the myth of origin*)에 대한 믿음을 갖는 것이 목표이다. 기원신화는 민족주의의 목표를 찾는 데 강력한 도구이다. 이러한 신화가 보여주는 것은 한 때 그것이 문화 창조(cultural creation)였다고 하더라도 역사과정에서 민족은 아주 '자연적인' 현상이고 그래서 인간이 통제할 수 없는 그 이상이라는 것이다. 신화가 보여주듯이 오늘날의 민족 구성원들은 그들이 피할 수 없는 공동의 과거에 묶여 있다. 민족정신은 사람들을 통합시킬 뿐만 아니라, 다른 민족과 그들 공동체에 들어오기를 바라는 다른 사람들을 구분하는 공유하는 독점적 특징으로 간주된다. 미국의 사회학자이자 역사가인 크레이그 칼훈(Craig Calhoun)이 말하는 것처럼 민족의 개념은 '유사한 개인들의 범주와 "초개인적 속성" '으로 만들어진다고 했다.

기원신화 또는 민족의 '자연성'(naturalness)과 민족 소속감에 대한 귀속적 본질적 특성에 대한 주장은 민족주의를 논란 속으로 빠뜨리지 않을 수 없다. 한편으로 민족은 역사의 판정이며 특정한 자연적 현상으로 객관적이고 확실한 현실로써 생각된다. 다른 한편으로 민족은 일부가 자신들의 부류에 있기도 했던 다른 민족으로 인해 통일성과 응집성이 끊임없이 위협받기 때문에 불안하다. 그래서 민족은 민족의 생존을 지키기 위해 '타자'의 침입에 대항하고 끊임없는 경계와 노력을 하지 않을 수 없다. 민족주의는 민족의 보존과 영속성을 지키기 위해—강압을 사용할 권리—권력을 일상적으로 요구한다. 그래서 국가권력이 동원되고 (우리가 본 것처럼) 이것은 강압도구에 대한 독점을 의미한다. 국가권력만이 일관된 행동규칙을 강제할 수 있으며 시민들이 따라야 하는 법을 공표할 수 있다. 결국 국가가 그 정당성을 위해 민족주의가 필요한 만큼이나 민족주의도 그 효율성을 위해 국가를 필요로 한다. 민족국가는 이러한 상호유착의 산물이다.

국가와—민족의 자치정부의 기관으로—민족을 동일시했을 때, 민족주의의 성공전망은 상당히 커진다. 민족주의는 더 이상 설득된다고 주장해서는 안 된다. 그 이유는 국가권력이 공공기관, 법정, 대표기관에서 민족언어의 단일한 사용을 강제하는 기회를 만들기 때문이다. 공공자원은 일반적으로 선호하는 민족문화, 특히 민족문학이나 예술의 경쟁적 기회를 부양하기 위해 동원된다. 그것은 자유롭기도 하고 강제적이기도 한 교육에 대한 통제이기도 하다. 그래서 어느 누구도 배제되지 않으며 그 영향력으로부터 벗어나지 않는다. 보편적인 교육을 통해 국가 영토의 모든 거주민들은 국가를 지배하는 민족의 가치 속에서 훈련받는다. 성공 정도는 다양하지만 이론적으로 요구되는 실천에서, 즉 민족성의 '자연성'(naturalness)에서 성취되는 노력들이 있다.

확산된 문화압력과 국가의 강압적 행동규칙이 있지만 널리 퍼져 있는 교육의 융합적인 효과는 '민족 소속감'과 관련된 생활방식에서 나타난다. 이러한 정신적 연대는 의식적이고 명시적인 **민족중심주의**(*ethnocentrism*)에서 드러날 수 있다. 이런 태도의 특성은 우리 자신의 민족, 그리고 이와 관련한 모든 것만이 옳은 것이며, 도덕적으로 칭찬받을 가치가 있고 아름다운 것이라는 확신이다. 다른 것과 서로 대비했을 때, 대안적으로 제시될 수 있는 것보다 더 우위에 있다는 믿음에서 예를 찾을 수 있으며 더구나 우리 자신의 민족을 위해 좋은 것이 다른 어떤 것들의 관심보다 우위에 있어야 한다는 믿음으로 예시되기도 한다.

민족중심주의는 공공연하게 주장되는 게 아니라 문화적으로 특별하게 공유된 환경에서 자란 사람들과 그런 환경을 편하게 느끼고 안전하다고 생각하는 사람들에게 편재되어 있을 수 있다. 그래서 본질적으로 영속적이다. 말하자면 익숙한 것에서 벗어나게 하는 조건들은 획득된 기술의 가치를 떨어뜨리게 하고 불편함과 애매한 적개심의 원인이 되기도 한다. 그리고 혼란의 책임이 있다고 생각되는 '이방인'에 대해 공공연한 적개심을 갖는 원인이 되기도 한다. 그래서 '그들만의 방식'으로 변화를 갖는다. 여기서 민족주의가 이방인의 습관을 변화시키는 노력을 통해서, 즉 그들을 전향시키고 지배적인 민족문화의 권위에 복종토록 강제하는 노력을 통해서 문화개혁운동(cultural crusade)을 어떻게 고무시키는지 볼 수 있다.

문화개혁운동의 전반적인 목적은 **동화**(*assimilation*)이다. 이 말은 원래 생물학에서 나온 것으로 먹이를 위해 살아 있는 유기체가 환경요소를 동화시키고 '외래'물질을 자신의 몸에 맞춰 변형시키는 방법을 의미하는 것이다. 그렇게 함으로써 생물은 외래물질을 '유사하게' 만들고 다른 것들도 유사하게 되는 것이다. 분명한 것은 모든 민족주의는 언제나 동화에 관한 것이다. 왜냐하면 민족주의를 선언하는 민족으로서 민족주의가 '자연적인 통일성'을 가지고 있다는 것은 처음에 민족의 독특성을 보여주는 신화나 상징을 중심으로 대개 냉담하고 다양한 사람들을 대상으로 해야 했기 때문이다. 특정한 영토에서 국가지배를 성취한 성공한 민족주의가 일부 '외래' 집단의 거주민들과 맞닥뜨리게 되었을 때 동화의 노력은 확실하게 드러나고 내적 모순도 완전히 보여주게 된다. 이 말은 이들이 명확한 민족적 정체성을 선언한 사람들이거나 혹은 문화 단일화 과정을 이미 경험한 사람들에 의해 독특한 이방민족으로 취급되는 사람들이라는 것이다. 이러한 경우에 동화는 이교도가 '참된' 종교로 바뀌어야 하는 것과 같은 개종의 임무로 소개될 수 있다.

역설적으로 개종을 위한 노력은 마음이 내키지 않을 수 있다. 무엇보다 개종에 성공한다는 것은 민족주의적 시각에서 보면 내적 모순의 흔적을 가질 수 있다. 한편으로 민족주의는 자신의 민족과 민족문화의 특성의 우수함을 주장한다. 그러므로 주변 사람들보다 우수한 민족의 매력은 기대를 받게 되고, 민족국가의 경우에는 국가의 권위를 위한 대중의 지지를 동원하게 되며 국가가 도모하는 통일성에 저항하는 권위의 모든 근원들을 차단한다. 다른 한편에서 외래요소가 민족에 유입되어 특히 '크게 환영받아' 쉽게 정착될 때, 주된 민족의 환대하는 태도는 민족의 소속감의 '자연성'에 의심을 갖게 하고 그래서 민족통일의 토대를 빼앗기게 된다. 사람들은 위치를 자유롭게 바꾸는 듯 보인다. 즉 우리가 보기에 '그들'이 '우리'가 될 수 있다. 그래서 마치 민족성은 단순히 선택의 문제인 것처럼 보인다. 그것은 원칙적으로 이전의 것과 다른 것일 수 있으며 심지어 취소될 수도 있다. 동화의 노력을 효과적으로 하기 위해서는—민족주의가 감추려고 하는 내용인—민족과 민족소속감이 불안하고 자의적인 특성을 가졌다는 것을 보여주어야 한다.

일련의 실천으로 동화는 문화개혁운동이 끌어들이고 변화시키려고 노력했던 사람들에 대한 분노를 키우게 된다. 그 과정에서 실천이 질서와 안전에 대한 위협으로 바뀐다. 왜냐하면 그들의 존재를 통해 인간권력의 외부에 있다고 믿었던 것에 도전하고 그것을 통제하게 되기 때문이다. 소위 자연적인 경계는 인위적인 것으로 드러날 뿐만 아니라 나쁘게는 그냥 통과할 수도 있다. 그래서 동화의 행동은 변화를 추구하는 사람들 눈에는 동화된 사람들이 잠재적으로 변절자로 보여질 것이기 때문에 결코 완전할 수 없다. 무엇보다도 그들은 그들 자신이 아닌 것처럼 행동할 수 있다. 목표를 가지고 있음에도 불구하고, 동화의 성공은 경계는 영원하고 '진정한 동화'는 사실 가능하지 않다고 생각하게 될 때 확실하게 된다.

그래서 차이에 대한 인정과 존경은 민족주의적 성향을 지닌 사람들에게는 선택사항이 아니다. 그들이 성공하지 못하면 더욱 강력하고 정복할 수 없는 인종적 방어선으로 후퇴할 수 있다. 민족과 달리, 인종은 공공연하게 흔들림 없이 자연적인 것으로 인식되고 그래서 인간이 만든 것도 아니고 인간의 노력으로 바꿀 수 있는 것도 아닌 구별이다. 흔히 인종은 순수한 생물학적 의미에서 주어진 것으로 예를 들어 개인의 성격, 능력, 성향은 유전적으로 결정된 눈에 보이는 외부적인 특성과 관련이 있다. 그러나 모든 경우에 그 개념들을 유전형질로 보는 것과 연관이 있으며 인종과 연결하면 양육을 통한 변화는 포기해야 한다. 자연적으로 결정된 것은 인간의 조종으로 바꿀 수 없다. 민족과 달리 인종은 동화시킬 수 있는 것이 아니다. 이러한 토대에서 만들어진 경계를 고수하는 사람들 사이에서는 '순수함', '오염'이라는 언어가 분명하게 들린다. 끔찍한 사건을 막기 위해서 외래인종은 격리되고 고립되어야 하며, 무엇보다도 서로 섞이지 못하도록 하기 위해 멀리 이주시켜야 한다. 그래서 '타인종'의 영향력에서 자신의 인종을 지켜야 한다.

비록 동화나 인종차별주의가 서로 다르게 보인다고 하더라도, 같은 근원에서 나온 것이다. 즉 경계설정은 민족주의적 선입견에 내재되어 있다. 한쪽은 내적 모순의 양 극단의 한 측면을 강조한다. 환경에 좌우되면서 한쪽이든 다른 쪽이든 민족주의적 목표를 추구하는 데 전략으로 이용될 수 있다. 그러나 양측은 모든 민족주의적 캠페인에서 잠재적으로 언제나 나타나고 있으며, 서로를 배제하기보다는 서로 후원할 수도 있고 서로를 재강화하기도 한다. 여기서 국가의 권위에서 규정된 것처럼 사회질서의 증진과 영속에 중요한 역할을 하는 민족주의의 힘을 알게 된다. 민족주의는 확산된 이성혐오증(heterophobia)—우리가 앞서 논의했던 다름에 대한 분노—을 '처리한다'. 그리고 이러한 감정은 국가를 위한 충성과 지지를 위해 그리고 국가권위를 위한 규율을 위해 동원된다.

앞서의 수단을 이용함으로 민족주의는 국가권위를 더욱 효율적으로 만든다. 동시에 민족주의는 사회현실을 구성하는 데 있어서 국가권력의 자원을 활용한다. 이러한 방법에는 새로운 이성혐오증이 출현하고 그리고 새로운 기회가 동원될 수 있다. 만약 국가가 강압적인 힘을 독점적으로 지키려고 한다면, 대체로 모든 사적인 예를 들어 민족적, 인종적 폭력과 같은 것을 금지한다. 그 밖의 모든 국가자원과 같이 국가는 민족주의를 유일한 사회질서의 수단으로 활용할 수도 있다. 국가는 민족주의를 유지하고 강화하지만 동시에 자연발생적으로 확산되어 잠재적으로 혼란스럽게 되는 것을 막기도 한다. 민족주의의 잠재력을 동원하는 것은 적절한 국가정책에 활용될 수도 있다. 그러한 예들에는 엄격한 이민법, 강화된 송환제도, 그리고 외관상 대중에게 호소력 있는 이성혐오증을 반영하는 활동뿐만 아니라, 큰 돈을 들이지 않지만 권위를 챙길 수 있는 군사적, 경제적 혹은 스포츠 운동경기의 승리도 민족주의를 동원하는데 포함된다.

요약

우리는 경계의 여러 형태에 대해, 경계가 만들어지는 방법과 그 결과에 대해, 그리고 경계를 위해 어떤 자원을 동원하는지에 대해 논의했다. 각 경우에 사회세계, 자연세계를 보는 방법에 대한 구체적인 결과가 있었다. 문화건설의 활동은 사람들을 통합하는 것뿐만 아니라 환경을 통제하는 것도 목표로 했다. 그러나 이러한 것은 홍수, 지진, 화산폭발, 기근을 통해 환경의 힘을 우리에게 알려주었다. 그렇지만 문화는 행동뿐만 아니라 반응을 보여준다. 우리가 살고 있는 지구와의 관계 그리고 제한된 자원을 생각해보면, 함께 살아가기 위한 적절한 지속가능한 방법은 무엇인가?

이러한 질문을 탐색하면서 우리는 깨끗한 식수를 자연스럽게 생각할 뿐 아니라 에너지 사용에 있어도 놀라운 변화를 발견하게 된다. 이러한 것은 환경에 대한 문화의 결과에 의문을 갖게 하고 민족 간의 자원배분에 대해서도 생각하게 한다. 이와 같은 쟁점들은 다양한 문화를 인정해야 할 필요성에 관한 것이고 다양한 문화 간의 자원배분에 관한 것이기도 하다. 그러므로 그것은 지속가능하지 않은 환경과의 관계를 즐기는 그런 나라를 위협하기 때문에 우리가 얼마나 많이 변해야 하는지가 뜨겁게 논의할 문제라는 것은 놀라운 일이 아니다.

민족으로 돌아가서 국가와 민족은 역사적으로 세계의 대부분이 겹쳐져 있다. 이러한 점에서 국가는 사회에 대한 지배를 재강화하고 국가가 도모하는 질서를 강력하게 만드는 자연스러운 감정으로 이용하고 있다. 각 국가는 소위 자연스러웠던 통일성을 언급하면서, 만들어진 질서를 자축했다. 그래서 그런 상황에서는 강압이 요구되지 않았다. 그러나 우리가 주목할 것은 국가와 민족의 합병이 역사적으로 일어났다는 사실로 인해 그것이 불가피하다고 해서는 안된다는 점이다. 민족적 충성과 특정한 언어와 관습에 대한 애착은 국가권력의 연합에서 나오는 정치적 기능으로 환원될 수 없다. 민족과 국가의 연결은 어쨌든 미리 운명이 정해진 것은 아니다. 그것은 편의성 때문이다. 결과적으로 두 관계의 취약성은 암암리에 또는 공공연하게 비참한 결과인 폭력행위로 드러날 수 있다. 그렇지만 이러한 관계가 과거에 했던 것처럼, 미래에도 그렇게 될 것이며 새로운 모습을 갖겠지만 장래에 유익한 혹은 해로운 결과에 따라 판단될 것이다.

■ **생각해 볼 문제**

1. 자연은 문화 그 자체가 영향을 주는 물질과 다른 것인가?
2. 곡물의 유전적 통제는 인간의 목적을 위해 자연을 통제하는 과정인가?
3. '외국인혐오증'(xenophobia)과 '이성혐오증'(heterophobia)이란 단어는 무엇에 관한 것인가? 일상생활에서 각각의 단어가 적용되는 예를 두 가지씩 들어보라.
4. 시민권, 국가, 민족, 그리고 민족주의 간의 차이는 무엇인가 그리고 각각이 어떻게 서로 연결되는가?

■ **읽어 볼 거리**

Calhoun, C. (1997) *Nationalism* (Buckingham and Minneapolis, Minn.: Open University Press and Minnesota Press). 민족의 경계, 국가, 정체성 그리고 민족주의의 중요성은 오늘날 중요하다. 이 책은 이러한 쟁점을 다루고 있으며 이것이 어떻게 연결되고 여러 다른 방법으로 어떻게 사용되는가를 보여준다.

Delanty, G. (2000) *Citizenship in a Global Age* (Buckingham: Open University Press). 저자는 '시민권'의 개념을 정의하면서 탈

영토화의 의미를 살펴보고 시민권의 ‘코스모폴리탄’ 형태에 대해 주장한다.

Gilroy P. (2000) *Between Camps: Nations, Cultures and the Allure of Race* (London: Allen Lane, The Penguin Press). 근대 시대의 정체성, 민족성, 인종에 대해 탐색한 것으로 우리의 삶이 다른 사람과 개선된 방법으로 살아가는 것을 쟁점화하여 제시한다.

Segal, L. (1999) *Why Feminism? Gender, Psychology, Politics* (Cambridge: Polity). 린 세갈의 저서들은 오늘날의 쟁점에 공감하고 있는데 이 책도 예외가 아니다.

CHAPTER 9

일상생활의 비즈니스: 소비, 기술, 그리고 생활스타일

매일 일상적인 생활에서 우리 각자는 놀라운 능력과 다양한 성격을 보여주고 있다. 먹고, 마시고, 대화하고, 여러 가지 방법으로 우리의 몸을 시간과 공간 속에서 움직이며 행복과 슬픔, 스트레스와 여유의 시간을 경험하고 여러 기술을 이용해서 노동 활동을 하고 마침내 휴식을 취하고 잠을 자게 된다. 이 과정에서 우리는 환경에 영향을 받고 우리 활동에 접근할 수 있는 자원을 배분하게 된다.

일상생활의 사회학자들이 보여준 것처럼 우리가 임무에 잘 적응하고 서로 상호작용을 하는 능력은 암묵적인 지식을 요구한다. 이러한 지식이 없이는 사회생활의 구조가 가능하지 않을 수 있다. 우리는 이러한 것들이 잘못되는 경우를 제외하고는 당연한 것으로 받아들인다. 요즈음 우리의 삶을 이끄는 조건, 희망, 두려움, 열망, 욕구를 생각하거나 혹은 의심하게 만드는 성찰의 순간들이 있다. 이러한 의문의 행동은 일시적이지만 우리 삶의 한 부분으로써 일상적으로 되돌아가기도 하고, 심각한 영향을 미쳐 우리 삶의 경로를 바꾸게 할 수도 있다. 결과가 어떻게 되든 우리의 행동을 성찰하게 될 때 우리 자신은 자기결정으로 이루어지게 된다. 우리는 추구하는 목표에 따라 행동과 행동능력을 가지는 자율적 존재이다. 그러나 이것은 우리가 환경을 조작한다는 것을 가정한다. 그렇지만 환경이 우리를 조종하게 된다면, 혹은 우리가 우리 자신과 타인 그리고 우리가 살고 있는 환경 사이의 상호작용의 산물이라면 어떻게 되는가?

기술, 전문지식 그리고 숙련기능

이런 것들은 기본적으로 중요한 질문들이다. 왜냐하면 우리의 삶을 구성하는 방법이기 때문이고 현실적으로 우리 자신뿐만 아니라 타인들을 위해 무엇을 기대하는가에 대한 것이기 때문이기도 하다. 예를 들어 현재 기술의 혜택을 당연하게 생각하는 나라에 살고 있는 사람들의 환경 주변의 수많은 기술을 보자. 우리는 그러한 기술을 유리하게 이용하고 조작하는가, 혹은 그런 기술에 우리가 의존하게 되면서 독립성이 줄어드는 결과를 갖게 되는가? 우선 기술의 설계, 구입, 그리고 유지에서 우리는 편의를 위해 전기를 다루는 가게, 전기설비, 회사에 완전히 의존하도록 되어 있으며 그것을 만든 전문가나 설계자에게도 의존하게 된다. 컴퓨터를 구매하면 몇 달 지나지 않아 프로세서 속도, 메모리 처리능력이 곧 구닥다리가 되어버린다. 사람들이 이러한 변화와 함께 살아갈 수 있을까? 실제로 변화 없이 살아갈 수 있을까?

이런 식으로 생각해보면 시간이 지나감에 따라 기술에 대한 의존성이 얼마나 커지는지를 알 수 있다. 기술은 불가피하게 작동이 안 되는 경우가 있다. 그럴 때 이전 물건은 '낡아서' 더 이상 고쳐 쓸 수 없다고 하면서 새로운 모델이 시장에 출시되었다는 영업사원의 말을 듣게 된다. 이전 것을 수리해서 쓰는 것보다 새 것을 사는 것이 더 낫다는 말을 흔하지 않게 듣는다. 그러나 여기서 생각하게 되는 비용의 개념은 무엇인가? 원재료에 대한 환경비용과 '쓰레기'가 되어버린 제품의 처리비용은 이런 계산에 포함되지 않는다. 그래서 만약 그런 계산이 우리의 생활스타일에서 기본적인 것으로 고려된다면 물건구매의 순환에 갇히게 된다. 그러나 이러한 것이 소비주의의 유혹과 무관하게 그리고 재화와 서비스 시장을 둘러싸고 성장한 수많은 산업과 무관하게 일어나는 우리의 자유를 증진시키는 선택인가? 심지어 슈퍼마켓에서 들려주는 음악과 소비자 구매유형 간의 관계를 살펴본 연구들도 있다. 소비자들에게 영향을 미치기 위해 남아 있는 기회는 이제 아무것도 없다.

각 기술을 구매하게 되면 새로운 숙련기능이 요구되고 기술은 우리의 일반적 능력을 키울 수도 있다. 그럼에도 불구하고 휴대폰은 얼마나 많은 기능들을 요구하는가? 게임이 휴대폰에 필요한가? 마찬가지로 시장에 나온 컴퓨터 소프트웨어로 기계를 업데이트 할 필요가 있다. 그러나 새로운 기술과 어떻게 상호작용하는지를 배우는 것은 목적을 위한 수단인가 혹은 그 자체가 목적인가? 예를 들어 우리는 둘 다 컴퓨터로 글을 쓴다. 그러나 다른 기기도 갖고 있으며 여러 필요사항에 대응하지 않으면 안 된다. 지그문트의 경우 낡은 워드 프로세서 기기를 갖고 있으며 그것을 바꾸려고 하지도 않는다. 왜일까? 그것은 새로운 소프트웨어를 배워야 하고 또한 그의 관심은 다양한 주제에 관한 더 많은 글쓰기이기 때문에 소프트웨어를 배우는 것이 전체의 목적을 흩뜨릴 수 있기 때문이다. 한편 팀의 경우 최근에 직업을 바꾸었으며, 새로운 일자리가 그에게 요구하는 기대는 기술과 상호작용하는 새로운 방법을 배우도록 하는 것이었다. 그래서 같은 목적을 가지고 있지만, 두 사람이 일하는 맥락과 새로운 기술에 대한 상호작용은 아주 다르다. 우리 모두 이러한 것이 단순히 자유로운 선택의 결과라고 말하지는 못하며, 새로운 기술과의 상호작용도 단순히 일방적인 것은 아니다. 다른 말로 우리의 행동은 기술과의 관계와 일하는 환경에 의해 다양한 방법 속에서 수정되고 속박된다.

각 변화와 함께 우리는 새로운 숙련기능을 알지 않으면 안된다. 그러나 그런 기능들이 우리 삶에 어떻게 영향을 미치는가 하는 것은 우리가 처한 사회적 조건에 달려 있다. 동시에 우리는 각 단계에서 우리의 숙련능력을 더 많이 '요구하는' 더 복잡한 기술들을 여전히 받아들여야 한다. 왜냐하면 우리는 기술의 내적 역할을 이해하기보다 그 기술을 이용하기 위한 다른 이유들을 가지고 있기 때문이다. 작동방식에 대해서 잘 알지 못하고 만약에 고장나더라도 그것을 잘 고치지도 못한다. 결과적으로 고치거나 유지하기 위한 더 정교한 도구가 필요하기 때문에 다른 기술에 더 의존하게 된다. 그러나 그러한 기술과 상호작용하는 방법들을 알아야 하고 그래서 과거의 숙련기능은 낡은 것이 되며 발전 속도에 맞추기 위한 변화의 욕구에 더 의존할 수밖에 없다. 새로운 도구에 맞추어진 이러한 숙련기능은 '오래된' 능력을 쫓아내어 버린다. 그래서 우리의 숙련기능은 새로운 기술의 도구에 빠지게 되고 이것이 우리의 자율성을 크게 성장시킬 것인지 아니면 의존성을 키우게 될 것인지 의심스럽게 한다.

전문지식의 성장은 정보시대와 더불어 나온 전망에 맞추어 기대와 실재 간의 간극을 메우는 것 같다. 아주 넓게 확산되거나 혹은 적어도 주어진 시간의 일정한 범위 내에 갖게 되는 일상의 숙련기능은 이제 세밀한 과학적 연구가 되기 쉽다. 연구과제들은 기본적인 부분들로 나누어지고 각각은 세밀하게 조사하여 필요하면 문제로 부각된다. 모든 문제의 경우 시간이 주어지고 효과적인 설계와 비교를 통한 실험으로 해결하게 된다. 새로운 생산품은 최고의 상품 생산에 참여한 전문가들의 노력의 축적이다. 예를 들어 자동차는 운전자와 동승자의 안락을 최대화하기 위한 다양한 기계장치들로 가득 차 있지만, 또한 특별한 생활스타일을 추구하고 고양시키는 수단으로 시장에서 거래된다.

그렇지만 자동차를 유지하게 될 때, 컴퓨터 조작 엔진이 많아지면서 더 복잡한 정비기계가 필요하게 된다 — 수리비용의 증가는 말할 것도 없다. 정비기사들은 과거엔 진단을 하고 수리를 했지만, 이제 전체 부품을 바꾸는 '조립공'으로 변하고 있는 자신을 발견하게 된다. 왜냐하면 복잡한 기능 또는 '봉합된 부속품' 때문에 수리가 가능하지 않기 때문이다.

선진 산업사회의 삶도 일상의 많은 활동영역에서 위와 같이 변형되었다. 예를 들어 거실의 청소, 잔디 깎기, 울타리 정비, 요리 혹은 설거지도 바뀌고 있다. 이 모든 기능, 즉 각자가 갈고 닦았던 숙련기능은 첨단기술 도구나 기구에 연결된 전문기술에 의해 대체되었다. 손으로 했던 일들을 대체하는 전문기술과 테크놀로지가 필요하게 된다. 또한 우리는 이전의 낡고 잊혀져가는 것을 대신하는 새로운 숙련기능이 필요하다. 이제 올바른 기술도구를 찾아서 작동시키는 숙련기능이 필요한 것이다. 그렇지만 지금 이용되는 모든 기술이 여러 방식으로 이전에 수행했던 일들을 대체하지는 못한다. 많은 사람들의 삶에는 아주 중요한 것들이 있는데 그것을 가능케 하는 기술 없이는 영유할 수 없는 것들이다. 라디오, 뮤직타워, 텔레비전을 생각해보라. 이런 기술의 등장은 이전에 없었던 새로운 가능성을 열었다. 저녁시간에 시트콤이나 드라마를 보면서 시간을 보내는 경우가 이전에는 없었기 때문에 그럴 필요는 없었지만 만약 텔레비전이 없다면 지금은 사람들이 박탈감을 느낄 수 있다. 이전에 존재하지 않았던 욕구가 기술 등장 이후 생겨났다. 이러한 경우 기술이 욕구를 만든 것이다. 이러한 기술적 실체는 이전에 했던 것을 대체하는 것이 아니다. 왜냐하면 이전에 하지 않았던 것을 사람들에게 하도록 하기 때문이다.

전문기술과 테크놀로지가 반드시 우리의 욕구에 부응하기 위해 나타나는 것은 아니다. 전문기술과 생산품을 제공하는 사람들이 우리를 설득해서 자신들이 파는 물건을 우리가 실제로 필요하도록 만드는 경우가 흔히 있다. 그러나 새로운 생산품이 욕구에 잘 맞는 경우에는 새로운 기계장치가 우리를 유혹하지 않아도 새로운 기계의 매력에 만족하게 될 것이다. 그래서 새로운 테크놀로지는 단순히 욕구의 반응이 아니다. 테크놀로지의 출현은 결코 대중의 수요로 결정되는 것이 아니다. 오히려 수요는 새로운 테크놀로지의 이용으로 나타난다. 욕구가 이전에 존재했든 아니든 간에 새로운 생산품에 대한 수요는 그것이 소개된 이후 나온다. 이러한 점에서 수요가 공급을 창출한다는 가정은 공급자의 시장 전략을 통해 수요를 활발하게 한다는 것으로 바뀐다.

소비와 광고

그렇다면 지금까지 새롭고 더욱 깊이 있고 집중적이며 더욱 특수한 전문기술과 정교한 기술설비를 낳게 된 것은 무엇 때문인가? 이에 가능한 해답은 전문기술과 테크놀로지의 발전은 다른 여타의 원인이 필요하지 않은 자기추진, 자기강화의 과정이라는 것이다. 만약 전문가팀에게 연구시

설과 장치를 제공한다면 그들은 조직의 활동 논리에 따라 새로운 생산품과 사업들을 내놓게 될 것이라는 점을 우리는 쉽게 확인할 수 있다. 이러한 논리는 뛰어나려는 욕구, 즉 경쟁자와 비교해서 우수하다는 것을 입증하기 위한 욕구로 특징지어지며, 혹은 작업의 수행에서 과대한 인간적인 관심과 열광으로 나온 것이다. 생산품은 사용을 확신하기 이전에 과학적으로 혹은 기술적으로 받아들이게 된다. 즉 우리는 이런 기술을 가지게 되었고, 어떻게 그것을 이용할 수 있는가? 하는 것이다. 더구나 기술을 가지고 있기 때문에 그것을 사용하지 않는 것은 용서할 수 없을 수 있다.

해결책은 문제를 가지기 전에 나오며 그래서 그들은 해결할 수 있는 문제를 미리 찾게 된다. 그것을 다르게 말하면 전문가의 조언이나 테크놀로지의 대상이 해결로써 필요할 때까지 삶의 어떤 측면은 해결을 요구하는 문제로 인식되지 않는다는 것이다. 그래서 안목 있는 사용자들에게 해당 대상이 사용가치를 가지고 있다는 사실을 설득하는 프로젝트가 동원된다. 여기에 사용자들은 확신을 가지며 그들의 돈을 아끼지 않을 것이다. '무이자' 구매 구호, 특정한 집단을 위한 화려한 광고, 생활스타일 '선택'에 대한 암시, 다른 상품과 구분되는 전략, 일정기간 안에 구매할 경우 '무료 상품' 추가와 같은 것은 판매과정에 동원되는 설득의 전략이다.

이러한 방법을 통해 우리는 전문기술 소비자가 된다. 이것은 입으로 전해지는 구두형태일 수도 있고, 우리가 구매해서 사용하는 테크놀로지 도구에 갇혀 있을 수도 있다. 심지어 전문가들은 자신의 좁은 전문 분야에서 벗어나 모험하게 될 때 초대하지도 않은 전문지식을 우리 삶에 끌어들이거나 우리의 허락 없이 전문지식을 추구하면서 테크놀로지에 복종하게 한다. 예를 들어 일상의 감시를 위해 이용되는 점차 늘어난 정교한 기술을 생각해보라. 어떤 측면에서는 이동의 자유가 커짐에 따라 기술의 등장이 정당화된다. 그러나 그것은 '바람직하지 않다고' 생각되는 특정한 사람들을 배제하는 힘을 의미하기도 하고 이동의 자유를 제한하는 힘이기도 하다. 그래서 극단적으로 그러한 것은 다른 사람의 인위적인 결정에 우리를 무익한 희생자로 만들기도 한다. 그럼에도 불구하고 일상생활에 사용되는 많은 기술은 우리 선택의 범위를 제한하지 않고 크게 발전해왔다. 우리 삶을 더욱 통제함으로써 더 많은 자유를 제공한다는 원칙에서 그러한 것이 판매되고 있다. 대개 우리는 새로운 기술의 출현을 환영하게 되는데 그것은 우리를 더 자유롭고 더 풍요롭게 하기 때문이며 과거의 것을 더욱 빠르고 그리고 싫증나지 않게 만들기 때문이다. 심지어 그들이 하지 못했던 것을 하도록 하거나 이전에 성취할 수 없었던 것을 하도록 만든다.

우리는 이러한 잠재력에 설득될 필요가 있다. 그래서 풍부한 전략과 돈으로 무장한 많은 전문가들이 우리가 듣고 보는 것을 신뢰할 수 있다는 믿음을 전하기 위해 일상적으로 이용되고 있다. 우선 우리가 알고 있는 다른 방법이 있는가? 새로운 생산품과 그 생산품이 갖는 욕구만족의 잠재력 사이에는 욕구가 욕망에 녹아 있는 과정을 유도하는 마케팅이 들어가게 된다. 만약에 욕구를 충족하지 못하게 된다면 잠재적 소비자들은 그들의 열망을 실현하지 못하게 될 것이다. 최근에 제공되는 상품이 만족스러운지 우리는 알 수 없다. 예를 들어 위협이 될 수 있다고 생각하면 그 존재를 우리가 이해하지 못하는 것일 수도 있다. 우리가 '평범한' 비누로 씻을 때, 특수한 세안 로션으로 제거되는 '심한 때'는 제거되지 못하는 경우가 있다. 평범한 칫솔질로 제거할 수 없는 우리 치아에 쌓여 있는 보이지 않는 박테리아는 어떤가? 그래서 매일 가글을 하도록 하는 특수한 용액은 어떤가? 카메라가 생각보다 구식이라는 것을 모르고 사진을 찍었을 때 '정상적으로' 원하는 것을 얻지 못하여 결과를 봤을 때 실망할 수도 있다. 이러한 경우 중요한 순간이 잡힌 더 좋은 사진을 즐길 수 있도록 우리를 훌륭한 사진사가 되도록 만드는 새로운 자동카메라가 필요하게 된다.

이러한 모든 것을 들어보면 우리는 욕구를 만족시킬 수 있는 상품을 원하고 있다. 그런 것에 동일시하게 되면 그렇게 하지 못할 때 뭔가 잘못되고 있는 듯이 보인다. 기회가 나타났을 때 아무것도 하지 않는 것은 우리 게으름의 증거이고 우리가 다른 사람으로부터 갖는 자존감과 존경에서 이탈하는 것일 수 있다. 그런 물건은 우리가 누구인가를 보여주는 지표이고 우리가 무엇이 될 수도 있다는 것을 표시하는 것이기도 하다. 이런 관계를 척도로 생각해보라. 하나의 측면에서 우리는 물건을 목적들에 따라 이용하는 것이다. 척도 속에서 우리가 물건과 상호작용하게 될 때 그 관계들이 수정되는데, 그렇게 되면서 우리는 정체성을 공동으로 형성시키고, 결과적으로 우리의 기술과 성격이 수정된다. 척도의 다른 측면에서 보면 사물은 아주 다양하다. 이러한 입장은 마샬 맥루한에 의해 잘 표현되었다. 그는 전자미디어와 커뮤니케이션의 성장과 관련한 핵심 분석가이면서 해설가로, 우리가 피할 수 없다면 사회자체는 새로운 기술의 포용에서 벗어날 수 없다고 보았다. 그래서 '일관되게 이런 기술을 모두 포용함으로써 우리는 불가피하게 우리 자신을 보조매체(servomechanism)인 그런 기술과 관계하게 된다'고 하였다.

대부분의 경우 어떤 것을 획득한다는 것은 그것을 구매한다는 의미이다. 훌륭하고 정교하고 효능 있는 것들은 상품으로 만들어져 시장에서 돈으로 거래된다. 일부 사람들은 이윤을 내기 위해 상품을 우리들에게 판매하길 원한다. 이를 위해 우선 돈을 주는 행위가 가치 있는 것임을 우리에게 확신시켜야 한다. 이것은 상품이 **사용가치**(*use value*)를 갖는 것이고 이를 통해 **교환가치**(*exchange value*)를 정당화하는 것이다. 사용가치는 상품이 인간 욕구를 만족시키는 유용성과 연관이 있으며, 교환가치는 다른 재화나 서비스로 그 물건이 교환될 수 있는 능력이다. 자신의 제품을 판매하기를 원하는 사람은 과거의 제품이 시대에 뒤떨어지고 낡고 조악한 것이라고 하면서 자신의 상품이 우수하다는 것을 보여주려고 한다. 이제 우리가 지적한 것처럼, 제품에 대한 욕구가 일어나야 하고 동시에 구매할 때 입게 되는 손해라는 생각이 그 상품을 구매하고자 하는 욕구에 묻혀 나오지 못하게 해야 한다.

이런 과정의 핵심은 광고이며 광고는 두 가지 효과를 목표로 해야 한다. 첫째, 우리 자신의 욕구에 대한 우리 자신의 이해와 그 욕구를 만족시켜줄 기술이 적어도 문제거리가 되어서는 안 되고 문제가 되더라도 적당해야 한다. 결과적으로 우리는 진정으로 원하는 것이 무엇인지 그리고 문제를 다루기 위해 무엇을 해야 하는지 잘 판단하지 못한다고 생각한다. 둘째, 우리의 무지나 빈약한 판단을 다루기 위한 신뢰할 만한 방법인 해결책이 존재한다는 것이다. 이러한 두 가지 목표를 바탕으로 특수한 소비 집단을 겨냥해서 통상적으로 적용하는 수많은 설득 기술과 정보의 전파 사이에 미세한 구분이 있다는 것을 알게 된다. 예를 들어 광고방송에서 '구식' 방법을 적용해서 자신의 일을 이룩하려는 사람들은 웃음거리의 주인공이 될 수도 있거나 아니면 반대로, 매매제품이 그들의 꿈을 실현시키는 수단으로 팔리는 수도 있다.

이러한 형태의 광고는 판매되는 제품의 신뢰성을 입증하는 믿을 수 있는 권위를 사용한다. 그러한 권위는 여러 가지 방법으로 구체화될 수 있다. 예를 들어 냉정한 과학자가 제품의 특성을 분석해서 특정한 목적으로 지불한 비용에서 갖는 영향력에서 벗어나 설명하는 것이다. 자동차 기술의 경우 예전에 레이싱 운전자였던 신뢰할 만한 전문가라든가, 일부 금융 또는 보험 상품의 불안에 대해 말하는 '거리의 사람들'과 같이 친절하게 호의를 보이는 사람들의 증언, 양육의 경험이 있는 주부의 보증에서 나온 생산품의 신뢰, 제품과 관련한 직업군에 속하는 노련한 전문가의 이용, 고객들이 보기에 수백만 사람들에게 알려진 유명한 사람들이거나 그리고 끝으로 생산품이 지금까지 억압받고 있었던 사람들을 해방시킬 수 있다는 것을 보여주기 위해 빠른 자동차를 운전하는 신부나 수녀처럼 어울리지 않는 사람들을 나란히 위치시켜 주의를 끌어 차이를 제시하는 것 등이다. 이러한 것들은 설득의 기술자인 광고자들이 수용자들에게 상품의 수요를 일으키도록 유혹하기 위해 노력하는 무수한 방법의 일부이며 그 결과를 내기 위해 많은 시간과 돈이 투입된다.

광고 카피나 상업방송은 특정제품을 구매하도록 한다. 이러한 광고와 방송으로 인해 상품과 시장(백화점, 쇼핑몰)에 대한 관심은 증진되고, 상품을 소유하고자 하는 욕구를 만들 뿐만 아니라, 시장에서 상품을 찾도록 만든다. 일반적인 관심이 그렇게 빨리 정착이 되지 않는다면 그리고 쇼핑이 삶의 일상적인 사실이 된다면, 상업방송의 메시지는 우리의 행동에 거의 영향을 미치지 못할 것이다. 다시 말해 광고업체의 '설득 노력'은 이미 만들어진 소비태도에 호소력을 갖는 것이어서 광고는 태도를 재강화하는 것이 된다.

이런 태도의 인정은 일상의 생활을 미리 구체화되고 명확히 규정할 수 있는 일련의 문제로 간주한다는 것을 의미한다. 그래서 선택에 맞춰 행동하게 된다. 다른 말로 통제에서 벗어나지 않는다. 심지어 그러한 상황이 일어나게 되면, 개선방법들이 있고 심지어 그 결과들을 수정하게 된다. 여기에서 책임감을 가지며 죄책감이나 부끄러움은 없다. 즉 현실적이거나 잠재적인 문제들을 무시해서는 안 되는 개인의 의무라는 점에서 그렇다. 그래서 모든 문제의 경우에 쇼핑을 통해 돈으로 재화와 용역을 교환하기 위해 필요한 개별 소비의 요구에 맞는 해결책이 있다. 만약에 지금 당장 그렇게 할 수 없다면, 그들의 수입에 맞는 여러 가지 계획을 통해 나중에라도 언제든 구입할 수 있다. 그것을 소유하면서 갖는 권력은 차치하더라도, 중요한 초점은 그러한 물건을 찾는 기술을 획득하는 노력이 삶의 양식을 배우는 과제가 되었다는 것이다. 정체성을 통해 드러나는 태도, 즉 쇼핑기술과 구매력은 서로 연결되어 있다. 주부의 정체성은 자신의 즐거움이면서 가족의 욕구를 만족시키는 가장 좋은 세탁기와 세제를 어디서 찾을 수 있는가 하는 능력과 연결될 수 있는데 그것은 광고와 연관된다. 광고를 이용하는 주부의 정체성은 제품을 구매할 수 있는 능력과 연결되어 있다. 타자의 인정을 받고자 하는 욕구와 형태는 구매를 통한 정체성, 욕구, 제품, 수행과 만족을 연결하는 소비자의 설득과정에서 구분된다.

소비자의 태도는 삶과 시장(marketplace) 사이에 외관상 뒤엉킨 관계에 관한 것이다. 그것은 일상적인 욕구를 지향하며 사람들이 구매할 수 있는 도구나 전문기술을 찾으려는 각각의 노력을 지향하기도 한다. 광범위한 생활환경에 대한 통제 — 대부분 우리들이 획득할 수 없는 것 — 의 문제는 원칙적으로 대다수 소비자들의 영역 내에 있는 소규모 구매 행위의 대부분에 적용된다. 이런 점에서 **사회적**으로 공유하는 것은 **공공적**이라고 할 수 있지만, 공공적이라고 생각되지 않는 쟁점들은 **사사화**되고 **개별화**된다고 할 수 있다. 그래서 모든 사람들은 목적을 위한 수단에 평등하게 접근할 수 있는 것처럼 보이며, 우리가 살고 있는 환경이 이런 과정에서 기본적으로 중요하지 않는 것처럼 보일 때 자신들의 단점을 극복하기 위해 그들은 자신과 자신의 삶을 개선시키는 것을 의무로 삼는다. 그래서 참을 수 없는 교통 소음은 그것을 막기 위한 이중창을 촉진시켰고, 오염된 도시의 공기는 약이나 안면마스크의 구매로 대비하게 된다. 일이 많은 부인과 어머니의 억압적인 환경은 진통제 혹은 항우울제로 개선되고 반면에 대중교통의 황폐화는 자동차 구매로 바뀌면서 소음, 오염, 그리고 혼잡과 스트레스를 더하게 된다. 이러한 상황은 소비자 주권을 지지하는 '선택의 자유'라는 기준을 통해 언제나 나타날 수 있다.

생활스타일, 생산품, 시장

우리의 삶은 개인적인 일로 꾸며져 있다. 개인적인 것에 벗어난 사항에 관심을 갖는 것은 우리 자신이 놓인 상황에 대한 책임감을 부인하는 것으로 생각된다. 소비자로서의 활동은 우리를 개인적으로 만드는 것이지만, 우리가 만들고 생산하는 것은 언제나 타자와의 관계에서 발생한다. 출산(reproduction)은 사회에서 일어나는 가장 중요한 것이다. 왜냐하면 출산이 없으면 미래세대도 없을 것이고 경제도 붕괴될 것이기 때문이다. 그러나 일반적으로 경제에서 부성과 모성에 대한 인식은 무엇인가? 이것은 소비태도로 바뀌는데, 책임 있는 양육은 가장 최신의 유아제품 구매이기 때문이다. 이러한 메시지는 우리가 구매해서 소유하는 것이 우리 자신의 구성이라는 것이다. 당신이 무엇을 구매하는지, 왜 그것을 구매하는지, 어떤 가게에서 구매하는지를 우리에게 말하면 당신이 누구인지 그리고 무엇이 되길 원하는지 알 수 있다. 우리의 문제를 취급하는 것이 점차 개인화되는 것처럼 개인 정체성의 형성도 역시 그렇게 된다. 자기주장, 자존심, 그리고 구체적인 인물로 만들어가는 과제는 자신만이 하는 것이다. 우리의 위치는 정체성, 근면성, 그리고 고집으로 보여지고, 행동의 결과가 무엇이든 간에 우리를 통해 설명할 수 있다.

이런 일에 우리는 교묘하게 도움을 받고 있다. 왜냐하면 선택 가능한 많은 모델들이 있고 내일 더 많은 모델이 등장하기 때문이다. 그런 모델들을 모아서 완전하게 되는 것이다. 즉 그런 것은 순수한 DIY '합성정체성'(identikits)이다. 정교하게 만든 광고를 통해 설득의 기술자가 우리에게 하나의 특정 욕구에 만족하는 하나의 특정 상품을 제시할 때, 대체로 그들이 '원래' 속한 생활스타일의 모습과는 다르게 보여주게 된다. 브랜드 맥주를 마시는 광고에 나오는 사람들의 의상, 언어, 취미 그리고 신체 체형을 고급 브랜드 향수, 값비싼 자동차, 또는 개나 고양이 음식을 소개하는 방송광고의 사람과 비교해보라. 판매되고 있는 것은 제품의 가치가 아니라 특수한 생활스타일 내에서 경계를 짓는 상징 의미이다.

모델은 유행(*fashion*)에 따라 달라진다. 모든 충족감은 소비와 생산의 적이다. 충족감의 수레바퀴가 계속 앞으로 굴러가려면 소비자의 태도가 욕구에 대해서는 냉정해야 한다. 만약에 사용에 의해서만 제품을 소비한다면 시장활동은 곧 멈추게 될 것이다. 이러한 것을 막는 것은 유행현상이다. 사물이 폐기되고 대체되는 것은 그것이 쓸모가 없어서가 아니라 유행에 뒤쳐지기 때문이다. 그래서 제품은 외양으로 인정받는 것이다. 취향이 구식인 소비자가 고르고 획득한 재화에 대해서 평가할 때, 그 자체 상품의 소유자로는 존경받을지 몰라도 책임 있는 소비자로서의 지위에는 의심을 받게 된다. 소비자의 지위를 유지하기 위해서는 시장의 변화에 따라 가야 하고, 그런 지위를 갖는다는 것은 사회적 능력을 재확인하는 것이다 — 말하자면 다른 많은 소비자들이 똑같이 따라할 때까지 그렇다는 것이다. 이 정도까지 되면 원래 구별을 위해 만들어진 유행제품은 '공유하게' 되어 '통속적'이 되면서 다른 무엇인가로 대체를 바라는 열망 속에서 유행에서 벗어나게 된다.

모델은 특정한 사회 범위 안에서 만족하는 인기 정도에 따라 달라지고, 그것을 가진 사람들에게 부여될 것 같은 존경심 정도에 따라 달라진다. 그래서 모델은 소비자가 자신을 발견하게 되는 사회적 위치에 따라서 다양한 주목을 받게 된다. 기존의 모델을 선택해서 그에 필요한 장신구를 구매해서 공들여 애용하게 되면, 그런 모델을 인정한 집단에 소속된 것으로 이미지를 그리게 되고 그것이 하나의 트레이드마크가 된다. 즉 소속되었다는 것을 보여주는 가시적인 표시가 된다. 자신이 특정 집단의 가시적 구성원이 된다는 것은 그에 맞는 표시들을 착용하고 소유하면서 드러나게 된다. 예를 들어 고유의 의상을 입는다거나, 정확한 CD를 듣고, 인정하는 TV 프로그램과 영화를 보고 토론하는 것과 같은 것이다. 침실 벽은 집단들이 정한 장식으로 꾸며야 되고 저녁시간은 특정 장소에서 보내고 행동이나 대화유형도 특정한 형태를 갖는 것이다.

우리의 정체성을 찾기 위해 우리가 참여하는 '부족'은 탐험가들이 '먼 지역'에서 발견했던 그런 사람들과는 완전히 다르다. 그들이 사용하는 상징을 구매해서 그들과 유사하게 되려는 종족에 참여하는 것은 자신을 다른 집단과 구별하는 것이면서 동시에 자신의 정체성을 강조하고 혼란을 피하려는 것이다. 대리품으로 자신을 규정해서 — 자신의 정체성을 그들의 구성원들에게 받아들여지게 하는 것이다. 그럼에도 불구하고 여기서 유사성은 중단되고 결정적인 차이가 시작된다. 왜냐하면 이러한 소비지향의 **신부족들(*neo-tribes*)**은 경험자들이나 자문들을 위한 의사결정기구도 없으며 가입과 탈퇴의 권리를 결정하는 가입위원회도 없기 때문이다. 출입을 통제하는 게이트키퍼도 없으며 경계 지킴이도 없다. 그들은 권위기관이 없다. 즉 구성원들의 행동을 수정할 수 있는 법정이 없다. 간단히 말해 통제형태가 다르고 집합적 수준에서 동조를 이끌어내기 위해 유도하지도 않는다. 그래서 옷을 바꿔 입고, 벽면을 다르게 장식하며, 여가시간을 여러 장소에서 보냄으로써 또 다른 신부족으로 자유롭게 옮겨 다닐 수 있다.

이러한 변화는 우발적으로 나올 수 있다. 무엇보다 신부족이 공식적인 방법으로 가입을 제한하지 않는다면, 다른 것이 그것을 해야 한다. 즉 시장(*market*)이다. 본질적으로 신부족은 생활스타일이고 이것은 소비 스타일과 관련이 있다. 소비에 대한 접근은 시장을 통해 이루어지고 상품구매 행동으로 이어진다. 우선 구매를 통해 소비가 이루어진다. 구매제품들은 인정 가능한 생활스타일의 틀로 정렬된다. 만약에 어떤 사람이 특정한 생활스타일에 잘못 연결되면, 무시당하거나 매력과 위신을 잃게 되고, 눈길을 끌지 못하고 경멸을 당하며 심지어 품위까지 떨어질 수 있다. 실제로 운동화를 잘못 신으면 학교에서 놀림을 받는다. 모든 사람들에게 열려 있는 선택마저도 행사하지 못하는 부족한 사람들은 어떠한가? 그들은 선택할 여유가 없으며 소비행동도 제한을 받는다. 소비지향의 사회에서 가난이란 조건에 갇힌 사람들을 둘러싸고 있는 침묵은 무시된다.

신부족들이 크게 확산되어 다양한 생활스타일을 이용하는 것은 우리들의 삶에 사실 아주 애매한 결과를 가져온다. 한편으로 우리는 자유의 한계를 완전히 무너뜨리는 것을 신부족을 통해 경험한다. 우리는 개인적 특질이 변화하는 데 자유로우며, 우리가 무엇을 원하는지 그리고 우리 자신이 어떻게 될 것인지를 선택한다. 꿈이 기존의 혹은 잠재적 사회적 지위와 어긋난다고 해서 우리를 물러서게 하지는 않는 듯하며 꿈이 잘못된 것도 아닌 듯하다. 이것은 강압으로부터의 해방과 같은 것이다. 이러한 것은 신나는 경험이며 원칙적으로 우리의 손이 닿는 모든 것에 가능한 것이고, 모든 조건을 최종적으로 번복할 수 있다. 그럼에도 불구하고 새로운 도착점은 그것이 영속적이든 일시적이든 우리가 과거에 자유를 행사했던 방법과 같은 결과로 나타난다. 그래서 우리가 어디에 있는가에 따라 비난을 받을 수 있으며, 또한 우리가 소유한 물건을 통해 타자가 인식하는 만족감의 정도에 따라 찬사를 받기도 한다.

우리는 모두가 '자수성가한(self-made persons) 사람'이다. 만약에 그렇지 않다면 우리는 원하는 사람이 될 수 있는 잠재력을 가지고 있다. 다시 말해 우리는 우리 자신이 생각하기에 우리의 야망을 줄이기 위한 정당성은 없으며 우리가 직면한 속박은 개인의 자격으로 우리 내부에 있는 속박이다. 즉 서로에게서 나오는 고립이다. 그래서 우리는 도전에 직면하고 그 도전의 성공을 방해하는 것은 개인 태도의 문제이다. 모든 생활스타일은 도전이다. 만약에 도전이 흥미롭고 자랑스러운 것이라면, 즉 우리 자신을 더욱 즐겁고 존경할 만한 것으로 만든다면, 우리는 부족감을 느낄 수 있다. 우리는 거기에 반해서 빠져들게 되고, 거기에 속하기 위해 최선을 다할 것이다. 현재의 생활스타일은 매력을 잃게 되고 한때 가졌던 만족감은 더 이상 갖지 못한다.

생산과 소비의 원동력은 만족의 위험을 벗어난 열광적인 활동으로 추진되기 때문에 올바른 생활스타일의 방향을 찾는 노력을 막지는 못한다. '우리가 원하는 것을 성취하고 마침내 그것을 누리고 여유를 부린다'고 할 수 있는 시점은 언제인가? 이러한 것이 성취되면 또다시 새로운 유혹들이 수평선 너머에서 나타날 것이고 성취를 축하하는 것도 무료한 만족에서 나온 관용처럼 느끼게 된다. 획득할 수 없는 것을 선택하려는 이러한 자유의 결과는 영원히 박탈의 상태로 남기 때문에 비난을 받는다. 항상 새로운 유혹을 쉽게 이용하려는 것과 그것에 접근하려는 것은 그것에 대한 성공과는 벗어나 있다. 하늘 끝이 그 한계라고 했을 때, 우리를 만족시킬 만큼 충분히 즐겁게 여겨지는 목표는 지구상에 없다. 공개적으로 자랑할 만한 생활스타일은 수도 없이 천차만별일 뿐만 아니라 또한 그 가치면에서도 다양하게 나타나고 그 실천자들도 다양하게 구별된다. 우리 자신의 계발에서 최선에 못 미치는 것에 만족하게 될 때, 우리는 명망 있는 사회적 지위를 갖지 못하는 열정 없는 자기-계발 노력의 자연스러운 결과라고 믿을 수 있다.

이야기는 잠재적인 접근성에서 끝나는 것이 아니라 가시성에서 나오는 유혹으로 결말난다. 다른 사람의 생활스타일이 우리를 유혹할 정도로 아주 가까이 있고 일정한 영역 안에 있다면 비밀스럽게 실천할 수 없다. 더구나 신부족은 견고한 벽으로 보호받는 요새 내에 살고 있는 것이 아니기 때문에 아주 매혹적으로 공개되고 권유하는 듯 보인다. 그래서 쉽게 접근할 수도 있고 들어갈 수도 있다. 이러한 것과 반대로 진입이 자유롭지는 않다. 왜냐하면 어디가 출입구인지 보이지 않기 때문이다. '시장의 힘'과 같이 일상적인 용어의 일부로 말해보면 그것은 유니폼도 입지 않고 있고, 엉뚱한 행동에 대한 성공이나 실패에 대한 모든 책임을 부인한다. 예를 들어 글로벌 시장의 힘의 결과는 일의 상황에 대한 묘사에 있을 뿐만 아니라, 누구도 책임지지 않는 결과로 보일 수 있으며 또한 태도와 조직에 있어서의 변화가 필요하다는 반응이 요구될 수 있다. 반대로 욕구와 욕구만족에 대한 국가의 통제는 가시적으로 머물 수밖에 없지만, 공공의 저항에 쉽게 무너지고 개혁을 목표로 하는 집합적 노력의 쉬운 표적이 되기도 한다.

물론 여러 다른 나라에서 글로벌리제이션 결과에 대한 반대운동에서 보여주는 것처럼 예외가 일어나기도 한다. 그러나 효과적인 집합 저항이 없는 곳에서 불운한 행상인은 자신의 원하는 것을 차지하지 못하는 능력에 대해 간단히 자신의 실수였다고 믿어야 한다. 개인에게 경쟁은 너무 치열하다. 그래서 개인이 일부가 되는 사회에서 그들은 자신에 대해 신뢰하는 맘을 잃는 위험을 낳는다. 즉 자신의 성격, 지혜, 재능, 동기 그리고 끈기마저도 잃게 된다. 비난의 내면화는 자기 반성에서 분명하게 나타나게 되고, 만약 비용을 지불할 수 있고 서비스에 접근할 수 있다면 자신의 잘못된 성격을 고칠 수 있는 전문가의 도움을 찾게 될 것이다. 이러한 과정에서 갖는 결과는 무엇인가?

전문가와 상담하는 동안 의심은 구체화된다. 개인이 행동할 수 있는 것을 뛰어넘는 어떤 원인에 대한 확인은 탐닉(indulgence)으로 생각된다. 왜냐하면 그것을 고칠 힘이 개인에게 없기 때문이다. 내적인 결함, 즉 처음부터 의심할 것도 없이 기회를 이용하지 못한 패배자라는 피폐한 자아 속에 감춰진 무엇인가가 드러날 것이다. 좌절에서 나온 분노가 넘쳐나서 세상 바깥으로 향할 것 같지는 않다. 의도된 방향을 막는 보이지 않는 문지기들이 비가시적으로 남아서 이전보다 더 방어할 것이다. 예정대로 그들이 아주 매혹적으로 그리는 꿈의 상태는 결과적으로 신빙성이 없지는 않을 것이다. 그래서 그들이 잘못 채택한 생활스타일의 회고적 가치를 비난하는 데서 오는 위안은 성공하지 못한다. 주목되는 것은 그들이 목표로 삼은 것은 아니지만 분노를 낳게 되는 더 우수하고 만족스런 목표에 대한 실패는 그것을 획득한 것을 자랑스럽게 생각하고 그들 업적의 상징으로 생각하는 사람들에게 전파된다는 점이다. 그러나 그것은 개인적인 반응으로 나타날 수 있으며, 그것이 자신도 일부가 되는 사회조건에서 나왔을 때 자신들의 행동에 완전히 책임을 져야 한다. 이러한 말에 대해 이해하려는 노력은 그런 문제를 장기적으로 해결하려는 건설적인 시도에 반하기 때문에 그들 행동에 대한 변명으로 받아들여진다.

심지어 가장 정교한 생활스타일도 시장에서 성공적으로 거래되려면 그것을 보편적으로 이용할 수 있어야 한다. 그것을 확보할 수 있다는 것은 가장 매력적이며 필수적인 조건이다. 소비자는 찾는 모델을 가질 수 있음으로 해서 쇼핑 동기와 관심을 고무시킨다. 게다가 그 모델을 단순하게 눈여겨보는 것이 아니라 실천적인 행동의 정당한 대상으로 갖고 싶어야 한다. 시장이 그것을 포기하지 못하도록 하는 이러한 과시의 형태는 사회적 지위를 결정하는 자유로운 능력을 보여주는 소비자의 평등을 의미한다. 그러한 예상된 평등에 의해서 타자들이 즐기는 재화를 획득하는 데 실패한다는 것은 좌절과 분노의 감정을 만들게 된다.

이러한 실패는 피할 수 없는 것 같다. 대안적인 생활스타일에 대한 현실적 접근은 유망한 실천가들이 지불하는 능력을 통해 결정된다. 아주 단순히 보면, 일부 사람들은 다른 사람들에 비해 돈을 더 많이 가지고 있고 실천적인 선택의 자유도 더 많이 가지고 있다. 특히 돈을 많이 가지고 있는 사람들은 시장의 놀라운 효과를 경험하는 수단을 더 많이 가지고 있는 사람들로서, 가장 칭송받고 주목받는 그래서 가장 위신 있고 존경받는 스타일을 취할 여유가 있다. 그러나 이것은 동어반복이다. 즉 그것을 설명하려는 것과 동시에 그것에 대해 말하는 것을 통해 사물을 규정하는 진술이다. 이러한 것이 일어나는 것은 아주 큰 부를 가진 상대적으로 몇 사람만이 획득할 수 있는 스타일의 경우 동시에 가장 뛰어나고 가치 있는 것으로 보이기 때문이다. 그들의 희소성은 존경받는 것이고 실제적으로 접근 불가능한 것이어서 이중적이다. 그래서 그런 것을 획득해서 자부심에 가득 차게 될 때, 독점적이고 예외적인 사회적 지위의 확실한 징표로 보이게 된다. 그것은 '가장 훌륭한 생활스타일'의 보유자로 '가장 훌륭한 사람'의 표시이다. 상품이나 그것을 사용하는 사람 둘다 — 주요한 사용 가운데 하나임을 드러냄으로써 — 그들이 정확히 서로 '연결'되어 있음으로 누리는 높은 존경심을 갖는다.

모든 상품은 가격표가 있다. 이러한 가격표는 잠재적인 고객군을 형성한다. 가격표는 기존의 고객이 한도를 넘을 수 없는 현실적, 비현실적 그리고 실현가능성에 대한 경계를 설정한다. 시장이 도모하고 광고하는 외양상의 기회평등의 이면에, 선택의 실천적 자유라는 세밀하게 분화된 고객의 실천적 **불평등**이 있다. 이러한 불평등은 억압과 동시에 자극으로 느껴진다. 그것은 박탈이라는 고통스러운 경험을 낳는다. 이전에 우리가 조사했던 자기-존중감에 대한 끔찍한 결과를 동반한다. 또한 자신의 소비능력을 키우기 위한 질투 섞인 노력을 자극하기도 한다 — 이 노력은 시장에서 제공하는 중지할 수 없는 수요를 충족하기 위한 것이다.

시장이 갖는 놀라운 평등의 지위에도 불구하고, 시장은 소비자가 만든 사회 속에서 불평등을 낳게 되거나 불평등으로 되돌아가 버린다. 전형적인 시장-유도의, 시장-기여의 불평등은 살아 있으며, 가격 메커니즘에 의해 영원히 재생산된다. 시장화된 생활스타일은 수요에 의한 구분을 낳게 되는데, 그 이유는 가격표로 인해 능력이 안 되는 소비자들을 밀쳐내기 때문이다. 바꾸어 말해 이렇게 구분을 낳는 기능은 높은 가격에 따른 매력과 그것을 지지하는 데 따른다. 종국에 가서는 모든 소비자 선택의 가정된 자유와 함께 시장화된 생활스타일은 공정하게 혹은 무작위로 분포되지 않았다는 것을 드러낸다. 즉 시장화된 생활스타일은 사회의 특정 부분에 집중되는 경향이 있으며 사회적 위치를 드러내는 표시 역할을 한다. 가게에서 이용할 수 있는 모든 항목이 정렬되었다고 하는 사실만으로 평등이 갖춰졌다고 할 수는 없다. 그러나 이것은 어느 정도 이미 자리 잡고 있고 대개 물려받은 고정불변의 사회적 위치에 있는 사람들이 소유하고 있을 때보다는 상대적으로 가난하고 박탈된 사람들의 경우에 참는다고 하지만 견디기 어려운 것이다. 업적능력을 주장하는 이면에 불평등한 지불능력의 분배에 따른 귀속적 능력의 현실이 모든 영역에 놓여 있다는 것이다. 이러한 의미에서 그런 것을 개선하는 노력들은 단지 재분배를 통해 이루어질 수도 있을 것이다.

시장은 수입과 부의 불평등 속에서 번성한다. 그러나 불평등의 차이를 인식하지는 못한다. 불평등의 모든 수단은 거부되지만 가격표는 그렇지 않다. 재화는 그 가격을 지불할 능력이 있는 사람에게는 접근할 수 있어야 한다. 구매능력은 시장에서 인정할 수 있는 자격이다. 이러한 이유 때문에 시장지배의 소비사회에서 다른 모든 귀속적 불평등에 대한 저항은 전례가 없는 모습이다. 특정 민족집단에 속한 사람이나 여성들의 가입을 거부하는 배타적 클럽, '피부색깔이 다르다'는 이유로 출입을 금지하는 레스토랑이나 호텔, 같은 이유로 부동산거래를 거부하는 중개소, 모든 것은 비난받을 수 있다. 사회차별을 반대하는 시장의 압도적 힘은 모든 경쟁자들을 겉으로는 무력하게 할 수 있다. 아주 단순히 말해 돈으로 살 수 없는 것은 없다. 시장은 특수한 가치와 편견이 일어나는 것을 가정하지 않는다. 그러나 책임 있는 모든 사람들이 받아들여야 하는 가치로부터 자유로운 보편적 힘이 있다.

정반대의 주장에도 불구하고 시장지향의 박탈과 민족토대의 박탈은 중첩된다. '귀속적인'(ascriptive) 억압으로 열등한 지위에 있는 집단들은 보통 저임금의 직종에 종사하게 되고, 그래서 자신들의 노동을 통해 혜택받는 사람들이 갖는 생활스타일을 따라갈 수 없다. 이러한 경우에 박탈의 귀속적 성격은 감추어져 있다. 가시적인 불평등은 가난한 집단의 사람들이 능력, 성실, 혹은 총명함이 뒤쳐져서 나온 것이라고 설명된다. 즉 본질적인 문제가 아니라면 그들은 다른 사람들처럼 성공할 수 있다. 그들이 부러워하고 모방하기를 원하는 사람이 된다는 것은 그것에 맞추어 노력할 때 그들도 될 수 있다는 것이다. 그렇지만 시장에서의 불평등은 그들 집단이 일상적으로 만나게 되는 진입장벽이 되는데, 그것에 대한 설명은 그 집단이 갖는 조건이나 선입견에서가 아니라 '그들' 집단에서만 보이는 특별한 성격에 근거한다.

시장에서 성공한 사람이지만 억압받는 범주에 속하는 사람들은 여전히 특정한 생활스타일에 들어가는 출입구가 봉쇄되어 있다는 것을 안다. 그들은 비싼 호텔, 비싼 클럽에 들어갈 경제적 능력이 충분히 있지만 출입과 가입에 제약을 받는다. 그래서 이러한 박탈에 대한 귀속적인 특성이 드러나면서 생각과 달리 돈으로 모든 것을 살 수 없다는 것을 배우게 된다. 그래서 사회에는 열심히 돈을 벌고 돈을 쓰는 것만으로 되지 않는 인간의 위치가 많이 있고 복지와 위엄에 대해서도 다양하다. 우리가 아는 한, 사람들은 티켓을 구매할 능력에서 차이가 날 수 있다. 그러나 그것을 살 수 있는데도 구매를 못하게 할 수 있는가?

재화와 서비스를 구입할 능력이 있는 모든 사람들에게 그것을 살 수 있도록 열려 있는 시장사회가 있다는 것을 주장한다면, 기회의 귀속적인 차별은 인정할 수 없다. 이렇게 차별에 대해 반발하는 이유는 '구매능력'의 바탕을 제외하고 부유한 사람들 더구나 성공한 사람들에 대해 차별받는 집단의 사람들이 나서는 경향 때문이다. '자수성가'한 사람들의 시대, 생활스타일 '종족'이 늘어나는 시대, 소비스타일을 통해 차별하는 시대는 인종차별, 민족차별, 종교차별 그리고 성차별에 대해 저항하는 시대이다. 여기서 우리는 한 개인인 인간의 노력으로 극복하는 것이 아닌 어떤 억압도 거부하는 **인권**을 위한 투쟁을 발견한다.

요약

우리의 정체성은 새로운 테크놀로지의 등장을 통해서 뿐만 아니라 우리의 일상생활에서 갖는 증대된 시장의 역할을 통해 여러 가지 방법으로 바뀌게 된다. 여유가 있고 시장에 접근할 수 있는 사람들은 새로운 테크놀로지가 끊임없이 계속 업데이트될 것을 요구한다. 그럼에도 불구하고 목표를 위해 수단을 사용하는 것인지 아니면 수단 그 자체가 목표가 되는 것인지는 문제로 남는다. 인간 신체에 기계 밸브의 이식과 인공 손발의 장착은 단지 '자연적인' 기능의 회복일 수도 있지만, 인간-기계의 능력을 증강시키는 잠재력이기도 하다. 테크놀로지의 혁신은 통제를 확대하는 것일 수 있지만, 어떤 결과를 낳고 누구를 위한 것인가에 대한 문제는 그 자체가 합리화로만 인식되는 과정에서 나오게 되는 이해를 필요하게 된다.

그러한 쟁점은 중요한 윤리적 쟁점을 일으킨다. 그러나 소비주의 논리로 움직이는 사회에서 이러한 목적에 맞는 자원은 어디에 있는가? 분명히 여기에 인식되는 한 가지는 지불할 능력이다. 그러나 우리가 본 것은 사회 내에 존재하는 편견에 의해 만나게 되는 가정된 평등이라는 것이다. 기회의 평등과 결과는 다양하게 분포되어 있어서 사람들은 시장에서 선택할 수 있는 능력을 다양하게 가지고 있을 뿐 아니라 사물의 질서 속에서 만들어지는 수용성에 따라 그 능력이 나온다. 그래서 돈의 소유가 불평등이 보편적이지 않은 제도와 불평등에 저항하는 곳에서 유리하다고 할 순 없지만 그렇다고 무시할 수도 없는 것이다. 한편 우리는 획득할 수 없는 것을 소비하도록 계속 부추김을 받게 된다 — 그것은 만족을 최고로 내세우는 완벽한 생활스타일이다.

■ **생각해 볼 문제**

1. 새로운 기술은 어떤 방법으로 여러분의 생활을 특징짓고 형성하는가?
2. 광고는 단순히 정보를 전하는 수단인가, 아니면 무엇을 살 것인지 도움을 주는 수단인가?
3. 공적인 문제가 사적인 병폐로 될 수 있는가?
4. 쇼핑보다 더 활기 있는 것이 있는가?

■ **읽어 볼 거리**

Featherestone, M. (1991) *Consumer Culture and Postmodernism* (London: Sage). 현대사회를 소비를 통해 특징짓는 개괄서로 소비실천에 대한 전지구적 질서와 실천적 의미를 저자 자신이 평가한 글이다.

Klein, N. (2000) *No Logo* (London: Flamingo).

MacKenzie, K. and Wajcman, J.(eds) (1999) *The Social Shaping of Technology*, second edn (Buckingham: Open University Press). 기술과 인간관계 간의 상호작용을 성찰한 사상가들의 원글을 편집한 모음집이다.

Slevin, J. (2000) *The Internet and Society* (Cambridge, Mass.: Polity). 인터넷의 부흥에 따른 정체성과 사회관계 조직에 대한 인터넷의 의미를 세밀히 다룬 저서이다.

PART III

회상과 전망

CHAPTER 10

사회학적으로 생각하기

각 장을 통해 일상의 경험세계를 여행하며 우리 삶 주변에서 접할 수 있는 변화무쌍한 쟁점들을 살펴보았다. 이 여행에서 사회학이라는 안내자를 통해 우리가 무엇을 보고 무엇을 하는지에 대한 비평이 이루어졌다. 안내자가 이끄는 여행에서 중요한 것을 놓치지 않고 알려주기 원했으며, 만약 혼자 여행했다면 알지 못하고 놓칠 수 있는 것들을 주지시켜 주려고 했다. 또한 우리가 피상적으로 알고 있는 것을 안내자가 설명해주었으면 했고, 이제껏 생각지도 못했던 관점을 제시해 주기를 기대하곤 했다. 여행의 말미에 우리는 더 많은 것을 알게 되고 그 결과 우리의 이해력도 향상되었으면 하는 바람을 현실적으로 가진다.

사회학적 눈

이해력은 사회생활의 핵심이다. 철학자 찰스 테일러(Charles Taylor)에 따르면 두 가지 의미에서 이해력을 이야기 할 수 있다. 하나는 의미 있게 정돈된 사물들에 대한 이해력이다. 얼핏 혼란스럽게 보일 수 있고 심지어 위협적일 수 있는 것도 우리에게 익숙한 삶의 측면과 관련지어 이해할 수 있다. 우리의 여행에서 본 것처럼 생소하고 위협적인 사건들과 관행들이 있다. 이런 경우 그런 것을 설명하려고 노력하게 되는데 그것은 기존 시각에 대한 도전으로 보일 수 있다. 이것은 이해력의 두 번째 방법으로 우리가 친숙하고 실천할 수 있게 그 환경에 대해 알게 해주는 것이다. 이것은 일상적으로 우리의 행동이 의지하는 암묵적 지식이다. 이런 것이 없다면 우리 삶을 지탱할 수 없으며 방향을 잡을 수 없을 것이다.

이해력의 두 가지 의미 사이에는 긴장이 있다. 두 의미를 통해 우리는 인간조건이 얼마나 복잡한 것인지를 알게 된다. 전자는 우리의 일상적 삶에서 어떤 것이 당연한 것인가에 대한 질문을 던지게 되면서 후자의 비판으로 나타날 수 있다. 그것은 **관계주의(*relationism*)**를 통한 이해력의 형태로 사람들의 삶이 타인과 어떻게 연결되어 있는가를 통해 사람들을 위치지우는 것이다. 그 과정에서 우리의 삶이 어떻게 성취되는가를 보여줄 뿐만 아니라, 일상적으로 이해력의 일부라고 할 수 없는 사건이나 과정이 어떻게 연관되어 있는가를 보여준다.

이 책에서 우리의 초점은 이러한 두 차원의 이해력을 통해 알게 된다. 무엇보다 일반적으로 우리 삶에서 사회적 조건과 사회적 관계가 하는 역할뿐만 아니라 우리가 다른 사람들과 어떻게 친하게 되는가 그리고 그것이 개인인 우리와 어떻게 연관되는가를 통해 일상생활에 직면하는 문제에 대처하게 된다. 그 문제가 자동적으로 해결될 것이라고 주장하진 않는다. 그러나 장기적인 해결책으로 문제를 정리할 수 있는 방법에 대해서는 알 수 있다. 그래서 사회학적으로 생각하기는 이런 과제를 중심으로 둔다. 그러나 성공여부는 그 학문의 영향력에서 벗어난 요소에 달려 있다. 조치가 필요한 문제의 정리와 적절한 해결책의 발견은 지속적인 과제이고 여기에는 변화를 줄 수 있는 능력뿐만 아니라 남의 얘기를 듣고 행동하는 의지도 필요하다. 훈련된 방법으로 사고하도록 하는 사회학의 역할은 이런 과정을 알려준다. 이런 측면에서 사회학은 일반적으로 사회생활의 근본적인 무언가를 제공한다. 즉 그것은 이해와 설명의 과정을 통한 경험의 해석이다. 이를 위해 사회학은 책임을 다해왔다.

사회학을 사회생활의 해설서로 보자. 그러면 우리의 경험에 대한 일련의 설명 주석을 제공하며 동시에 어떻게 우리 삶을 수행하는가에 대한 의미도 던져준다. 이런 점에서 사회학은 우리의 업적에만 초점을 두는 것이 아니라, 우리 자신의 위치와 조건에 맞는 행동에서 나오는 긴장과 가능성에 초점을 두어 일상생활에서 우리가 알고 적용하는 지식을 재가공하는 수단으로 작용한다. 사회학은 우리의 일상적 생활에서 '어떻게' 살아갈 것인지를 살펴서 그 세밀한 것들을 경험을 초월한 '지도'에 배치하는 훈련된 눈이다. 그래서 우리가 거주하는 영토가 세계와 어떻게 어울리며 어떤 관계를 맺는지 알 수 있게 한다. 우리는 우리 스스로가 세계를 알 수 있는 기회를 갖지 못했지만 세계는 우리 삶에 대해 알게 해주고 우리 삶을 체계화 한다.

사회학 연구를 알기 전과 알고 난 후에 겪게 되는 차이는 단순히 실수와 진실 사이의 차이와 같진 않다. 사회학은 우리의 생각을 바꾸게 할 수도 있고 우리의 의견에 도전할 수도 있지만, 우리 행동은 여러 다른 경험의 수준에서 기술될 수 있고 설명될 수 있다. 일할 때, 집에 있을 때, 쇼핑하거나 파티에서 친구와 있을 때처럼 우리 자신은 여러 다른 상황에 처해 있지만 우리의 행동은 무엇보다 사회생활 속에서 일어난다.

그래서 말하자면 모든 시간과 장소를 충족할 수 있는 설명은 정확하지 않을 뿐 아니라 현재 일어나는 차이를 무시하는 것이고 미래의 가능성도 배제하는 것이다. 사람들은 기대와 다르게 행동한다. 그것은 자유를 행사하는 일부분이다. 사회학은 여기에 대한 이유를 설명할 수 있다. 그러나 사회학의 연구양식 때문에 이해를 유도하는 것이다. 절대적 진리가 거주하는 최종 휴식처가 없는 것처럼 이해를 위한 끝도 없다. 대신에 과학적 노력을 하는 모든 영역에서처럼 우리의 지식은 이전에 알지 못했던 혹은 거의 이해하지 못했던 것을 설명할 정도로 그 정확성이 점차 개선되고 있다.

이해력의 두 의미로 되돌아가면 사회학은 우리 삶을 이끄는 수단을 보여줄 뿐만 아니라, 상상을 자극하고 상상에 도전하는 연구와 작업을 통해 타당성을 조사하는 효과도 가진다. 이것은 꼭 필요한 과정일 수 있다. 왜냐하면 익숙한 것들을 예상하지 않고 탐색하지 않은 각도에서 보기 때문이다. 여기서 혼란의 감정이 일어날 수 있다. 왜냐하면 우리가 갖고 있는 지식의 형태에 대한 신념과 우리가 지식에 기대하는 신념 때문이다. 흔히 우리는 그런 지식이 기존의 생각을 정당화한다고 기대하고, 때로는 우리의 이해를 흩뜨리지 않고 의미 있는 방법으로 보탬이 되는 새로운 지식을 제공할 것이라고 기대한다. 물론 사회학적 지식은 이런 기대 모두를 충족시킬 수도 있다. 그러나 (우리가 말했던 것처럼) 사회학은 우리의 삶에 드러나거나 애매한 것에 대해 의문을 가지고 질문하기도 한다. 이러한 이유로 사회학은 고려의 대상에서 제외되는 것마저도 포함시켜 여러 다른 생각을 하게 만든다. 우리에게 있어서 사회학은 아주 실천적인 학문이다. 그러나 이 말은 사회에 대한 생각을 안락한 현실로 보는,

즉 우리가 본 것처럼 배타적인 것을 포함하는 그런 사람들의 시각과는 다른 것이다.

사회적 기대와 사회학적 사고

위에서 보여준 이해의 형태와 과학적 지식이 만들어낸 기대 사이의 긴장은 사회학적 사고의 기대에서 분명하게 나타난다. 우선 사회학은 '과학'이다. 과학의 현실적인 실천이 이러한 기준에 부합하지 않다는 것을 보여준다고 하더라도, 이것은 흔히 다음의 형태를 취한다. 즉 과학은 지식의 형태에 대해 명확하고 확실한 우위성을 주장하거나 주장해야 하는 실천의 모음들이며, 그래서 진리의 이름으로 믿을 만한 타당한 정보를 생산할 수 있다. 판단의 근거로 이런 것을 사용함으로써 사회학자들은 우리의 문제가 무엇인지를 말할 수 있고 그 문제에 대해 우리가 무엇을 해야 하는지에 대해 말할 수 있는 전문가들과 나란히 위치할 수 있다.

이러한 기대는 '과학주의'에 대한 믿음에서 나온다. 즉 위르겐 하버마스가 지적한 것처럼 '그것은 우리가 과학을 더 이상 괜찮은 지식의 한 형태로 받아들일 수 없다는 것이 아니라, 지식을 과학으로 규명해야 한다는 확신이다.' 그래서 사회학은 DIY(조립품) 지침서의 형태처럼 보이는데, 인생에서 어떻게 성공하는가에 대해 확실한 정보를 담은 교과서라는 것이다. 여기서 성공이란 것은 우리가 원하는 것을 어떻게 획득하는가 그리고 우리에게 방해가 되는 것을 어떻게 건너뛰고 통과하는가에 의해 측정된다. 이것은 믿음으로 알게 된다. 즉 상황을 통제해서 우리 목적에 그 상황을 종속시키는 능력을 통해 자유가 나온다는 믿음이다. 지식에 거는 기대는 의심할 것도 없이 무엇이 일어날 것인가를 말해주는 능력이다. 그 결과 특수한 목적에 맞게 자유롭게 합리적으로 행동하게 될 것이다. 이러한 지식으로 무장된 가능한 행동은 원하는 결과가 보장되는 행동이다.

사람이 통제한다는 것은 어떤 측면에서는 타인을 유인하고, 강요하고, 혹은 근심스럽게 한다는 것을 의미한다. 여기서 타인은 언제나 사회조건의 한 면으로써 자신들이 원하는 것을 얻는 데 도움이 되는 방법으로 행동한다. 대체로 상황에 대한 통제는 다른 사람에 대한 통제를 의미한다. 그러한 기대는 삶의 양식이 친구들을 어떻게 이길 수 있으며 다른 사람들을 어떻게 통제할 것인가와 관련된 믿음으로 변한다. 확실한 긴장 속에 있는 이러한 목표에도 불구하고 사회학은 사회적 상황에서 질서를 만들고 혼란을 없애는 데 기여하고 있음을 알 수 있다. 이전 장에서 본 것처럼 이것은 근대시대에서 확실하다. 인간행위의 특징이라고 할 수 있는 희망, 소원, 욕구, 동기를 살펴봄으로써 사회학자들은 사람들이 나타내는 행위의 종류를 보여주고 사물들이 어떻게 정리되는가에 대한 정보를 제공할 것이라고 기대하게 된다. 여기에서 설계된 질서모델에 맞지 않는 행동은 제거하게 된다. 예를 들어 콜센터나 공장의 매니저들은 종업원들로부터 더 많은 생산성을 이끌어내기 위해 사회학자의 도움을 얻을 수도 있다. 군대의 지휘관은 사회학자들에게 도움을 요청해서 조사나 참여연구를 통해 계급 간에 더 강력한 규율을 만들게 하거나 적군의 목표와 관련한 정보를 찾아내게 할 수도 있다. 경찰은 어떻게 하면 군중을 해산하게 하고 감시를 효과적으로 하는가를 주문할 수 있다. 슈퍼마켓은 도둑을 막거나 줄이는 방향으로 보안요원을 보낼 수도 있다. 회사는 유효고객들이 회사제품을 살 수 있게 전문가를 초빙할 수도 있다. 그리고 PR전문가는 대중과 접촉하여 정치가들이 더 많은 인기를 모으고 선거에서 당선되는 최선의 방법을 알려고 할 것이다.

이러한 모든 요구들은 같은 모습들이다. 즉 사회학자들은 이런 것들과 어떻게 싸워야 하는가에 대해 조언을 해야 한다. 그런 것들은 특정한 집단이 이미 무시하거나 '부적절'하다고 본 것으로써 대안적인 설명이나 해결책이 필요한 문제로 규정된 것들이다. 한 결과가 다른 사람의 자유를 제한할 수도 있어서 연구하는 사람의 필요에 따라 연구자의 선택은 제한을 받고 그 행동도 통제된다. 지식을 통해 해당 사람들의 위치는 변화하게 된다. 자신이 행동의 주체이던 입장에서 간섭이나 조작의 대상으로 바뀐다. 사람을 그 사람의 환경 사이에 놓인 관계를 통해 이해하게 된다면 우선 통제를 하고자 하는 사람들의 요구와 이미지에 종속되어 버린다. 이러한 기대를 통해 그다음에 편향되는 것은 전체 업무 자체에 문제를 제기하는 것이라기보다, 더 큰 형태의 통제를 요구하게 될 것이다. 사실 전체 업무에 문제를 제기한다는 것은 환경에 처한 '필요성'에 직면한 사치로 보이는 관대한 태도로 간주될 수 있다.

이러한 기대를 통해 요구하게 되는 것은 사회학적으로 생각하기가 인간 상호작용의 통제를 위한 조리법을 만들어야 한다는 것이다. 여기서 우리가 알 수 있는 것은 연구대상에 대해 통제하려는 욕구이다. 문화와 자연 사이의 상호작용과 관련해서 보았던 것처럼 이것은 오랜 역사를 가지고 있다. 자연은 개입할 대상이 되었고 그래서 필요에 따라 더 나은 만족을 위한 자원개발을 원하는 사람들의 의지와 목적에 순응할 수밖에 없었다. 목적이 순수하고 감정이 제거된 기술과 관련된 언어는 관여의 대상이 행동을 일으키거나 문제를 제기하지 않고 받아들이는 데서 나타났다. 기술은 전반적인 균형과 특수한 목적에 맞게 조작할 수 있도록 구획화가 없었다. 그래서 앞서 본 것처럼 자연세계는 '모두에게 개방'되어 있는 것으로 생각되었다. 미개척의 영토는 인간의 거주에 알맞은 목적으로 소지구로 개발되고 변화되도록 기다리고 있었다. 그때까지 균형에 대한 문제는 그들의 개발이 거의 황폐화될 때까지 일어나지 않았다. 즉 그러한 관여의 결과가 전체 종(種)과 중요한 서식지의 소멸을 가져올 때까지 몰랐다. 한편 이용가능한 그렇지만 특수한 목적에만 적용되는 대체에너지와 그 실천에 대한 전체의 역사는 급박함에 대비하고 있었다.

사회세계는 마음 속에 이런 의도를 가지고 탐구될 수 있다. 일부 인간들은 그들이 원하는 모습으로 사회세계를 만들어 연구하고, 이런 과정을 설명하는 것뿐만 아니라 정당화하는 것을 지식을 통해 드러낸다. 그 과정에서 현실은 목적적인 활동에 저항하는 것으로 보여질 수 있다. 그래서 더 많은 지식이 그 저항을 막아보려고 적용되거나 길들여질 수 있다. 동시에 그러한 과정에 대해 의구심이 일어나는 것은 정복이라는 질문으로 바뀔 수 있다. 그것은 긴장으로부터 인간을 해방시키는 것을 의미하고 집합적 자유의 외양적 확대를 의미하기도 한다. 물론 이것이 활동영역을 일부 만들어 낼 수 있다. 이런 지식생산 모델의 가정된 중립성은 인간 삶이 목적적이고 의미 있게 된다는 쟁점을 없애버린다. 즉 우리의 존재를 더욱 윤리적이고 도덕적 차원으로 만든다.

■ 사회학: 어두움의 위기에서 나온 세 가지 전략

일정한 환경에서 정당성을 찾으려는 모든 학문은 지식생산 모델을 찾으려는 노력을 해야 한다. 학문적 세계의 한 영역을 통해 그리고 공공자원의 공유를 통해 공공의 인식을 바라는 모든 지식은 유용한 모델을 전할 수 있다고 증명할 필요가 있다. 그래서 건축가의 역할이나 사회질서의 구축자가 초기 사회학자들의 마음을 생각하지 않았다고 하더라도(일부를 그렇게 했지만) — 그들이 원하는 것이 인간조건을 완전히 이해하는 것이라고 하더라도, 사회학이라는 학문을 세우려고 노력했을 때 '좋은 지식'을 지녀야 한다는 그런 지배적인 생각을 거의 피할 수 없었다. 그래서 인간의 삶과 활동은 똑같은 조건에서 연구되어야 한다는 것이 어떤 점에서는 가설을 세우고 그것을 나타내는 데 필요했다. 따라서 놀랄 것도 없이 사회학은 그 자체가 어떤 지위를 가지고 있다는 것을 증명해야 하는 의무가 있다고 느꼈으며, 동시에 초기에는 그것이 정당화된 활동으로 인정되기도 했다.

우리는 사회학적 담론이 학문으로 인정받으려고 노력하는 제도 속에서 특정한 형태를 지니고 있음을 알 수 있다. 즉 사회학의 과제는 과학주의 담론에 따라 참여자들의 관심을 특정 위치에 두는 것을 자부심 있게 만드는 것이다. 이런 가운데 우리는 전략들을 분간할 수 있다. 그 전략들은 새로운 요구에 대한 해석과 반응이다. 이러한 것은 현재 나와 있는 다양한 사회학적 관점이 전부가 아니라는 것이다. 그러나 우리가 말하고자 하는 세 가지 전략들이 모든 사회학의 역동성을 전하고 있고 형성한다는 것이다. 이것이 바로 사회학의 지식에 대해 사람들이 가지는 기대이며, 현재 그렇게 구성되어 있다는 것이다.

우리의 첫 번째 전략은 지배적인 기대에 의해 나온 것처럼 과학적 정신의 **복제**(*replication*)이다. 여기서 생각할 수 있는 주요한 사상가는 그의 관심의 넓이와 깊이뿐만 아니라, 그 자신이 발견한 사회적 상황과 저술 간의 관계를 고려해 볼 때 지적인 전설로 간주되는 사람이다. 에밀 뒤르케임은 사회의 시민종교를 위해 합리적, 체계적, 경험적 토대를 제공하는 것을 목표로 하고 사회적 학문의 통일된 틀 내에서 사회학을 위한 토대만을 찾으려 했다. 그 과정에서 그는 연구대상을 연구주체와 엄격하게 구분하는 것을 최우선으로 하는 과학의 모델을 찾고자 했다. 그래서 주체는 대상을 중립적이고 편견 없는 언어로 관찰하고 기술하기 위해 '멀리 떨어져서'(out there) 보아야 한다. 이러한 관점에서 과학적 학문은 방법이 다른 것이 아니라 구분된 현실영역에 대한 관심이 다른 것이다. 세계는 호기심의 대상을 중심으로 경계를 설정하는 과학적 학문에 의해 연구되면서 각각 나누어진다. 연구자들은 똑같은 방법론적 규칙과 행동규약에 따라 활동하게 되면서, 똑같은 종류의 도구와 같은 종류의 기술을 이용한다. 그래서 과학적 관찰은 단순히 자신의 활동과 분리해서 관찰하고 기술하고 설명하는 것이다. 과학적 학문의 경계를 정하는 것은 자신이 관심 있는 것에 '집중하여' 조사하는 영역의 구분인 것이다.

이러한 모델에 따라서 사회학은 바다를 항해하는 탐험가처럼 아무도 권리를 주장하지 않는 영역을 발견하려고 노력하는 것이다. 뒤르케임은 이것을 **사회적 사실**(*social fact*)이라고 했다. 이것은 한 개인에게 환원할 수 없는 집합적 현상이다. 사회적 사실은 공유된 신념과 행위형태로써 객관적이고 분리된 형태로 연구되기 위한 사물로 취급될 수 있다. 이러한 것은 개인들에게 자신들의 의지와 달리 힘들고 완강한 현실로 보인다. 이것은 반드시 인식할 필요도 없고 사라질 수 있는 것도 아니다. 이런 점에서 일정한 공간을 차지하는 테이블이나 의자와 같이 물리적 세계의 특징을 닮고 있다. 그것을 무시한다는 것은 그 중대함을 무시하는 것과 같은 것이다. 이런 의미에서 사회규범을 어길 때 처벌이라는 제재를 가할 수 있는데 이것은 사회규범을 어기지 않도록 하기 위한 것으로 그렇게 하지 않으면 사람들은 변하지 않게 된다.

그러므로 사회적 현상은 비록 인간 없이는 존재하지 않는다고 하지만, 개별적으로 인간의 **내부**에서 나오는 것이 아니라 인간 **외부**에 있는 것이라고 할 수 있다. 자연과 그 불가침의 법칙과 함께, 사회적 현상은 모든 인간존재의 객관적 환경의 중요한 부분을 이룬다. 이러한 사회적 현상을 단순히 그들의 힘에 좌우되는 사람들에게 물어서는 알 수 없을 것이다. 정보는 명확하지 않고 편향적이며 잘못 유도할 수도 있다. 실제로 그러한 상황에서 행동을 어떻게 변화시키는지 알기 위해서 그들의 반응에 대해 물을 수 있다. 또한 환경 그 자체의 힘을 알기 위해 환경에 대한 반응을 물을 수 있다.

뒤르케임이 동의한 것처럼 사회적 사실은 하나의 중요한 측면에서 보면 자연적 사실과 다르다. 자연 법칙을 어기는 것과 자연 법칙을 따르면서 나오는 손실 간의 연결은 자동적이다. 그것은 인간의 계획에서 나온 것이 아니다(또는 그런 문제의 경우 누구의 계획도 아니다). 사회 규범을 어기는 것과 규범을 어긴 사람들이 받는 고통과의 연결은 반대로 '인간이 만든' 것이다. 특정한 행동은 사회가 비난하기 때문에 처벌을 받는다. 그것은 그 행동의 위반이 해가 되기 때문이 아니다(그래서 물건을 훔치는 것은 도둑에게 해가 되는 것이 아니라 득이 된다. 만약 도둑이 그들의 행동으로 고통을 받는다면 그것은 단지 사회적 감정이 절도행위를 받아들이지 못하도록 하기 때문이다). 그러나 이러한 차이는 사회 규범의

'사물과 같은' 특성에서 혹은 그들의 객관적 연구의 실행성에서 나오는 것이 아니다. 이처럼 (심리학자들이 활발하게 연구하는) 개인의 마음이나 감정상태가 아닌 사물과 같은 사회적 사실이 인간행동의 진정한 설명력을 제공한다. 관찰자가 보는 것과 같이 외부에서 관찰되는 현상을 연구하는 것과는 달리 개인들 스스로가 말해줄 수 있는 것은 사적 감정이다. 그래서 인간행동을 정확히 기술하고 설명하기를 바라는 사회학자들은 개인의 심리와 의도와 사적 감정을 회피하기 위한 책임을 갖는다(혹은 권고받는다).

또 다른 하나의 전략은 기존의 관행을 복제하지 않으면서 과학적 지위를 추구하는 것이다. 우리는 이러한 것을 **성찰**(*reflection*)과 **수정**(*modification*)이라고 부른다. 주로 막스 베버의 연구와 관련 있는 것으로, 사회학이 물리과학의 실천을 모방해야 한다는 개념은 거부된다. 대신에 사회학적 실천은 과학적 지식에서 기대되는 정확성을 잃지 않으면서 사회학이 연구하는 인간현실이 자연과학에서 연구된 세계와 다른 것처럼 자연과학의 지식과 달라야 한다고 가정한다. 이러한 현실은 사회학을 하나의 학문으로써 전반적으로 사회 내에서 발생하는 변화에 민감하도록 조정해야 한다는 것이다.

인간현실은 자연세계와 다르다. 왜냐하면 인간행위는 의미를 지니기 때문이다. 사람들은 자신이 정한 목표를 위해 동기를 갖고 행동한다. 그리고 그 목표가 그들의 행동을 설명한다. 이러한 이유 때문에 물리적 신체의 공간적 움직임과 달리, 인간행동은 설명보다는 이해를 필요로 한다. 더 정확히 말해 인간행동을 설명한다는 것은 행위자가 가진 의미를 파악함으로써 그들을 이해하는 것이다. 인간행동이 의미를 지닌다는 것은 해석학(*hermeneutics*)의 기초이다. 이것은 '의미회복'의 이론과 실천을 말하는 것으로 인간의 창의적 정신이라고 할 수 있는 문자열, 그림 혹은 여타 작품에 담겨져 있다. 그 의미를 이해하기 위해서 문자열의 해석가들은 작가의 '입장'에서 바라보아야 한다. 즉 그것은 작가의 눈으로 원문을 보는 것이고 작가의 사상에서 생각하는 것이다. 작가들이 처한 역사적 상황에서 그들의 행동을 연결시켜야 한다.

작가 경험의 특수성과 그들의 저술에서부터 그들이 쓴 일반적 역사 맥락에 이르기까지 해석적 학계는 특정한 사람이 동일하게 성공적으로 적용할 수 있었던 일정한 방법이 아니라 특정 해석가의 능력에 따라 달라진다. 해석가가 아주 다른 해석들을 내놓는다면 풍부하게 잘 이해되면서도 심오하고 심미적인 즐거움을 주거나 아니면 그보다 더 만족감을 주는 하나를 선택해야 한다. 이러한 지식은 권력 속에서 분명한 처방을 요구하는 질서세우기의 욕구에서 나오는 확실성이란 느낌을 주지 못한다. 그렇지만 이러한 차이에도 불구하고, 베버는 여전히 사회학은 '과학적'이라는 토대를 세울 수 있다고 주장한다.

모든 인간행동이 이런 방법으로 해석될 수는 없다. 우리가 본 것처럼 우리 행동의 대부분은 습관이나 감정에 의해 지배된다는 의미에서 전통적이거나 감정적이다. 두 경우에 행동은 비성찰적(*unreflective*)이다. 예를 들어 우리가 화가 나서 행동하거나 일상적으로 행동하는 때의 행동은 계산된 것도 아니고 특정한 목표를 추구해서 나오는 것도 아니다. 전통적이고 감정적인 행동은 우리의 직접적인 통제를 벗어난 요소로 결정된다. 그리고 원인이 나오면 가장 잘 이해되는 행동이다. 인과적 설명보다는 의미의 이해를 요구하는 것은 합리적(*rational*) 행동이다. 왜냐하면 계산되고 통제되고 의식적으로 생각한 목표('하기 위한' 행동)를 지향하기 때문이다. 그래서 목표를 획득하기 위해 선택하는 수단과 달리 우리의 목표를 판단하는 데 적용하는 이성은 모든 인간들에게 공통적이지만 전통은 다양하고 감정은 아주 개인적이고 색다른 것이다. 그래서 우리는 행위자의 머리 속에서 무엇이 일어나고 있는지를 추측하는 것이 아니라 그 행위가 얼마나 지적인가 그리고 이치에 맞는가 하는 동기에 맞춤으로써 관찰된 행위의 의미를 왜곡시킬 수 있다.

이러한 의미에서 베버는 합리적 정신은 또 다른 합리적 정신으로 인식될 수 있다고 주장한다. 더구나 목적에 따라 계산되고 지향된다는 의미에서 연구된 행위가 합리적일수록 원인이 아닌 의미를 가정함으로써 합리적으로 이해될 수 있다. 그러므로 사회학적 지식은 명확하게 발전하게 된다. 즉 그 대상을 기술할 수 있을 뿐 아니라 이해한다는 점에서 그렇다. 과학으로 세계를 아무리 철저하게 탐색한다고 하더라도 의미 없는 것이 있을 수 있지만 사회학은 발견과정에서 현실의 의미를 회복한다.

복제도 아니고 성찰과 수정도 아닌 세 번째 전략이 있다. 그것은 **결과의 증명**(*demonstration by effect*)으로 특징지을 수 있다. 여기서의 목표는 사회학이 직접적이면서도 효과적인 실천적 응용력을 가지고 있음을 보여주는 것이다. 미국 사회학의 개척자들이 바로 이러한 목표를 추구했다. 왜일까? 미국은 실용적인 정신이 뛰어난 국가이기 때문이다. 그리고 실천적 성공을 최상의 가치기준으로 보고 결국 그것을 진리라고 보았기 때문이다. 실용주의 철학자 윌리엄 제임스(William James)가 지적한 것처럼 '지식을 인정하려는 우리의 의무는 무조건과 거리가 먼, 놀라울 정도로 조건적이라는 것이 확실하다'. 사회학적 연구가 제공하는 지식은 그런 주장들을 담고 있다. 그 결과는 특정한 목표를 추구하는 사람들이 판단하는 것이다. 이런 방법으로 목표가 무엇인가에 따라 그리고 목표가 제한되고 선택됨에 따라 필요와 의도에 의해 현실을 '조작하는' 것이 적용될 수 있고 현실을 변화시키게 된다.

처음부터 우리는 이러한 전략이 사회적 진단이라는 사회학의 임무 속에서 실천적인 위험을 주게 됨을 본다. 범죄증가, 청소년일탈, 조직폭력, 알콜중독, 매춘, 가족연대의 약화 등과 같은 사회문제의 연구에서 사회학적 통찰력은 날카로웠다. 그래서 사회학은 사회발전의 행정에 도움을 준다는 사회적 인식에 그 토대를 제공했다. 또한 사회학은 사회질서의 구축과 유지에 자체적으로 역할을 하고, 인간의 행동을 다루는 사회행정가들의 관심을 공유하기 시작했다. 사회학자들은 적대주의를 완화시키고 공장과 광산에서 일어난 갈등을 막는 데 기여하기도 했다. 전쟁으로 피폐하게 된 젊은 군인들의 적응에 이용되기도 하고, 새로운 상품을 장려하기도 하고, 과거의 전과자를 갱생시키기도 하고, 사회복지 규정의 효율성을 증대시키기도 한다.

이러한 전략은 철학자 프란시스 베이컨의 공식 '복종함으로써 자연을 정복하라'와 아주 유사하다. 여기서 진리와 유용성의 융합을 보게 되고 정보와 통제, 그리고 지식과 권력의 융합을 보게 된다. 또한 사회질서의 통제를 가져올 수 있는 실천적 이익에 따르는 사회학적 지식의 판단을 목격하게 된다. 그래서 우리는 다시 한 번 다음과 같이 생각하게 된다. 사회학은 질서의 기술자들이 발견해서 정교화시킨 문제들에 대한 해결책을 제시한다. 그래서 사회는 처음부터 조작의 대상으로 간주된다. 저항을 못하게 하고 바람직한 최종의 모습에 맞게 더욱 유순하고 수용적이 되도록 하기 위해 내적 성격을 더욱 개선하는 것이다.

사회학적 지식의 이러한 기대 내에서 발생하는 긴장은 언제나 사회학의 지위에 관한 질문형태로 돌아간다. 도구적 형태로 인간관계를 인식하는 사람들이 사회학적 경영학적 관심을 혼합하는 것은 그리 놀라운 일이 아니다. 지식의 정당성은 아주 한정된 관심에 따르면 지식의 적용에 의해 좌우된다. 그러나 초기 미국 사회학의 개척자들이 만든 비판주의와 마찬가지로 학문이 그 영향력의 요구에 맞게 성공했다는 것은 좁게 한정된 범위 안에서 조사의 한계를 정할 뿐 아니라, 처음에 보인 대안적 가치를 무시하는 것이다. 미리 결론을 내자면 오늘날의 모든 질서 안에서 변화를 위한 가능성뿐만 아니라 사회관계의 잠재적인 대안이 되는 전망도 이해해야 하는 것이다.

이러한 세 번째 전략의 비판가들은 전략의 추구가 일정한 쪽으로 편을 드는 것이고 사회권력의 광범위한 불균형을 지지하는 것이라고 지적했다. 무엇보다 모든 사람들이 경영학적 관점에서 해석된 지식을 이용할 수는 없다. 왜냐하면 그 적용에서 자원을 요구하게 되는데 이는 경영자만이 명령하고 배치할 수가 있기 때문이다. 그래서 사회학은 이미 통제 속에 있는 사람들의 통제를 강화하고 나아가 이미 유리한 입장에 있는 사람들 편에서 그 관심을 바꾼다. 불평등의 원인, 오해 그리고 사회불의가 그래서 나오게 된다.

위의 이유로 인해서 사회학은 논쟁을 불러일으킨다. 사회 내에 양면성의 타깃이 있기 때문이다. 그리고 그 업적도 압력을 받게 되는데, 질서는 가능한 사회 내에 있는 것이 아니다. 일면에서 사회학의 업적이 무엇인가를 묻는다면 다른 면에서는 사회학을 증오의 대상으로 보고 저항하게 된다. 그래서 갈등 속에 있는 기대는 방법론, 방법 그리고 이론적 통찰력의 정교함이 무엇이든 간에, 그 실천을 전하게 된다. 진정한 사회갈등에는 희생자가 있기 마련이고 그것은 대체로 사회 내에서 일어나는 긴장의 한 부분이고, 양면성과 모순의 한 부분이다. 체계적 조사를 통해 사회적 쟁점을 일으키는 사회학은 그 자체가 심각한 토론을 위한 욕구와 행동을 대신하는 편리한 타깃이라는 것을 발견하게 된다. 그러나 이제 이러한 상황을 이해하기 위해 우리의 관심을 사회 그 자체로 향하기보다 바깥으로 눈을 돌려본다.

사회 긴장, 생활형태 그리고 사회학적 목적

우리는 근대사회가 가지고 있는 합리화 프로젝트로부터 다음의 결과를 알 수 있다. 합리성 그 자체에 양날의 칼이 있다는 것이다. 한편에서 행위에 대한 더 많은 통제를 획득하는 과정에 분명히 도움이 된다. 합리적 계산은 (우리가 본 것처럼) 선택된 목표에 알맞은 방법을 갖고 거기에 선택된 기준에 따라 그 효과를 증대시키는 방법으로 행동하면서 나타난다. 대체로 합리적인 개인들은 계획하지 않고 행동을 하거나 혹은 계산과 통제 없는 행동을 하는 사람과 비교해서 그들의 목표를 보다 쉽게 성취하는 것 같다. 개인에게 기여하는 합리성은 개인의 자유영역을 증대시킬 수 있다. 그리고 또 다른 합리성의 측면이 있다. 개인행동이 환경에 적용되었을 때—대개 사회조직에 적용되었을 때—합리적 분석은 선택을 제한하거나 수단의 범위를 줄이게 된다. 그것을 통해 개인들은 그들의 목표추구에 일정한 선을 그리게 된다. 그래서 개인의 자유를 구속할 수도 있다. 사회학은 이러한 긴장을 반영한다. 동시에 수단을 제공하기도 하는데, 그 수단을 통해 더 나은 결과를 이해하고 근대사회가 일으키는 쟁점과 문제를 더욱 효과적으로 전한다. 마샬 맥루한이 새로운 기술과 관련하여 쓴 것처럼, 만약에 우리 삶을 바꿀 수 있는 방법을 이해한다면 '우리는 그러한 삶을 예상하고 통제할 수 있다. 그러나 만약에 우리가 자기유도의 의식하에 몽환의 상태에 있다면 우리는 삶의 노예가 될 것이다.'

위와 같은 압력 속에서 확실한 방법론적인 열정에도 불구하고 베버와 뒤르케임 둘 다 자유에 관심을 보였다. 뒤르케임은 개인행위자의 목표를 극대화하는 것이 목표인 계산적 공리주의에 비판적이었다. 그러나 그는 이러한 것이 행복을 위한 사회적 토대를 제공하는지 그리고 개인들에게 만족감을 주는지를 물었다. 베버 역시 인간조건의 핵심인 그런 가치에 관심을 가졌으나, 그 자신이 점차적으로 도구적 합리성의 계산에 종속되고 있음을 발견했다. 마찬가지로 미국 사회학의 초기 개척자인 로버트 파크는 새로운 커뮤니케이션 형태가 결사체를 어떻게 만드는가에 대해 기술했다. 그것은 사람들 사이의 경쟁을 강화할 뿐만 아니라, 그들에게 이해를 증진시키기 위한 잠재력을 준다.

오늘날 이와 같은 관심은 커지고 있다. 그래서 우리는 얼마나 진실한 것이 인간조건의 기본이 되는가를 듣게 된다. 그러나 가끔은 글로벌 기업의 계산에 의해 그런 것들이 피해를 보게 된다. 글로벌 기업은 일부 국가가 가진 것과 같은 권력과 부를 가지고 있다. 그러나 여전히 민주적으로는 설명할 수 없다. 그들에게 있어 삶의 방식의 침해에 대한 저항은 글로벌 목표의 실현에 대한 지엽적인 방해의 표시에 불과하다. 우리는 여기서 사회 연대감을 위한 공동체의 가치와 그 중요성에 대해 듣게 된다.

그러나 우리의 여정에서 본 것처럼 이러한 것은 흔히 '타자'에 대한 방어적 태도로 바뀐다. 리차드 세넷(Richard Sennett)이 말한 것처럼, 공동체 건설은 이제 '경제질서에 대한 적대적인 장벽'이 되었다. 결과적으로 폴 비릴리오(Paul Virilio)의 말을 빌려, 정치학은 두려움에서 벗어난 자유와 관련이 있는 것이며, 반면에 사회 안전은 소비하기 위한 권리와 연관되어 있다.

여기서 우리가 알 수 있는 것은 특정한 목적의 실현에 따른 자원의 배분과 사회조건에 따른 경계설정의 활동이다. 바꾸어 말해 이러한 것은 세계를 해석하는 전망인 지식을 통해 알게 된다. 지식은 이러한 의미에서 흔히 알고 있는 것처럼 단순히 그 자체의 사물을 반영하는 것은 아니다. 대신에 지식은 변하고, 명령하며, 그리고 범주, 계급, 유형의 형태라는 그릇 속으로 나누어진다. 우리가 많은 지식을 가지면 가질수록, 더 많은 것을 볼 수 있고 세상의 더 다양한 것들을 분간할 수 있다. 예를 들어 그림의 양식을 공부하는 것은 그림에서 '빨강'을 보는 것이 아니라 아드리나노폴의 빨강, 불꽃 빨강, 크리스마스로즈 빨강, 인도 빨강, 일본 빨강, 양홍색, 심홍색, 루비, 주홍색, 붉은 빨강, 핏빛 빨강, 주색 빨강, 연분홍 빨강, 나폴리 빨강, 폼페이 빨강, 페르시안 빨강 등과 같은 빨강의 다양한 형태를 알게 한다. 훈련된 눈과 훈련되지 않은 눈의 차이는 방법론적인 면에서 분간하고 탐색하는 능력에서 명확하게 된다.

모든 영역에서 지식의 호기심은 어떻게 새로운 차이가 나는가를 배우는 것이다. 그 과정에서 일관성이 나오게 되고 구분은 더욱 구체적이 되며 큰 분류들이 작은 분류로 나누어지고 그렇게 함으로써 경험의 해석은 더욱 풍부해지고 세밀해진다. 그것들이 어떻게 구별되고 알려지는지는 교육받은 사람들이 쓰는 풍부한 어휘 속에서 알 수 있다. 사물은 '좋은 것'으로 묘사될 수도 있지만 즐거운 것이고, 향기로운 것이고, 친근한 것이고, 적절한 것이고, 맛있는 것이고 또한 '옳은 것을 하는 것'으로 자세히 말할 수 있다. 그러나 언어는 이미 일어난 경험과 사건을 알리는 것이지 '외부'로부터 생명을 불어넣는 것은 아니다. 언어는 처음부터 삶 속에 있었으며 삶의 반영이다. 피에르 부르디외가 지적한 것처럼, '언어의 사회적 이용이 특수한 사회적 가치를 갖게 된 것은 차이의 체계로 만들어진 사실 때문으로' 바꾸어 말해 이러한 것들은 '사회적 차이의 체계'를 재생산한다.

이런 점에서 언어는 **생활의 형태**(*form of life*)라고 할 수 있다. 모든 언어—영어, 중국어, 포르투갈어, 노동자와 중간계급이 쓰는 언어, '멋진' 언어, 지하세계의 은어, 청소년갱의 은어, 예술비평가의 언어, 선원들, 핵물리학자들 언어, 의사와 광부의 언어—는 생활의 형태이다. 각 언어는 세계지도와 행동규칙이 있다. 각각의 생활형태에는 지도와 규칙이 서로 얽혀 있다. 우리는 그것을 따로 생각할 수 있지만, 실제로 그것을 분리할 수는 없다. 사물의 이름을 통해 나누어지는 구별은 그 특성에 따른 차이에 대한 우리의 인식을 나타낸다. 동시에 특성에 따른 우리의 차이의 인식은 그에 따르는 우리 행동에서 나오는 차별을 반영한다. 그리고 우리의 행동이 따르는 기대를 반영한다. 처음에 관찰한 것을 되돌아보자. 이해한다는 것은 어떻게 된다는 것을 아는 것이다. 만약 어떻게 되는지를 안다면 이해하고 있는 것이다. 정확히 이 둘이—우리가 행동하는 방법과 우리가 세계를 보는 방법—서로 중첩되고 조화를 이루게 되면서 우리는 차이가 사물 자체에 있다는 것을 생각토록 한다.

이해를 한다는 것은 일상적으로 차별에 적용된다. 차별은 편안함과 확신을 동반한다. 우리가 봤던 것처럼 이러한 이해에는 다양한 형태가 있다. 사회학자는 비범한 통찰력을 가지고 이러한 것을 탐색한다. 그 과정에서 잠재된 것은 명확하게 드러난다. 실천 그 자체는 사건의 정상적 과정에서 일어날 수 있는 조건에 어느 정도 무관심해야 한다. 이러한 것이 제대로 되지 않거나 우리가 우리 행동에 대해 생각하는데 시간을 보내게 되거나 그리고 우리가 일부분이 되는 조건과의 관계에 대해 생각하게 된다면 어떻게 행동할 수 있을 것인가? 이런 것을 하게 되면 무활동이 되고 불확실성이 되는 방법이 될 것이다. 그럼에도 불구하고 이렇게 되는 생활의 형태는 단순히 서로를 배제하지 않는다. 사회학적 이해는 단순히 우리가 어떻게 생활하는가에 대한 것이 아니라, 우리생활이 사건의 정상적인 과정에서 발생하지 않아도 다른 사람과 어떻게 연결되어 있는가에 관한 것이다. 행동은 지역적 정보에 근거할 수도 있지만, 경계를 넘어 전달되고 표현하는 잠재력을 가지고 있다.

이것은 소비라는 이름으로 재화와 서비스를 시장에 파는 사람들이 하는 것과 같은 것이다. 그래서 생활형태 간의 경계가 서로 다른 미디어에서 나오는 이미지와 가능성에 종속되기 쉽다는 것을 알게 된다. 우리의 정해진 여정에서 본 것처럼 그것은 다른 결과를 갖는다. 이해의 결과적 형태는 생활형태에서 어떻게 되는지를 알게 됨으로써 지식의 지엽적인 것에 부가된다는 의미에서 단순히 '내부'에서 나오는 것으로 해석될 수 없다. 이러한 것은 우리의 생활에 문제 없이 들어올 수 있는 새로운 지식의 예는 아니지만 우리가 요구할 수 있는 해석을 나타낸다. 그 요구는 처음부터 우리 자신의 요구로 인식되는 것으로 만들어진 것이다. 이러한 형태에서 이해한다는 것은 우리의 구별이 존재하는 것이 아님을 아는 것이다. 이처럼 우리는 내용과 그 내용의 소유자들의 목록을 문제 없이 가지고 있어서 서로 침투하지 못하는 장벽 때문에 서로 구분되는 것이 아니다.

이러한 업무상황에 대한 반응은 (우리가 본 것처럼) 외부의 영향에 무감각한 장벽을 보완하는 더 큰 수단을 가진 경계를 강화하는 것이다. 그럼에도 불구하고 생활형태는 행위의 형태를 질서 있게 만들어내면서, 전체 생활경험의 선택된 영역을 위해 서로 첨부되고, 중첩되고, 경쟁한다. 말하자면 생활형태는 다른 선택들이고 전체 세계의 같은 부분들이며 공유된 것들에서 나온 같은 항목들이 대안적으로 정돈된 것들이다. 하루의 일과과정에서 우리는 많은 생활형태를 경험한다. 그러나 우리가 어디를 가든 간에 우리는 늘 다른 생활형태의 하나를 이행한다. 우리의 삶에서 우리가 경험하는 모든 생활형태에서 우리는 다른 사람들과 지식을 공유하고 행동규칙을 공유한다. 그리고 이 모든 것은 사람들이 참여하는 생활형태의 조합을 가지고 있다.

이러한 이유에서, 생활형태는 '순수'하지는 않다. 많은 경우에서 보는 것처럼 순수하게 되기 위한 시도는 엄청난 결과를 가져온다. 그러나 생활형태의 초기 시작은 우리의 정체성과 기술을 왜곡해서 형성한다는 의미에서 수동적인 과정은 아니다. 그래서 엄격한 규칙에 적응한다. 우리는 사회생활의 공동 저자이면서 행위자이다. 그래서 우리는 생활형태를 이끈다. 우리는 다른 생활형태를 우리에게 가져옴으로써 생활형태를 이용하고 변화시킨다. 바꾸어 말해 이런 것들이 우리 행동을 정하게 되고 우리의 판단과 결정을 정하게 된다. 그러나 우리는 새로운 상황에 안 맞을 수도 있다. 그래서 시작할 때의 행동은 창의적이고 변형적이다. 결국 사회학적인 눈은 다음과 같은 질문에 눈 돌리는 것이다. 어떤 수준, 어느 정도, 무슨 이유로, 무슨 자원을 이용해서, 그리고 무슨 결과를 가져오는가?

이것은 혼돈의 느낌, 협박, 커뮤니케이션의 가능한 붕괴와 함께 이해의 쟁점이 왜 끊임없이 일어나는가 하는 것이다. 왜냐하면 이런 것들이 인간의 조건이기 때문이다. 사회질서를 이유로 이런 질문을 무시한다는 것은 이해과정의 핵심적인 면을 무시하는 것이다. 이해의 과정에서 나오는 의미는 애매하지만 여전히 확실하고 피할 수 없는 변화를 경험한다. 우리는 커뮤니케이션 과정—공동의 이해를 획득하는 데 목표를 둔 행동—은 정적인 상태에 있는 생활형태를 막는 것이라고 말할 수 있다. 조류 속의 소용돌이를 생각해보라. 흐름은 마치 안정적인 모양을 이루는 듯이 보인다. 시간이 계속되면서 일정하게 유지된다. 그러나 (우리가 아는 것처럼) 물은 수 초 이상 하나의 분자형태로 있을 수 없으나 물질형태로는 계속된 흐름의 상태로 있다. 이것이 소용돌이의 약점이면서 '생존'인 것이라고 생각해보자. 만약에 강물의 물이 멈춘다면 소용돌이는 사라지게 됨을 기억해야 한다. 새로운 물이 계속 유입되고 유출되지 않고서는 독립된 그리고 지속적인 정체성의 모양이나 형태를 유지할 수 없다. 생각해보라. 물 그 자체는 다른 속성을 지니고 있다는 것을!

소용돌이와 같이 생활형태는 정확히 살아 있다. 왜냐하면 생활형태는 유연하며 계속 흐르고, 새로운 물질을 계속 받아들이면서 더 이상 필요없는 것들은 버리기 때문이다. 이것이 의미하는 것은 생활형태가 폐쇄적이고 정적이고 변화에 반발하면 죽게 된다는 것이다. 생활형태는 마지막 규칙화에 살아남지 못할 수 있으며 규칙화의 시도를 위한 정밀성에도 살아남지 못한다. 달리 보면 언어와 지식은 일반적으로 살아남기 위해서 통일성과 유용성을 위한 양면성이 필요하다. 그러나 이러함에도 불구하고 현실을 질서지우기 위한 권력은 이러한 양면성을 목표에 방해되는 것으로 생각한다. 권력자들은 소용돌이를 멈추게 하려고 노력하고 그들의 독재를 위해 '생활형태'를 통제하고, 그것을 방어하려고 시도하는 지식에 대해서는 막으려고 한다.

사회생활의 한정적인 관점에서 핵심이 되는 질서에 대한 관심은 확실한 지식에 대한 탐색을 요구한다. 이러한 지식은 철저해야 하고 확정적이며 일련의 행동을 위한 정당성으로 기여해야 한다는 기대를 갖는다. 중립성에 대한 환상은 판단의 책임을 적용하는 사람들에게는 부담을 완화시킬 수 있지만, 모든 사람들이 바라는 결과에 대한 이상에는 이르지 못할 수 있다. 상황에 대해 완전한 통제를 원한다는 것은 확실한 지도를 만드는 것인데, 그 의미는 애매성을 없애는 것이고 생활형태를 구성하는 모든 사람들을 연결하는 것이다. 주어진 영역에서 사람들은 사물에 따라 투자를 어떻게 하는가에 따라 다른 전략들이 나타나게 된다. 한편 확실한 실천에 의해 받아들이는 게 됨을 알게 된다. 이러한 것은(우리가 주장한 것처럼) 일상생활에서 행동의 기질을 가능하게 한다. 다른 한편에서는 다른 생활형태를 가진 이러한 관계에 들어가는 채택된 사고방식에 익숙한 사람들은 그들이 채택한 방법을 이심하고 방해하는 것을 알게 된다. 그 과정에서 자신들이 의심할 수도 있지만, 그들의 행동은 생활형태 그 자체에서 변화된 결과를 가질 수도 있다.

정통성을 보존하기 위한 노력과 이단을 막거나 제거하는 노력은 해석에 대한 통제를 목표로 행사한다. 권력은 가능한 해석이 선택되도록, 진정한 것이 연결되도록 독점적인 권리를 갖도록 하는 것이 목표이다. 권력의 독점에 대한 요구는 반대자의 역할에서 대안을 찬성하는 것이고 박해에서 나타날 수 있는 관용을 동반한다. 통제를 위한 지식의 생산 그 이상을 추구하는 모든 학문은 이런 관점에서는 주어진 사물의 질서에 투자하는 사람들로부터 공격목표가 된다는 것을 발견할 것이다.

사회학과 자유

사회학은 우리가 해석적 관계라고 부르는 이해의 감각을 생산한다. 그것은 고립된 사물을 보는 것에 만족하지 않는다. 왜냐하면 그것은 사회생활이 존재하는 방법이 아니기 때문이다. 그렇기 때문에 사회학은 '폐쇄'의 요구에는 맞지 않는다. 즉 외부의 영향력으로부터 봉쇄되는 것도 아니며 은둔하여 봉쇄될 수도 없다. 사회학은 사회관계에서 일어난 경험에 대한 확대된 해설이다. 그리고 다른 사람과 관련한 경험의 해석이며, 사람들 스스로가 발견한 사회적 조건과의 관계에서 갖는 경험의 해석이다. 비록 다른 사람들을 통해서 그리고 다른 사람과 함께 하는 것이 우리 자신을 이해하는 데 지혜를 풍요롭게 해주긴 하지만, 그런 경험으로 지혜를 독점한다는 주장은 아니다. 어쨌든 사회학적으로 생각하기란 우리의 이해의 지평선을 확대한다. 왜냐하면 어떤 하나의 해석을 통해 독점하거나 완결되는 만족은 없기 때문이다. 무엇보다도 그런 상황을 초래하는 시도의 결과에도 주목한다.

사회학은 '실천적'이지 않다고 주장하는 것과는 거리가 있다. 우리의 이해의 영역을 넓힘으로써, 사건의 일상적인 과정에서 관심을 두지 않은 것에 초점을 둘 수 있다. 이것은 경험의 다양성, 생활형태의 다양성을 포함하고, 이해의 형태를 어떻게 드러내고 보이는가를 포함한다. 동시에 각각은 독립적인 자기충족의 단위가 되지 못한다. 아주 간단히 말해 우리는 다른 방식 속에 있지만 서로 연결되어 있다. 이것이 사회학적으로 생각하기에 대한 도전이다. 왜냐하면 그것은 경험의 흐름과 교환을 막는 것이 아니라 이용하는 것이기 때문이다.

일부의 경우 사회학이 양면성을 갖는다고 볼 수 있다. 왜냐하면 제한된 목표를 위해 '흐름을 막으려는' 사람과는 협동하지 않을 수 있기 때문이다. 이런 방법에서 접근하게 되면, 문제의 한 부분이 되는 것이지 문제의 해결이 되는 것은 아니다. 그러나 만약 사회를 좀 더 알고자 하는 데 진지하다면 우리가 미래를 위해 갖추어야 하는 이해의 형태에 자격을 갖춘 것일 수 있다. 사회학이 인간생활과 인간의 공동거주에 준비를 잘 하게 되는 서비스를 하게 되면 공유된 자유의 최상의 조건으로써 상호이해와 관용이 증진된 것이다. 사회학이 적용하는 이해의 형태 때문에 사회학적으로 생각하기는 관용을 낳는 이해를 증진시키지 않을 수 없으며 그 관용은 이해를 가능하게 한다. 우리가 이 책을 통해 주장해 온 것처럼 우리가 문제를 어떻게 보는가 하는 것은 적절할 해결책으로 보이는 것에 영향을 미칠 수 있을 것이다. 미래를 위한 우리의 기대와 과거와 현재를 통해 겪는 경험 사이에는 사회학적으로 생각하기가 보여주는 공간이 있으며, 그것을 통해 우리 자신에 대해, 타자에 대해, 그리고 우리가 만들고 살아가는 우리의 느낌, 행동, 사회적 조건에 대해 더 많이 배우게 된다. 그래서 우리 자신을 더 나은 방법으로 이해하려고 노력하는 데 사회학은 중심이 된다.

■ 생각해 볼 문제

1. 사회학의 연구에서 원하는 것은 무엇인가?
2. 하나의 학문으로써 사회학의 발전과 실천을 특징짓는 쟁점은 무엇인가?
3. 사회학적으로 생각하기가 우리 자신, 타자 그리고 우리가 살고 있는 사회적 조건을 이해하는 데 어떤 점에서 도움을 주는가?
4. '삶의 형태'를 순수하다고 할 수 있는가?

■ 읽어 볼 거리

Fraser, N. (1997) *Justice Interruptus: Critical Reflections on the 'Postsocialist' Condition* (London: Routledge). 낸시 프레이저는 논쟁핵심에 접근하는 능력을 가지고 있으며 제기된 문제를 건설적으로 해결하는 방법을 추진하는 능력을 가지고 있다. 이 글도 예외는 아니며 여기서 그녀가 지적한 것은 흔히 잊혀지기 쉽지만 인식을 재분배하는 것이다.

May, T. (1996) *Situating Social Theory* (Buckingham: Open University Press). 사회이론의 역사와 사회사상의 전통을 이용한 이 책은 오늘날의 사상학파를 정립하고 그에 대한 장점과 약점을 논의한다.

Williams, M. (2000) *Science and Social Science: An Introduction* (London and New York: Routledge). 과학의 대한 논의를 이끌면서 사회과학의 실천이 어떻게 연관되는지를 살펴보고 있다. 저자는 또한 가치와 과학실천의 중요한 쟁점도 살펴본다.

Young, J. (1999) *The Exclusive Society: Social Exclusion, Crime and Difference in Late Modernity* (Thousand Oaks, Calif.: Sage). 이 책은 안정에서 변화와 분화로의 변천을 다룬다. '되돌아가는 것은 없다'는 것을 주지하면서, 저자는 미래의 가능성을 살펴보고, 그렇게 함으로써 이 마지막 장에서 주장했던 것과 다르지 않는 방법으로 사회학적 시선을 이용한다.

찾아보기

ㄱ

ㄴ

ㄷ

ㄹ

ㅁ

ㅂ

ㅇ

ㅈ

ㅊ

ㅋ

ㅌ

ㅍ

ㅎ

사회학적으로 생각하기 THINKING SOCIOLOGICALLY

2011년 10월 18일 | 제1판 1쇄 인쇄
2011년 10월 25일 | 제1판 1쇄 발행

지은이 | 지그문트 바우만, 팀 메이
옮긴이 | 박창호
발행인 | 김은중
발행처 | 서울경제경영출판사
편 집 | 우일미디어

주 소 | 120-808 서울특별시 서대문구 대현동 67-5 대현빌딩 6층
전 화 | 02)313-2682
팩 스 | 02)313-8860

등 록 | 1998년 1월 22일 제5-63호

ISBN 978-89-88106-85-3 93330 정가 20,000원